陳玉峯 著

宗教、精神、價值與人格

山林書院叢書 3

台灣人素描

題獻

蘇振輝 董事長

感念其為這片土地、生靈默默付出

2012.10.12誌賀

自序與題獻

　　許多台灣人好得「他媽的好」、「好到爆」、「好到不行」。4〜5年來筆者再度勘旅全球之後，還是覺得有些台灣人實在是「夭壽好」，也就是好到不可理喻、不可思議、荒謬、荒唐！這樣的台灣人通常只有一個問題：不知道自己有多好！絕大部分的人更不瞭解、不理解台灣人為什麼這麼好，遑論其根源從何而來？

　　感受到此等台灣氛圍的外國人、台灣人常常莫名所以，擠得出的形容詞常只是「熱情、純真、善良⋯⋯」，事實上卻是找不到合適的字詞之所致，而無法道破其底蘊。

　　新近如中國作家來台，乃至雜誌專題報導等，都對台灣「特別是善的一面」感受「衝擊很大」，不得不讚嘆「台灣最美的風景是人」、「風清氣正」而「懷念那種文化氣質」。長年來，傳媒也不斷報導著像陳樹菊、拾荒者、清寒人等等，包括捧著16萬元去國庫捐輸的老農，讚譽台灣多如牛毛的「純粹利他主義者」，然而，如是讚

美仍然不明所以，仍然不瞭解陳樹菊只是「倒霉」被報導出來的案例！

　　另一方面，筆者由小至大，隱約或明顯感受台灣人受到兩股明暗、強弱、中心與邊緣、表象與內在、統治與被統治等等對比或對峙的文化拉扯或推擠，敵對中有和善、善意中有惡圖，時分時合、時競時和，故以生物學對偶基因比喻為顯性文化與隱性文化。

　　後來，經由對台灣宗教文化、價值系統的探討之後，筆者認為台灣不僅是150多萬年來，地球4次冰河、間冰期生物的諾亞方舟，台灣也是約1,052年(北宋迄今)以降，中國兩次遭受外來政權統治，國難與民族意識、教難(大乘佛教)與蛻變(萬教歸一)之最佳避難地，而且，得力於「有唐山公，無唐山媽」的混血，台灣原住民純樸的天性，賦予禪宗文化在台灣實踐了「無功用行」的最佳新生地，將閩南即將式微的禪神髓，以水牯牛之姿，應現出台灣人迄今最最精彩的「饒益眾生不望報；代眾生受諸苦惱；所做功德盡以施之」的精神與人格，也就是非生物性，狀似無性繁殖的無善之善、無德之德，沒有宗教形式的宗教，經由草根善行不斷感染、啟發的台灣人文特徵。

　　凡此無善之善、無功用行的「利他主義」卻因在屬靈面向未能提昇，主體性尚未充分覺悟，且未能匯聚成為台灣民族的象徵，更致命的是，以外來政權排山倒海的阻絕、分化、扭曲，台灣精神未能銜接上台灣土地與自然山林生態系，好讓天文、地文、人文、生文貫串，故而李前

總統只能慨歎「奴隸當久了，建不了國！」(註：有可能李前
輩自己也不明所以)，許多台灣人也從來含恨而終。

　　近來筆者發奮、發願，要以餘生微薄心力，為台灣千
秋萬世打造地基，故而籌劃「山林書院」，且於2012年7
月25日開辦第一梯次高雄營隊(合計8天；爾後將再度不斷進行體
制內、外教育)；而為闡述台灣文化的底蘊，打破4百年來的
隱性文化宿疾，自2011年起，期待任何台灣人、草根基
層，大家齊來合撰《台灣人誌》，筆者在此先拋出訪談
郭自得先生(非直接)、楊博名先生、黃文龍醫師、許淑蓮女
士等4篇人物側傳，試圖由個案，逐次勾勒台灣精神、人
格的底蘊，找回本然與自覺，並試圖為世代銜接失落的
環節。

　　除了人物撰寫之外，對於形塑台灣無功用行的文化
原理，先總說以〈觀音佛祖─側談台灣的宗教信仰〉一
文，輔助以〈台灣的宗教信仰、台灣精神或人格及其文
化底蘊圖片解說輯〉(註：相關敘述請參閱拙著陳玉峯，2012，玉峯
觀止──台灣自然、宗教與教育之我見，前衛出版社)；至於〈1930
年代日本人對台灣宗教慣習的見解簡介〉，乃《玉峯觀
止》一書的延續；〈從《吠陀》到佛教的旁註〉、〈佛
傳與佛陀〉、〈十二有支與無支〉等文，則是從另一角
度學習佛法或反思；短註〈跑江湖〉只是台灣諸多禪語
的一例。

　　如是，集結為本書。

　　感恩台灣天文、地文、人文、生文；感恩郭自得先

生(往生：賢嗣郭長生教授)、楊博名先生、黃文龍醫師(黃玉珠女士)與許淑蓮女士的垂教，沒有他(她)們的典範撐起本書骨肉，則筆者只是空談。最後，筆者要向蘇振輝董事長致意！

　　謹以本書，題獻

　　蘇振輝 董事長

陳玉峯 合十

2012.8.8於大肚台地

楊博名先生素描

一個讓女人愛戀，讓男人愛慕，
讓世界變得更美妙的人 /郭聰田

很榮幸能受邀為此書提供序文，就一個好友的觀點，
談談楊博名先生。

博名兄是個充滿朝氣與活力，風趣又健談的人。朋友
聚會中，只要有他在場，空氣中便會神奇地散發出喜悅的
分子，感染到周遭的每一個人。

由於博名兄的魅力與凝聚力，我們有四、五十位好友
們平均每月聚會一次，形成一個共同學習、成長、分享與
聯誼的團體。成員頗具多元性(企業家、老師、藝術家、律師、工
程師、醫師、音樂家等)，個性皆誠懇樸實，而且，具相互包容
力，能毫無保留地交談，分享一些工作上、生活上的經驗
與觀點。我們將其定位為高品質的心靈交流聚會，盡量不
碰觸個人政治與宗教信仰的話題，主題與內容具高度之知
識性、趣味性與感性。

除了上述聚會之外，博名兄每年都會為大家安排出
遊，接觸各地獨特的景色、文化與美食。團員之間在幾天

的聚會中，有足夠的時間進行深度的交流與聯誼，而且，幾乎每天晚上都邀請社會傑出人士蒞臨演講及交流。在這樣完美與周密的安排之下，每次都帶給朋友們知性與感性上的極大收穫與滿足。

最近，博名兄又幫大家安排了一次蘭陽平原之旅，我特將其邀請函及行程規劃表附上(見文末)，相信大家可以直接深深感受到博名兄的認真、用心、感性、熱情、分享等特質。

歷年來我們走過的部分行程：

我親愛的朋友們：

2007年的日月潭之旅，我們自在的聽風、賞月。

2008年的花蓮之旅，我們愉快的觀山、看海。

2009年的台東之旅，我們體驗一段身心靈漫遊的喜悅旅程。

2011年的南投梅峰農場之旅，我們有一段豐富心靈、沐浴自然的春天之旅。

春天之旅，先來到台南府城一座擁有百年歷史的國定古蹟—國立台灣文學館，在百年建築裡，欣賞台灣文學的世代更迭。再到「安平樹屋」…一個自然生態與產業人文融合的歷史痕跡，你一定會驚嘆那特殊的情調與神祕的氣息。「草祭二手書店」亦是府城不可錯過的空間精選。

下一站，來到山區的小小桃花源。

具有獨特的中高海拔山區生態環境、氣候與生物條件的

梅峰農場。

我們一起，走入山間，賞花、談天。

我們一起體驗，和樹一起呼吸；真實行腳於大地。

好友的相聚，除了相知相惜，還有，一起共享人間美好的哲理。

桃花舞著春風，2011年的春天，我們在梅峰。

2012年秋天的約會，我們到蘭陽平原。

看了感性的邀請函以及精心設計的行程，就會了解，作為博名兄的朋友是多麼幸福的事啊！

博名兄是個什麼樣的人呢？

他像個小孩：

保有純真與強烈的好奇心，充滿熱情與活力，時時刻刻活在成長與驚喜之中。

他是個詩人：

他對於環境有極其敏銳的觀察力與感受力；他具有詩人般的自由心靈與幽默感；他認真地活在每一個當下，他是個以生活為作品展現的詩人。

他是個貼心的談話對象，也是個述說生命故事的人：

他有強烈的同理心、包容心與憐憫心，使得每一次心連心的交談，都像是完成了一次心靈的充電。

他是個與大地熱戀中的人：

他喜歡食物、朋友、音樂、文學、歷史、文化，他特別喜歡山林；

　　他對大自然有深深的感情，並且毫不隱藏內心對這一切的愛。

　　在出遊之中，特別是在深山步道中，他經常會情不自禁地大聲朗誦一些很感人的詩文，例如：

　　　　天上的飛鳥

　　　　天上的飛鳥　是我兄弟　地上的百花　是我姐妹

　　　　樹木　是我朋友　山、河、萬物　我愛護、我看顧

　　　　綠色大地是母親　青天深處有神靈

　　　　我愛眾生情同手足　我愛眾生情同手足

　　　　　　　　　　　　　　──約瑟夫柯內爾(Joseph Cornell)

　　　　此刻平靜至極　　風止草靜　　如此奇妙

　　　　自然萬物與我渾然合一　宛如是我的一部分

　　　　又像創造生命的父母

　　　　陽光灑在心上而不止於身上

　　　　溪流穿注身軀而非從旁而過

　　　　激盪　振奮　震動了身體的　每一個細胞與肌肉

　　　　令他們展翅欲飛　歌唱不息

　　　　　　　　　　　　　　──約翰繆爾(John Muir)

　　我對博名兄最簡潔的一句評語是：

　　他是個既美麗又瀟灑的人─他是個能讓女人愛戀，讓男人愛慕的人；

　　這個世界因為他而變得更美妙，更多人願意無怨無悔來此走一回。

　　作為楊博名的朋友，我感到無上的榮幸與驕傲。

郭聰田

聚和文化藝術基金會董事長

2012年8月20日於澄清湖畔

敬邀Invitation

親愛的朋友們：

2012秋天的最新約會，我們到蘭陽平原！

宜蘭，不僅僅是臺灣後山的淨土，更以深度特色的在地文化和景點，在新世紀寫下種種令人驚嘆和驕傲的記錄，是一個接近夢想和真實善美的地方……。

這一趟蘭陽行，我們的足跡除了親近宜蘭的好山好水，還將體驗宜蘭的建築之美，如：獨特單面山造型、外牆巧妙融入韋瓦第「四季」音符的蘭陽博物館；老樹圍繞、和風濃濃的設治紀念館；打破刻板嚴肅的公部門意象，引進陽光、空氣、水的綠建築概念的宜蘭縣政中心，還有名聞中外的冬山河、羅東運動公園等，不管新與舊，每一處都令人感受建築「與環境共生」、「與自然融合」的核心精神以及濃厚的在地文化語彙。

天涼好個秋，好友們，我們一起來這美麗的平原走走，你會發現——宜蘭〝勁〞好玩喔！

行程規劃

2012年9月14日~9月17日

9月14日(五)

宜蘭(蘭陽博物館)……午餐……林美步道……親水公園—冬山河……
10:30~12:00　　　　　13:30~14:30　　15:15~16:00

傳藝中心逛街……※自行車河畔遊
16:30~17:30

晚上節目：宜蘭風土介紹(沈士群先生)

9月15日(六)

宜蘭縣政中心……設治紀念館……戲劇館……午餐
08:30~09:50　　10:05~10:55　11:05~12:00

金車公司(酒廠、蘭花園)……陳定南紀念館……羅東運動公園
　　13:30~14:40　　　　　14:55~15:55　　16:10~17:20

※晚上節目：雲門「九歌」介紹(張完珠小姐)

9月16日(日)

傳藝漫遊……鳩之澤自然步道、泡溫泉……午餐
08:00~09:00　　10:00~11:00　　　　12:00~

蹦蹦車、茂興車站……※晚上節目：南湖大山(蘇振輝先生)
　　13:30~

9月17日(一)

原始森林公園……※中間解說站……回程
　　09:30　　　　10:00~

醫者黃文龍

/涂妙沂

我與文龍認識算來也二十年。

我們是因為柴山保育運動而相識,那時我還在台灣時報副刊當編輯。他的診所就在四維路,他常說是被作家吳錦發「陷害」而當上柴山自然公園促進會的會長。不過,我覺得很慶幸他被「陷害」而擔任會長,因為眾所皆知吳錦發是夢想家,有實踐者黃文龍幕後默默配合,加上我們一批媒體關心環保的工作者裡外訊息匯成輿論,否則那時柴山當時真會被財團開發成住宅區,也避免了不少民意代表的試圖把它開發成亞哥花園那類遊樂區;在無願登山隊及許玲齡、玲珠家族無條件的資助之下,他善用了資源而邀請陳玉峰教授及黃吉村老師先於官方步調,規劃出「柴山自然公園綱要計畫」,奠下柴山規劃的雛形。他的好人緣,加上謙遜有禮,這樣的風格著實為柴山的環保運動加分不少。

那時的高雄(1992年),環保團體風起雲湧,一時間,溼

地保護聯盟、高雄綠色協會、保護高屏溪聯盟、環保聯盟
高雄分會、文化愛河……，印象中有七、八個環保團體都
擠在他診所的地下室，柴山解說員訓練部分也在那邊辦講
座。我曾擔任該會的秘書一陣子，經常看他診療之餘兼顧
環保兩頭跑，那樣的體力和意志，令我印象深刻。有時，
還得跟著我們上山踏查，那時大家都常疲於奔命！有次大
家爬上柴山，我很雞婆的幫他解說動植物，鹿仔樹、恆春
厚殼樹……，他頗靦腆而委婉的說：

　　「我念高醫時，生物學是我最弱的一科，對於植物我
實在記不住、也不想記而被當掉補考！」

　　這讓我很訝異，原來喜歡山林、土地，不一定要像個
分類學者去認識動植物，也可以只是為了土地意識與倫理
去耕耘，這讓我大為輕鬆，不再跟著洪田浚或其他人滿山
遍野跑以辨識植物，而是另類的慢慢享受與大自然的美麗
邂逅。

　　他不是高調的人，他如成熟稻穗般低調，看來好像他
醫院同仁說的：不食世俗煙火。陳玉峰老師曾說他「沒有
企圖心」，我私底下則說他是「爛好人」。比如說，柴山
自然公園保育運動努力了多年後，綱要計畫已端出許久而
離落實目標仍遠，社團裡外逐雜音難免，他因遠離社團職
位，不便向人指指點點，雖造成誤解也無所謂，他認為大
家不同崗位、兄弟登山各自努力也是方向，反正只要有心
做事情都好。我在民間社團二十年，看盡人事幾番更迭，

人多皆各有打算，他就是讓你感覺無所為而為，只是因為喜愛山林大地而投入環保。

那時也聽聞，他媽媽多年前曾在嘉義蘭潭廣播電台有個廣播節目，叫「細粒珠阿媽」，聽眾粉絲不少，我一直想訪問黃媽媽，不過工作繁忙當然沒實現過。

1996年，我去加州進修念佛學研究所，那時安心放下柴山的環保事，是覺得柴山一定會成功，因為連在柴山遇見穿著拖鞋、嚼著檳榔的大哥，都會解說我們在宣導的那一套自然公園的理論，我疲累得需要好好休息，出國是勢在必行，回首四年為柴山奮鬥的過程，感到無限欣慰。

2000年，我從加州回返台灣，一直居住於台北，深居簡出，過著平淡的生活，我的寫作並未間斷，對土地的關注依然。有次回高雄，去看望他，四年不見，竟也頭髮花白、蒼老許多，不過精神看來很好，依舊親切幽默。聽朋友說，他曾大病一場而幸好回復中。他當時提起，黃媽媽有一本關於杜聰明博士的日文翻譯小說書《杜聰明與阿片試食官》想出版，我將它推薦給我當時任職的玉山社出版。不過，後來我也離開玉山社，到慈濟工作；這本書後來入選了中國時報開卷版的推薦好書。

2005年底，我回到闊別將近十年的高雄，人事全非，報社的經營權幾番更替，我感覺南部人失去了媒體，失去了言論舞台，民眾副刊早已經被廢掉武功，台灣時報

副刊雖存在卻無稿費預算，南部文化工作者要靠寫作維生
是全然不可能了，寫手們不得不參加文學獎來持續創作，
連我都不能倖免，當年為環保而忽略現實的考量，大學同
學都安穩的教書，而我卻處於尷尬的經濟窘困，那時回高
雄探望文龍，他意味深長的說：「人情世故，本冷暖自
知。」

　　我又重新爬上柴山，這片我曾深愛的土地。當時，柴
山的問題依然如故，與我出國前似乎沒有什麼進展；甚至
因為太多市民爬山，衍生了新的問題，諸如野狗、園藝植
物入侵、獼猴數量增多等。於是，我在拜訪陳玉峰老師之
後，返高雄而斗膽邀集環保界來討論－如何落實自然公
園；此時歲月匆匆，竟已飛逝十六年！？
　　我曾主編「柴山主義」一書，常有年輕一代的文史工
作者疑惑問我：借問因何自然公園仍如空中樓閣？
　　老柴山人從來只有一個共識：「我們看柴山還需要
努力什麼，就去做吧，只要對柴山是好的，我們就去做
吧。」於是在老中青柴山人推波助瀾下，「柴山論壇」於
焉產生。在民間團體地球公民促進會、柴山會、鳥會、綠
色協會、學者及公部門協力下展開，民間再次發揮集體力
量，直接間接促成後來「國家自然公園」的誕生。這段漫
長波折故事，文龍曾以「"壽山國家自然公園"誕生背後的
另一段故事」投登台灣時報頭家心聲版。在那段期間，他
也應邀到高雄市立空大開立「柴山學」課程一年，以「柴

山主義」思維，整體梳理柴山各面向的思考。他又回復我當初認識的「柴山自然公園促進會」忠樸成員的角色。

　　當初，我們曾說，若有一天柴山成功了，要如陳玉峰老師所說：「要把環保運動努力做成功；做事情時，我會在，等事成而論功行賞時，我就走人。」

　　這句有智慧的話讓我放下以往心裡的不平，甚至把眼光拉遠來看，每個人為土地的努力都有他們的貢獻，而土地關注需要持續的付出。「柴山自然公園」仍然未完全理想成功，還需持續關注。

　　當年我們編《柴山主義》時，文龍推薦我讀《后土》蓋亞女神那本書；我許是用感性來參與柴山，他則是用土地倫理來參與柴山，始終有著另類思考的深度。他也曾送我一本書《回家》，該書是寫巴勒斯坦人與他們土地的無奈、與動人的命運：流浪、流亡在自己的土地上。那似乎是他一直以來對我寫作能量的期許，那也是他台灣本土意識的一環，或者可說，是希望以文字的力量迴響出動人的土地人文樂章，那才是文字工作者與人文思考的精髓。他在高醫求學時期參加社會服務，或者出社會後仍積極參與社會運動與環保，乃至本業「視病若親」的行醫理念，都在在呈現出他入世的積極關懷；甚至在離開高醫多年，對杜聰明博士創辦高醫的歷史事實貢獻的被抹滅與扭曲仍念念在茲，而謀隨機提醒社會。

「人生是偶然，在自然之下的結緣會成就許多必然。」文龍常這麼說。

在參與柴山保育運動的十多年歲月裡，其實，我始終感謝上蒼讓我認識柴山、文龍、老柴山人，與柴山這個社會學歷與學分，從辨識它的草木鳥獸開始，我們匍匐在珊瑚礁岩的山路上，那個鳥瞰摯愛高雄的城市景觀的登高點，常是支持我們繼續堅持的力量，我想支持文龍這一趟守護大地的行旅，亦是如此。莎士比亞說：「眼睛是靈魂之窗」，或許他也以眼科醫師看人靈魂之窗的角度，看進柴山運動的靈魂深處，他以看人眼睛的功力，也看柴山，因人與山的一切，直接間接表現出人與社會的關係、歷史、性格、文化與倫理。我從他始終如一低調的角度學習到，自自然然關心土地的悠然態度，每個人都做得到，漸漸的，我覺得他也讓人們變成跟他一樣低調的學習自然大地，繼續匍匐在珊瑚礁岩的山路上……

臺灣美麗寶島

/許淑蓮

臺灣，臺灣，我愛您！因為臺灣美麗又多情。

可惜因為人的貪慾利益、政治的腐敗、教育理念的偏差，不斷地破壞這個寶島，讓臺灣漸漸失去它原有的美。但是有一群人默默在耕耘、苦心在付出。他們奉獻一生，完全投入拯救臺灣生態的工作，無怨無悔。雖然遇到了無數的挫折及失望，雖然心痛卻依舊不放棄努力。我可以深深地感受到他們的無奈，因為我也是個對大自然的一草一木深有感性的人，看到我們的生態一再被破壞，怎能不心碎。我覺得人生不是只空有健康的身體，足夠的財富。除了物質生活，人類一定要深入體會週邊環境的美，哪怕是一片葉子或一粒沙，都是珍貴的。

我離開臺灣四十多年，旅居美國。在921南投大地震那一年回到臺灣。猶記當年，我和埔里一群家庭主婦一起當義工，協助災區重建圖書館、幫助學童唸書等等，讓我覺得人生很充實。 一個偶然的機緣下，參加了「環境佈道師」營隊，聽了陳玉峰老師及楊國禎老師有關臺灣生態

的課程，深刻震盪我的心。短短7天的營隊，讓我的腦海對臺灣地理有初步的認識，熟悉很多臺灣的樹木及它們面臨的困境…。最令人動容的是陳玉峰老師，他敘述想建立生態學研究所的理念：「要撒播種子在教育界的老師及社會人士心中，再藉由這些人或老師們去傳播種子給學生。」

陳老師多年的苦心的研究，真誠痛心的付出，讓我淚流滿面，深深感動！自從那一刻起，我決心跟隨他的理念。每年回到臺灣，去埔里做義工時，我都會到台中和助理梁美慧女士會面，期待能向陳老師請安，可惜都沒機會。一直到今年，很高興親自與老師面談，非常榮幸。更令人欣慰的是，陳玉峰老師沈潛多年，終於東山再起！他歷年來播種的種子(他的學生們)跟隨他的腳步再出發，他們成立了山林書院，繼續為這塊土地打拚，要重整咱們臺灣美麗的寶島。

自然、土地、人文、宗教是離不開人生的道路。陳老師一輩子都本著疼愛臺灣的心，歷盡創傷不屈不撓的在奮鬥。請大家用心團結，跟老師站在一起，為臺灣生態教育努力。相信種更多「善」的種子在人間散播，讓大家都能感受到臺灣所有的美感。人生永遠有失望，但絕對不能絕望。只要每人願意從自己開始，盡心本份，臺灣就有希望。希望藉由山林書院的傳播，大家都能體會到臺灣的真、善、美和人情味。

感恩陳玉峰老師的山林書院、臺灣生態學會、地球公

民基金會及所有支持者！願大家活在當下之時就能感受到
人間仙境！感恩一切！

許淑蓮

2012.8於夏威夷

CONTENTS

目次

CONTENTS

●郭自得先生——自在自得的無禪禪師 ●楊博名先生——側寫陽光、淨土的文化企業家 ●黃文龍醫師——醫療美學剪影 ●許淑蓮女士——泛觀音信仰的蓮花化身

台灣的素人

01

郭自得先生

　　突然，強烈的念頭湧上來，今晚非打個電話不可，我撥給郭長生教授。

　　2011年12月2日夜，電話接通。

　　「郭老師，我是陳玉峯，我念了幾年要去看令尊，今晚我忽然覺得非去不可了，不知令尊現在何處？」

　　「怎那麼恰好，我現在正要送他去急診，已經量不到脈搏了！」郭教授的聲音陽陽如平常「今夜打算在急診室過，升斗小民只能逢機等病房……」然而接著說：「年紀愈大，愈受不了時下這些政客……」

　　「10月底我已萌生強烈的感覺，我要早點向郭伯父當面致謝……」

　　「10月底？噢，10月底我爸在台北也住進加護病房……」郭教授認為他父親無病非痛，只是逐次老化，全屬自然過程。他要我不急，但也沒說不必立即趕去。

　　隔天我到新竹上課，下午依先前約定，前往石門水庫佛陀世界訪問見佛法師及林峯正先生，進行計畫中的口述

史工作，回到台中已是際夜。

用過晚餐後，突然感覺還是得立即前往台南。

12月3日午夜11時餘，我來到奇美醫院第一醫療大樓8015室。郭自得老先生寂靜地躺在病床上，心跳機上平穩地跳動著天籟，而生死連體、莫明所以。郭老師在側，不時幫他移動手腳，好讓他胸口舒坦。

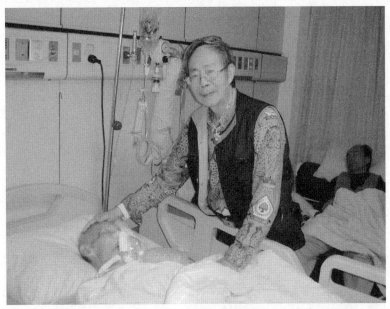

2011年12月3日，筆者夜奔台南奇美醫院第一醫療大樓8015室，郭長生教授正在照顧郭老先生。

「歐吉桑！我是陳玉峯，我來看您了，感謝、感恩您二十幾年來一直幫我翻譯日文文獻！您的人格、一生的德性，永遠是台灣人的典範，我不時在演講、上課中廣為宣

講，您永遠是我們的精神導師！」我撫觸著歐吉桑的手、腳，表述我遲來的感懷，然後長跪一拜，再爲歐吉桑誦念《心經》一遍。

　　稍與郭教授話家常之後，拜別郭老先生離去。郭教授代父回贈我一冊《郭自得回憶錄－九十年來的雪泥鴻爪》。

　　2011年12月8日，再度致電郭教授，得知郭自得老先生於12月6日夜10時55分往生淨土，走完清清白白完美的一生，享年96歲。依其父囑，郭家不通知任何親朋好友，不做告別式，火化後將返澎湖進塔。我告訴郭教授，來日我會去澎湖探望郭伯父。

《郭自得回憶錄》出版於2004年底，乃郭先生90歲自述。他出生於1916年(龍年)，往生於2011年12月6日，享壽96歲。

　　爲台灣綠色群芳、土地立傳，是我一生自許欠台灣的天債。而日治50年期間的研究報告，乃是台灣植物、植被最最紮實的成果與基礎，我必須字句詳實研讀、消化、再探索。然而，研究所的日文課只讓我略識之無，龐多日

人文獻我苦於無能精解。有幸在其公子引介下，自1984年迄2006年期間，郭自得前輩一直幫我翻譯古日文文獻。

十餘年前，我那已做古的舅父有次問我：「玉峯啊，那些日文誰幫你翻譯的？譯得真好！」我答以澎湖馬公郭自得先生。

「喔—哇—！人格者！伊是人格者！」舅父拉高嗓門讚嘆著，然後說出了一段軼事。

「降服後不久，我前往省訓團受訓，與郭先一同一梯次。伊每早都比別人卡早起，盥洗後開始打掃，將浴廁清理得乾乾淨淨，而後，學員恰好起床。輔導員、上層開始注意他，展開一連串觀察、調查他，可是總查不出所以然。個把月後，上層受不了，直接叫他到辦公室。

『你為什麼要早起洗廁所？你要幹什麼？有什麼目的？』

郭先一臉茫然，也不知如何回答。被逼急了，郭先一脫口而出：

『啊掃乾淨了我看起來舒服，別人使用得愉快，不是很好嗎？還要什麼理由?!』

中國來台的這批『上級』還是不滿意這樣的答案，但也問不出個所以然，這『案例』也就不了了之。」

舅父許東海先生這麼一講，我腦海一閃，事隔數十年，類似的故事不也在我身上發生?!「兩岸」的價值觀、人生態度差距如此鉅大，1946年發生如是芝麻豆點事，

1985年我在墾丁國家公園的遭遇如出一轍，但不知2010年代如何？這是後話。

　　翻閱郭前輩的90歲回憶錄，35、36頁記載著1946年1月21日澎湖縣政府成立，他被派任民政科，因「省籍同事不諳國語(北平語)……後來兩次奉調省訓團受訓(政令宣導員班三個月、社會工作員班六週)，有國語及應用文課程，從注音符號學起……」關於我舅舅敘述的這段軼事，隻字未提。

　　而郭前輩幫我翻譯日文，手寫筆跡工整詳盡，知之為知之，不知為不知，忠於原稿而一絲不苟。由於我絕大多數研究都自費，數十、百篇譯稿的稿費任憑我有錢給多，短缺給少，甚至有時還忘了給付，但他從無一句話。漫長22年翻譯工作，在郭前輩的回憶錄中(154頁)，竟然也只有短短三行字：

　　　　每日清晨，清掃住宅附近街道及觀音亭體育場，也曾經成為我的固定工作。因此，人家送我一個環保義工的雅號。

　　　　又因對日文的翻譯感到興趣，翻譯過幾本日文書，並替靜宜大學陳玉峰副校長翻譯過有關林業、蕃地調查、原住民生活等有關日文文獻。

　　　　歷年累積下來的信件、文稿、學經歷證件、照片及各項資料，也經徹底整理一番；並編製個人年

郭前輩幫筆者翻譯日文文獻22年，在他的回憶錄中僅止於短短三行字(154頁)。

　　「又因對日文的翻譯感到興趣,翻譯過幾本日文書,並替靜宜大學陳玉峯副校長翻譯過有關林業、蕃地調查、原住民生活等有關日文文獻。」我書撰《台灣植被誌》十五大冊中,郭前輩的勞心勞力佔據龐大的篇幅,而他完完全全沒有「居功」的概念!

　　從郭前輩淡如純水、平平實實的《回憶錄》,以及兒子郭長生教授一生行誼中,我看到了台灣傳統文化中何謂「人格者」的典範。我噙著淚水,凝視著郭前輩的遺照,窗外,來自北國的寒流蕭瑟,一片片楓香落葉鏗鏗然落地。想起一、二十年前我在野調中的感受:「沒有一片春芽會記得那一片落葉的滄桑,每片落葉化做春泥更護花,每一片春芽也會變成落葉」,穩穩當當傳承著台灣精神、人格的底蘊,從不著痕跡、不落文字。

　　讀著郭前輩平凡而豐富的自述,得知其本具佛緣,他於1953年春受白聖法師啓發,1953年7月26日在馬公長安里太和堂皈依廣慈法師,也組織佛教支會,2011年12月3日我在其床前誦念《心經》,是巧合,也是自然而然。

　　郭自得前輩一生事蹟自有其《回憶錄》(2004年,自行出版)存錄,無庸我畫蛇添足。

　　1984年元月,我依「科技人員任用條例」,到甫成立的墾丁國家公園管理處就職委任技士,擔任解說教育工作。我早上8點上班,除了一般公文、會議、接待解說、訓

練解說員等例行事例之外，自行調查研究植被，慶幸當時遇上王德琦課長(山東人？)，他欣賞我的專業，任憑我彈性揮灑。每天忙於工作、研究、宣導等等，常常深夜才回到租屋處。反正，很拚就是了。年底我就被核定升等為技正。

1985年春，玉山國家公園管理處成立，我被挖角前去擔任「保育研究」與「解說教育」兩課課長。墾丁臨行，同事歡送我的晚宴上，酒酣耳熱的人事官告訴我：「陳玉峯啊！我看你那麼拚，晚上了還不回家，我們都以為你想要偷什麼東西！」

也許當年我太年輕，或因位於基層、較單純，以為只是開玩笑而已。換了個機關，位居中層，也就漸漸感受到公家機關的黑暗面。記得擔任主管後，第一個節日就有同事來送禮，我竟然把「禮物」從二樓丟出去。有趣的是，整個機關內竟然我是跟「人二」最有話談。有次，人二在會議中提出有嫌疑的弊端案例，在主席主導下，沒人討論「弊嫌或案例」，而是圍剿人二！

我辭離公職後，從報紙上斷續看到，昔日小咖的同事擔任什麼「處長」後，貪汙被收押；某某我認識的大官涉嫌貪汙被調查，等等。然而，台灣的司法眾所週知，該大官不但沒事，2008年以後還躍居更大的官位。老天有眼嗎？那得看看誰當玉皇大帝！

曾經有次，一位有名的畫家在一次會議中認識我，從此對我及家人好得不得了。有次我們上台北，畫家招待我們吃生平第一次品嘗到的「聖桑」超大冰淇淋，還給我

三、四歲大的女兒一粒日本大蘋果。之後，畫家很嚴肅地跟我講些「大道理」，直接要我幫忙他，取得某單位的畫作計畫，事成之後，他要給我總經費的幾成。我跟他說：「如果我真的這樣做，也就是說，我們一齊褻瀆了你的藝術！」超過四分之一個世紀後，近日我聽朋友講，那位畫家問候起了我。我想，他瞭解表象藝術底層的靈魂。

長年來我在自然土地學習，也一直在訪談世間人，有時，鬼神也一併作探討。我永遠記得阿里山工作站一位「工友」的軼聞。他在日治時代曾經配過劍_(官職)，鼎革後以不諳北京話而降職。他一絲不苟，同仁要領原子筆，他要人家將寫完的筆殼拿來換新的；他身上兩枝筆，非辦公時間，他拿出私人紙張，用自己的筆書寫；他奉公守法，退休後自行搬離公家宿舍。據說，他餓死在工寮。

我也記得在幫某某人選舉的時候，有個與候選人同黨的○議員，拿張50萬元支票給我，上面受款人寫著我的名字，他告訴我：「我要選下屆立委，你要來幫我做文宣，這張支票給你，我沒有告訴任何人。」我想這是候選人的選舉，這錢沒理由是給我的，但候選人經濟有限，我先幫他留著，或許選後殘局有用。

選後，候選人清完債務，要過年了，我想起那張支票，笨笨地思考，既然沒用上，我應該將這張支票退還給該議員，但在認知上，我該告知候選人一聲。於是我撥電話給候選人說明我將退還支票，不料候選人罵我：「空_(笨或瘋的意思)！拿來給我！他給你支票的同一天跑來跟我

說：『○教授啊，我另外捐了50萬元給您，交給陳玉峯了！』

支票交給候選人之後，候選人給我五千或一萬元(正確數字忘了！)。我義務幫了該候選人競選三次，生活自理。我無怨言，因為我相信候選人的理念，我們是為公義在做事，沒有誰欠誰。後來，○議員選立委，我依原承諾，幫他做文宣，雖然後來瞭解這議員實在很齷齪，誰教我事先「收了」人家50萬元。

初中暨之前，我都生活在老家北港鎮。義民廟前小巷轉角處有攤果汁販，小時候偶而有機會奢侈一下，叫杯綜合果汁，老闆總會在你喝完半杯之際，將剩留在果汁機內的殘留(通常也有三分之一杯)再倒給你。問老闆我只叫一杯，老闆答：「是你的一分不能少」；對面街角有攤補鞋店，有次妻趕時間要老鞋匠趕緊修鞋跟，老鞋匠放下手中工作為妻趕。完工後要價三十元，妻覺得太便宜，給五十元不找。老鞋匠堅持找給二十元，他說：「不是我的，一毛不得取！」我想，金錢買不了一生的格調。還有、還有太多鄉野細瑣事。

屏東新埤萬隆村的硬頸作家，怪咖陳冠學先生也是典型的台灣人。我不瞭解他為什麼認識我，事實上前後我只去探望過他兩次。此間偶而通通信，他寫來的多是長輩叮嚀式的：注重身體、要吃蜆湯、要定期掃瞄肝臟，等等。1980年代我們第一次去訪問他，行前聽人說，他對待訪客兩個態度：喜歡的，請你吃海產；不喜歡的，不大甩

你。我們吃了頓豐盛的海鮮回來。

　　第二次探視他在2008年，他身體狀況已走下坡，但還是請我們去小吃店吃海產，好玩的是付錢時他才發現忘了帶。我們得知他數十年坐守田園、自食其力，手頭已拮据。回台中後我寄了十萬塊給他，他高興得回謝函。不料，個把月後，他退回款項，因為他已領取稿費，「夠用就好！」

　　2011年7月，我在美國演講，回台後，寄幾本近作給他，不料隔天，從前衛出版社寄來的「台灣書訊」得知，冠學先生已於7月7日仙逝，帶給我一陣錯愕與愴然。一週天後，郵局退還那包書，我原封不動地保存。

　　當我書寫著郭自得前輩的故事，不自覺地漂落上述記憶。我想這些小故事中，一定存有些同質性的某種或某類特徵。

　　故鄉義民廟口是我小時候玩耍的領域之一。當時未翻新廟，廟庭有對石獅子，其中一隻口中有粒石珠，另一隻闕如。大家三不五時就將小手伸進獅口玩弄石珠。有天我問廟公，怎麼只有一隻石獅口中有珠？廟公說：「恁阿公像你這麼小的時候常在這邊玩，他想要拿出石珠子，就這樣滾啊滾的；恁老爸小時候，也如此這般玩弄著；現在，你不也這樣？有一天，你的小孩就會拿走它……」

　　當年我似懂非懂地點著頭，似乎首度感覺到時間與變遷，心頭好似被磨損了些什麼，也增長出些什麼。懷念像似把玩石珠，總在童貞間流失？

側寫陽光、淨土的文化企業家

楊博名先生

楔子

　　就在日本人石田常平「發現」阿里山大森林的1899年，台灣總督府民政長官後藤新平巡視南台地區，並訂下高雄築港的歷史性政策。也就是說，相對於清朝統治下的農業文明，113年前，台灣在強權殖民者的規劃下，揭開現代化山海大開發的序幕，而高雄港殆即台灣「海權」宣誓的象徵，且令人讚嘆的是，高雄港萌芽的年代，幾乎同步於馬漢(A.T. Mahan)之發表《海權論》。

　　1908年高雄開始建港，1924年建市，16年間奠定百年高雄的根基。此間，日人將昔日的鹽埕、灘地、沙洲、潟湖等水澤溼地，依先進築港、填海工程技術，打造今之高雄市鹽埕區的雛型，更將市政中心定位於此，因而自1920、1930年代，且延展至改朝換代以後，鹽埕區便是南台灣吞吐世界文化的重點界面。

　　然而，作為南台與世界接軌重心的鹽埕區，1944～

1945年間便也成為太平洋戰爭美機轟炸的標靶之一，高雄港、市被密集轟炸達50次以上，全市85%建物毀於戰火，港內被炸沉的船隻175艘，可以說，日人50年建設毀於一旦。然而，再怎麼恐怖的土石流刮洗殆盡的荒地，很快地便佈滿綠色生機；戰後鼎革，高雄港市復建展開，不幸的是，1949年8月23日，從上海載運龐多軍火砲彈的眾利輪，停靠在當時10號碼頭（今之蓬萊商港區）裝卸軍火之際，意外發生超級大爆炸，碼頭全毀，死傷高達7百餘人，而海面滿佈魚屍。當年國庫空虛，無力重建，直到3年後美援來台，始告重啟生機。總之，打開海洋天窗的高雄港市，擔任榮景核心的鹽埕區至少風光了半個世紀或近一甲子，直到大約1980年代中葉而沒落。

鹽埕區東側斜斜縱貫的「愛河」，前清時代謂之「硫磺水」，1920年，日本人將「打狗」改名為「高雄」，連帶地，也將「硫磺水」改為「高雄川」，後來又更名為「高雄河」。有趣的是「高雄河」如何訛變為「愛河」的過程。

約在1948年前後，在今之中正四、五路交接處的中正大橋附近，有一間陳姓業者所經營的「愛河遊船所」。有次颱風來襲，遊船所的招牌被打落，只剩「愛河」兩字殘存。1949年6月間，有對苦命情侶相偕投高雄河自盡，當時「新生報」派外地記者前來採訪。由於該記者對高雄陌生，他看到殘破「愛河」招牌而誤以為是「高雄河」的名稱，加上報導的是殉情事件，因而報紙刊出的標題訂為

「愛河殉情」，因而轟動於台灣社會。自此，口耳相傳高雄有條「愛河」。反正，「濟俗為治」嘛，後來「愛河」就成了「正名」。

如上背景，於1944年前後，許多同樣是海洋生活型的澎湖人，親朋結伴跨越海峽來到鹽埕區落籍，為鉅變中的海洋城市投入基層勞力建設。

重回生命的原鄉

2011年12月26日，筆者前往高雄訪談楊博名董事長，先至新興街楊的老家訪視。圖攝於其老家門口。右為楊董，左即筆者。

2011年12月26日午后，楊博名先生、李根政先生與筆者在鹽埕區新興街與新樂街交叉口邊的小吃店用點心。二層樓的古建築雖然斑駁，彷彿徐娘半老，殘存風韻，依舊印記昔日的繁華。這裏，是1952年次的楊博名董事長的出生地，也是他在青年期之前的原鄉之一。

「這裏以前叫做

『銀座』，因為卡早鹽埕埔就是高雄市最熱鬧的地區。更早之前都是鹽田。日本人建港之後，人貨進出此區，而且，韓戰時期此地即為美軍渡假休憩區，過往七賢路即為有名的酒吧街，一波波的阿啄仔來，攏是開美金吔，卡好賺咧！我小時候夥同一些小朋友看見阿啄仔坐三輪車，我們常跟他們大叫：『Hello！I love you！』他們就會丟美金零錢給我們。」楊細數著童騃都會生活樂趣。

我心裏兜算著年代。1950年6月25日韓戰爆發，打了3、4年，也促成美國在此些年間，拚命與東南亞、東北亞的國家締結多邊、雙邊聯防協定，包括美菲、美澳紐、美日、美韓，乃至中美共同防禦條約，但我存疑2、3歲的楊是否能在街肆喊叫Hello！I love you！倒是楊13歲以後，越戰期間似乎更可能(註：經楊確認後，的確是越戰期間)。1965年11月25日，首批越南美軍來台渡假，台灣成為越戰美軍的後勤基地，也是渡假區之一，當年的報導估計，將近20萬美軍來台，預估每人花5千美元，帶給台灣10億美元的外匯，成為美援中止之後(1965年美國終止對台經援)，台灣經濟成長最重要的助力。

無論如何，楊與我年歲將近，我們的幼年成長時期恰逢軍國主義退出台灣，中國敗兵湧進，加上美國粗俗文化傾倒的時段，更且，在我們出生前的5～6年前發生2.28事件，1949年5月20日台灣宣布戒嚴，通貨膨脹復告翻天覆地，6月15日舊台幣4萬元只折合新台幣1塊錢，我們的父、祖輩正承受海嘯般的動盪，認同的錯亂無以復加，然

而，為「反攻大陸，增產報國」鼓吹下的戰後嬰兒潮，也在楊與我的出生年間(1952、1953)達到最高峰，許許多多此等年代誕生的小孩，其成長過程卻絲毫感受不到台灣的暗潮洶湧或驚濤駭浪，再怎麼狂風暴雨，任憑老榕樹的繁枝密葉承擔著，只留下「囡仔人有耳無嘴」、「政治是骯髒的，千萬不得涉政治」等等鮮明的印象。

「阮阿公住澎湖白沙鄉赤崁村(元籍)，祖籍是福建泉州縣的金門官澳(白石止)，遷定居於澎湖已約280年。阮爸爸(楊壬辰先生，1924.4.7～1984.6.9)大約20歲來台，於鹽埕區落腳、發展。爸很會唸書，原本在澎湖擔任公務人員。他在終戰前後，於港口附近打工、討賺，他什麼都做，任何粗、細活只要能賺錢，包括賣薪柴，而且他腦筋轉得快……」楊開始追溯其父母如何發跡。從楊父到楊的事業發展，正代表台灣從一級產業如何蛻變為三級產業的活體歷史，我也想起我的老丈人伉儷(陳清祥先生、陳玉妹女士)在阿里山超過一甲子的打拚軌跡。老丈人在被口訪時，曾經感嘆式地留下一小段耐人尋味的話：「……社會愈是動盪不安，變遷愈是劇烈，愈容易賺大錢！日人統治雖然早、中期暴虐霸道，但上軌道後可圈可點……總結日本及國府統治下，最大的區別特徵之一：日本統治下，台灣人可以活得較有尊嚴；不過，國府統治時代較容易賺錢……」我啞然望青天！

「1950年代，高雄港市復甦，但全台人民絕大多數皆屬困苦，物質多屬因陋就簡，若想稍微奢侈一下，或穿

質料、款式好一點的衣服，多半仰賴走私進口貨，貨源來自船員去日本、香港等都會區暗損回台的走私品，我爸就去購買這些衣物，再來零賣，從事這種行業者，時人稱爲『海蟑螂』，於是，我家經濟基礎日益穩定，然後，百貨行開張，主售衣服，兼賣化妝品、時尚物，甚至於經營一段時日後還重新正式開幕，店名：珊瑚百貨。

開幕日還延請唱紅『關答啦美啦』的歌星楊小萍來剪綵，而事業商機蒸蒸日上，以我小孩子的思考，每天目睹那麼多花花綠綠的大把鈔票，我覺得好奇怪喔，父母的錢怎麼那麼好賺？珊瑚百貨行有段時期還發行禮券呢！」

「我雖然不能算是含著金湯匙出生的小孩，但我從未打赤腳過，從小就有皮鞋穿，然而，勤儉持家、樸實家風仍然是主要庭訓之一，儘管百貨行大發利市，阿嬤還是在四樓頂養雞鴨；母親(鄭桂卿女士，1928.3.14～2006.8.3)給零用、點心錢一樣精打細算……」楊喝一口湯後，指著對街日治時代古樓下的麵攤繼續回憶。

「小時候媽給的錢只夠吃碗乾麵，乾麵附清湯。大胖老闆很不爽我這個只喝免費清湯的小孩，常常故意不給湯，非得要我去要了二、三次，才很不甘願地舀一碗給我。吃麵或等湯時，我常望著別的客人桌上的扁食湯，還有一盤盤魚肚、肉皮、小管等等切料佐食品，感受很差、很差！我就立志，我將來要賺大錢來切很多料吃，所以直到現在，不管吃到哪裏，我一定切很多料，寧願吃不完包回家，就是不肯只吃一碗陽春麵！但寫作文『我的志願』

高雄市新興街轉角這家麵攤即楊董小時候吃乾麵的地方(2011.12.26)。

時，不敢寫下真實大志願，只能寫些當偉人云云，不過我們的時代沒人膽敢說要當總統……」

在我們年幼年代，廣大貧困人家的孩童最常聽見父母耳提面命的一句話便是「好好用功」，因為大人們窮窘怕了，讀好書是普遍認為登龍術的最佳途徑之一，而且，中、小學教育繁多「勵志」文章流佈，「立大志」是時代的圖騰，但也夾雜著專制的禁忌。以我個人生涯經驗或體會，台灣社會價值典範的重大變遷約略有三，其一，1971年10月底退出聯合國之後，普遍台灣人蒙上國家前景黯淡的恐懼，要死也得當飽鬼，於是，儲蓄或省吃儉用

的古訓破了個大洞，許多人開啓今朝有酒今朝醉的生活態度；其二，1986年10月15日台灣解嚴以降，表象多元化的展開，賦予傳媒多站在社會正當性、平反性的正義訴求，楊與我乘在時代的浪濤上相遇，也分別在不同文化面向洄泳。約莫十餘年期間，台灣各行業間大鳴大放，從而促成千禧年意外的鼎革，然而，許多人被表象沖昏了頭，未能認清結構及本質上的根本問題從未解決，更誤判統治技巧其實早已準備好了足以持續執政的暗潮；其三，民進黨執政以降，中國勢力全面進駐，「在野的」國民黨傾全力佈置反撲。只有「成功」才看得見本質的孱弱與漏洞百出，於是，台灣從戒嚴走向解嚴，從解嚴走向解放，從解放走向主體意識的再度解體，雖則表面上「雲端世界」全然打開，但e世代更難認清統治技巧「精進的」麻痺術，何況「沒有一片春芽會記得落葉的滄桑」啊！

　　簡單的說，日治時代50年的教化，形塑楊與我的父執輩之價值系統；國民黨56年的統治，顛覆了日本文化的剩餘，但百餘年的文化變遷從未洞燭台灣本質、台灣精神的底蘊，特別是屬靈或宗教信仰的層次或價值系統，而恆處於中國皇權、宗族系統的腐蝕力道。李前總統只能對我慨嘆：「奴隸當久了，建不了國」，但任何感嘆也只是落葉的蕭瑟！這些暫且不談。

　　楊的大志「切很多料」，暗寓著自主性的獨立與選擇的自由。這是人類的普遍心性，童年的壓抑或欠缺，往往是左右一生發展的關鍵；文化風氣、價值典範更是童騃期

印痕式的塑造內涵。楊是南台最先進都會的寵兒，但寒、暑假期屏東南州的田野樂趣，則是建構他草根自由性格的環境。南州假期是楊自稱的「永遠的人生風景」。

1950～70年代，日治時代核心政策的「農業台灣、工業日本」之後(成就南糖北米的農業文明)，繼之以「米糖相剋」，乃至國府的「以農林培養工商」。楊與我成長於南台糖業文化的搖籃，鄉鎮環境是我的唯一，田野生活卻是都會小孩的遊樂場所。

「我的外公也是澎湖人，他們早早到屏東南州墾地種香蕉。寒、暑假最快樂的事，莫過於到南州撒野。我深知何謂摸蜊仔兼洗褲，也嘲笑都市小孩釣青蛙竟然用魚鉤！堂兄拿木劍教我劍道，我們也扛著空氣槍去打鳥。我們焢土窯、釣魚、烘鳥阿巴，去糖廠吃冰棒，傍晚洗著糖廠充滿紅糖味、熱騰騰的製糖廢熱水澡……」楊所勾勒的童話故事，幾乎等同於我那遙遠的童年，更是現今大約60歲以上台灣人共同的記憶「……每次只要聞到濃郁的檳榔花香，我就不自覺地滑進時空隧道，這也是我之所以喜愛大自然的成因……」

側寫時代背景

我隨著楊的敘述，飄盪到夢境深處。我以棉線端綁起一團蚯蚓，懸掛在竹枝上，沿著田埂或溝水邊，上下迅速抖動，不一會兒，沉甸甸的青蛙就死咬著蚯蚓團上鉤。隔

壁三舅媽三不五時就會從鎮郊田畦，摸來一大袋田螺配著九層塔下湯，或炒薑絲田螺，不過，下鍋前總得將每個螺殼尖剪掉，要吃前將螺肉蓋拔掉，湊上嘴巴猛然一吸，螺肉即滑入口中；若吸力太小而不成功，便得反向由螺尖回吸一下，以便第二次吸取螺肉入口。印象深刻的是，螺肉中常混合小螺卵(殼)，得細嚼吞入肚。記得北港溪或大圳溝，偶而還摸得到大河蚌，但至1970年代末，似乎已絕跡，只在媽祖遶境的遊行熱鬧行列中，蚌殼女展開蚌殼的影像中，才帶出記憶。

　　如同楊的回憶，我們有些兒時的場景彷彿鏡面相映，分不出彼此。小時候，我最愛跑去隔壁與顏家兄弟玩。「扇牌仔」是指玩馬糞紙做成的稍厚圓形紙牌的遊戲，紙牌一面浮貼著包括四郎、真平、真假鐵面等的粗劣彩色圖案，圓周皆切成細小半圓緣。玩牌時，參賽者各出等量張牌，合成一疊，並指定一張目標牌，然後依序每人拿起自己的母牌，往那堆疊牌拍打，看最後誰將那張目標牌拍打出離者，全數的紙牌即歸屬他。我總是贏得一大把回家。還有玩彈珠、橡皮筋……，然而，最吸引我的是顏家大哥、二哥、三哥們擁有一把空氣槍，只在難得的時機，他們才肯讓我打一、二發小鉛彈，過過乾癮，其他時候，充其量我只能玩自製的彈弓，不過記憶中，這輩子從未打中半隻鳥。

　　顏家後院空地邊有兩株老龍眼樹，其中一株基幹斜倚牆角，最易攀爬。上樹即可看到我家後院的雞棚，我也常

從後院翻爬上這株樹。這株龍眼樹是我仰望蒼穹、遠離窄隘巷弄的太空梭。相較於楊優渥的成長雙重環境，我的童年渴望逃離北港灰茫茫的秋冬陰天，以及許多帶點憂鬱的氛圍。我看過形形色色的乞丐，母親也常喚我送食物去給屋後斜側，一條幾乎不見天日的泥濘巷徑，窄窄只可容身的低矮破屋內，一對窮斃了的夫妻，以及一堆蜷縮在屋角偎寒的小孩。男主人眼盲，身軀臃腫；女主人小兒麻痺，瘸了一隻腳，走起路來，吃力地扭動著三屈式。男主人拄著拐杖，一步三點地，問人抓龍否？那時代的窮鄉僻壤，沒聽說什麼「社會福利」的名詞。

　　我家街尾有戶人家，有個二八啞巴姑娘，經常被其父打得遍體鱗傷，特別是挺著大肚子的那一次。我從不知她犯了什麼過錯，只看見她爆瘦的身軀，以及凸出的大魚眼。寒冬的深夜。偶而傳來她呀呀唔唔的哀嚎聲，然後被「燒─肉粽」另一波聲浪所淹沒。後來，她瘋掉了，再後來不知所終。

　　家門口右對面的大宅院，住有一位黝黑精瘦的中年單身男，聽說是個「迌迌人」，滿嘴檳榔汁，但他對我很和善，經常講江湖故事給我聽，我超過半數的零用錢提供他買香煙與檳榔。大宅院也租住一對油漆工，女的喚作「油漆英」，為人豪爽嗓門大，不時往我家跑。印象中最深刻的她，中午剛生下個娃娃，下午就臉色蒼白地提著油漆桶去上工。她也咀嚼著檳榔，她說檳榔是個好東西，天冷時可禦寒。母親偶而會送她一些舊衣裳。我有個姑姑，先生

在太平洋戰爭中蒸發，她茹苦含辛養了兩個在台北流浪的兒子，女兒貞子嫁給在那卡西演奏手風琴的男人。母親得按月從父親微薄的薪水袋，抽出二成賑濟她，因而母親不得不想盡辦法替人做裁縫、開柑仔店貼補家用。

我國小二年級的春節，曾經拿著壓歲錢出去找乞丐，也才得知原來乞丐也有放假日，整個鎮內找不到平常隨處可見的掌心向天人。

由於右鄰顏家大前院設有兩個豬稠，「阿波舅」養的母豬每年都得配種，因而「牽豬哥吔」偶而會走過家門口。我不記得「牽豬哥吔」的容貌，但他的背影清晰。他戴著斗笠，藍暗綠的格子衫，一條半截的唐衫褲，打赤腳。左手抓著繩繫豬哥的一端，右手握著竹枝條；渾圓肥嘟嘟的豬哥走前方，他們的步伐穩重而緩緩。最誇張的是豬哥的屁股後下方，那兩粒圓滾滾的大睪丸，隨著後腳交替而秩序地擠動。夕陽下，他們的背影拖得斜斜長長，他們的故鄉在陌生的遠方。

母豬生產一段時日後，阿波舅就會擇日閹小公豬，阿波舅告訴我，閹掉小蛋蛋的公豬仔才會笨笨地長肥大，賣得好價錢。閹豬仔得挑吉日，當天消息總是不逕而走，左鄰右舍、前街後巷的小孩都前來圍聚觀看。但見阿波舅蹲踞，小豬側躺在地，自願的年長小孩當助手，抓豬仔前腳並按住頭部，阿波舅一腳踩壓一隻豬後腳，手背撐開另隻豬腳，左手翻擠豬睪丸，右手剃刀俐落地從中切開薄皮，分別割下2顆小蛋蛋，丟進旁側臉盆內。白淨淨腎形蛋蛋

像是柔軟玉。然後迅速地以火油塗抹在傷口，接著即將豬仔放回豬圈內，換抓另隻豬仔。整個過程中血跡稀少，不一會兒臉盆即裝滿蛋蛋。

特定的節祭日，我也看見阿波舅在拜「豬稠公」，也就是祭祀保佑繁殖豬隻的守護精靈，不過祭品只簡陋一、二樣。阿波舅很和藹、慈祥。

阿波舅有兩個太太，大太太瘦弱，髮絲白白，經常目光精射但遲滯，口中細細嗦嗦不知唸些什麼字。她同唯一的女兒阿春住一室。阿春亭亭玉立，臉蛋姣美而文靜，嘴角掛著淺淺的微笑狀，但眉頭恆深鎖。她高中畢業不久後，到荣堂落髮出家。偶而會回來探視母親。

許許多多破碎影像的片斷灑落、明滅在我的記憶中，當楊很陽光、喜樂地敘述著童年趣事，我也看見老家不時換台的苦命連續劇，而我只是個不相干的觀眾或過客。60年了，很少很少想起、講起故鄉軼事，只曾將特定事件，貫串在我日後對台灣土地倫理的瞭解與詮釋之中。而最常引為代表性的故事之一，是我在1962年某天下午，於北港溪畔，目睹6、7隻老鼠並排背對著溪水，長長尾巴甩入水中且瞬間揚起，還濺出些許水珠。是的，不用懷疑，老鼠集體在釣魚。當一條扁瘦的魚兒被拋空向岸後，老鼠群候地圍啃魚隻。我以此故事，側面說明北港或鄉間的貧窮現象，連老鼠都「窮」到得自食其力，尾釣溪魚，而北港溪魚也餓昏頭，誤把鼠尾當佳餚！

老家左斜弄的老阿桑今近百歲，守寡66年矣！但現

代的貞節牌坊改由外勞服侍，我過往渴望逃離的場域卻變
得如此親切，如夢似幻也罷，究竟是鐵般的事實。曾經，
也是唯一一次，心淳及傳道法師力邀我去探望印順法師，
我第一眼望見他，直覺上就是故鄉那株老龍眼樹。如今，
人、樹俱已昇華。

我們都是這樣長大的

　　用過小吃後，楊帶著我們到珊瑚百貨行故址，講解當
年此一四層樓的建造過程與用料，包括地基是由人力如何
夯實的，二丁掛磁磚的黏貼等等。

　　「照理說我該姓康而非楊，因為阮阿祖在澎湖生活艱
苦，因而入贅給康家，彌補康家無男丁之憾。然而成親之
後，阿祖並無改姓，往生前他特別交代，楊家神主牌上必
須奉祀楊、康兩姓。我父母仙逝後，舊厝空了一段時期，
今年初我放消息出租，巧合得很，竟然是個姓康的來承
租，而且是個好房客！畢竟姓康者很少……」楊的曾祖父
叫楊旺先生(1869〜1939)；曾祖母為康妹女士(1878〜1957)。

　　自從楊父在鹽埕區打拚成功後，楊姓家族、氏族中人
也紛紛來此。珊瑚百貨行隔壁也是親戚，許多婦工正在處
理進口的鱔魚，分級宰殺後，批發全台下游賣店、小吃
攤，據稱，其殆為全國最大規模者。我感受到楊家拚勁三
代不減一分。

　　接著，楊帶我瀏覽其故居環境舊觀，如同閱讀古照

片，當然得帶點懷古的想像力。我們先走到新樂街與大仁路的十字路口，觀看街角那棟兩層樓的日治年代老建物，今見老舊「中華豆漿」招牌處，1950年代暨之前即為公共浴堂，楊國小時曾爬到同學家後側「偷看人家洗澡」。說「偷看」乃言過其實，日治遺風本來就是大家裸裎相見的公共大澡堂，小孩子好奇又不敢隻身前往洗浴而已。當年浴室分男、女及家庭式幾類。

　　沿大仁路望柴山方向走去，即見門牌號碼「大仁路199號」的已廢置「大舞台大戲院」；回頭走即為卡早的菜市場。然後，「我唸當時最紅的鹽埕國小，我們班有80餘人，其中一個同學家就在市政府後面開妓女戶的，印象中，開查某一次是20元……，當時新樂街有多家象徵財富的金仔店、布莊、皮鞋店……」我想起曾經有首並不怎麼雅緻的流行歌《鹽埕區長》。

　　「卡早，黨外雜誌在這裏賣，官方取締得緊，但八仙過海、各顯神通，賣家把雜誌藏在車裏，攤子上擺幾本讓你沒收、交差，無妨，熟客要時上車拿……」我們趨車經過大仁路與瀨南街口「……『小本的』也在這裏賣……」我想起1960、1970年代交替前後，台灣許多電影院都會插播鹹濕春宮片，我們這些高中生都知道那家電影院最有料，我曾看過有幾次，唱國歌時，「三民主義，吾……」突然跳片成嗯嗯鴉鴉的色情帶，戲院門口總有人把風。

　　行經大勇、大仁路交叉口，我瞥見有個小公園，楊再度敘述原本公園處有個水池，他在小學三年級時，放學後

夥同其他小朋友，脫光衣服下去玩水的趣事，不料警察摸近，先收走小朋友的衣服再吹哨子，楊赤條條地跑回家。

　　沿著鹽埕區的老街舊道，楊時而放慢油門，一攤攤店面述說其長短，由故事、紛爭的空間紀錄片，播放著流年與變遷。我讀了半本軼史。

　　「我的發育較一般小孩遲緩，而且還有口吃現象，常常無法完整表達自己的想法。就在初中(卡早叫三中，即今之獅甲國中)有位老師，徹底改變了我的人生，他安排我參加演講比賽，讓我從不斷練習與反覆挫折之中，找出方法與自信，勇於面對自己的陰影作挑戰，從此脫離了口吃的糾纏。我很能體會電影《王者之聲》中，喬治六世的心情……」

　　「成長過程中，家庭遭逢的變故，讓父母親受遭受較大的打擊，除了被親戚挪用公款之外，就是我的大哥在他小學六年級的時候意外身亡。這讓父母親哀痛欲絕。稍長，身為次子的我，才明白自己接下來要扛起什麼責任，父親的事業已有一定的規模，雖然童年生活不愁吃穿，卻也開始懂得思考如何扮演一個長子的角色。」

　　「而我思想的啟蒙，來自高中(鳳山)一位『身分特殊』的英文老師，也就是所謂的『政治犯或思想犯』，他引領我接觸不同視野的書，突破當時鋪天蓋地有形、無形的禁忌，毫無疑問，他對我在思想上的撞擊，啟發我日後獨立思考、探尋真相、關懷弱勢的心性……

　　我們那年代的父母親，最大願望無非是兒女讀書而功成名就，可是我就是喜歡玩，從『玩』中學習出符合內在

的需要。我高中埋下的種子，到了大學恰可萌發。我考上文化俄文系，再轉政治系，因爲政治系『比較好混』，大部分時間我可以看自己想看的書、資料，文、史、哲、電影、音樂會、舞會……，盡情『玩』中『學』，於是，我在圖書館中搜尋爲什麼過往歷史課憑空消失的日治50年，卻是父執輩懷念、稱頌的年代？我看《台灣民報》，延續高中老師引發我看柏楊、李敖……等等禁書，詳讀殷海光、魯迅……我發覺日治時代許多女性的思想見地，甚至比現代還先進；我看新潮雜誌……除了閱讀之外，最大的學習來自與同學的討論……」

楊的敘述，習慣於使用淺顯的具體事例，而且幾乎避開了形而上的麻煩。他的務實，可追溯至商業家庭；他的『玩樂』來自父執輩的庇護與環境的許可；他思想的解放與自由的根本概念，源自政府的『德政』，畢竟，一個專制統治強權，通常是藉由打壓、迫害異議份子及弱勢者，來營造或培育新局面！

我與楊的社會背景同一，讀過的書也有許多重疊，記得第一次看柏楊寫的《異域》，熱淚盈眶地一口氣讀完，然後去買把香，晨昏三柱香拜那本書，聊充埋屍異域的忠魂！我與楊都不是令人稱羨的「書香世家」，但我弄不清楚何以小時候家中有些仿線裝的古書，我似懂非懂地讀了不少像《封神榜》、《七俠五義》、《五代殘唐》、《西遊記》、《東萊博議》…之類的書，書中往往有手繪古人物插圖，衣飾神情與廟宇壁畫雷同，加上我活在台灣傳統

信仰氛圍濃郁的北港，或許是我在激情感動下，不自覺做出柱香祭拜動作的根源。

「當時，我並沒有台灣意識，而自認為是『中國人』；我們熱烈地討論五‧四以後的民主運動；我們閱讀、辯論、觀察、檢驗，我們愈來愈發覺統治強權宣傳的，跟事實差很大……」與其說楊與我存有台灣意識，不如說我們都是透過理性檢驗而來的自我覺醒，絕非投身政治運動者的黨群意識。我們的台灣意識，實乃理性主義、西方自由思想、台灣歷史變遷、專制獨裁霸道者，綜合營造出的社會環境下，自行摸索出的主體意識。可嘆的是，我們這輩人的主體意識，若不能深入歷史結構的瞭解，不能洞燭台灣在屬靈、信仰、思想上的根源大病，則充其量，只是二十多年來的民進黨層次，只是斷頭的台灣意識、殘缺的主體意識。或許因為台灣海峽太狹窄，不比歐洲、美洲的海洋大隔離。即令美國，20世紀前葉之前，哲學、藝術等等面向，依然與歐洲藕斷絲連，雖然我沒有詳加解析美國思想史，但直覺上認定，若沒有西部精神、李奧波的土地倫理等等，美國迄今很可能依然還是英國或歐洲思想的半奴隸。

我深深了解李前總統在退休之後，何以不斷強調「脫古改新」，他應該知道根源問題，可惜的是，他以在野的身份及現實，卻以在朝的姿勢力搏之。曾經我兩度訪談他，嘗試溝通在教育面向作長遠之計，奈何李先生認為他「看不到了」，而只願在2012大選著力。唉！從來急事

往往不重要，真正重要事卻往往不急，奈何！

2011年11月22日，我另次訪談楊時，問其對台灣前途的看法與願景，也側面問及南部人的特徵等等。「我不樂觀，但不能不做，就像我現在罹患重症，不能等死啊！我也得拚，如是而已」；「我不敢定位台灣人或南部人等等，但我所認識的朋友都很善良、很認真，大家都很互尚、客氣、合作，很會為人設想，但這些文化、風氣，源自日治期間所奠定，而非國府。我過往看《大龍馬》，明治維新何以成功？無私嘛！……」

記得阿湯哥主演的《末代武士》，當面對天皇詢問勝元怎麼死的，他的回答：「我毋寧告訴您他如何而生！」信然！我只能相信台灣永遠會續存著「絕地武士」，怕只怕因緣難以成熟，畢竟，要成就非常事業，得在非常時機；即使有了非常時機，也得遇上非常之人；雖不乏非常之人，必也得在非常之位啊！百年醞釀，國府營造56年的契機，業已被兩任大位耗損殆盡，如今，百餘台電視傳媒時時刻刻鼓吹吃、喝、玩、樂、怪、力、亂、神、腥羶下流，等等，文筆奴、食肉屑者又賽勝牛毛，但我還是相信楊的陽光面：不能等死啊！當然，在全球各地遇見許多所謂熱愛台灣、心繫台灣前途的人士，然而，熱情有餘，智能不足、信仰空洞，淺碟子者為多，徒呼奈何！國內呢？格局呢？無私程度呢？深度呢？肚圍量度呢？我沒資格批判。

迄今為止，我遇過的人士當中，唯有聖諾法師的話語

讓我讚嘆，他說他們所做、所思慮者，在在圖謀打造三、
五百年後的台灣，一個沒有誰欺負誰，人人自主、安和樂
利的公義國度。我反諷他的烏托邦：三、五百年？不到
四百年的台灣都已更換了六、七個政權，義人都死光了，
還有什麼希望?!聖諾法師正襟危坐地回答：「不是烏托
邦。說烏托邦是站在人性黑暗面的角度來說的，但人性本
來是光明的，只因被遮掩住了。佛陀講的道理一定會實現
的，可以實現的，那是得慢慢漸進的！若以現今台灣所呈
現的人性一面來看，短時程要把台灣搞好是不可能的，但
若以三、五百年就可能了，就從現在開始種因……」我了
知這樣的態度，這就是信仰的精神，是無我的我，是沒有
得失、不計成敗、無功非德、無掛無礙的本願力，是薛西
弗斯屢敗屢推的本質。我不必再細究他如何種因，或討論
「因」的內涵，因為「因」在360行業的所有人；「因」
在每刻當下的虔信與力行；「因」在念念之間，我一生的
每分每秒都在種因，而楊更進一步，將所有道理以最平凡
的平常事、平常話在實踐。

事業來時路

　　楊是現今台灣所謂中、小企業家行列的一員，且從事
的是文化事業的幼教，他的圖書公司已經經營三十餘年
了，他的創業過程為何？

　　「由於爸爸的身體狀況出現一些徵兆，我大學畢業、

服完兵役後，回老家約一年，一方面充當爸爸的司機，另方面協助整頓業務、財務，因為我爸被某親戚坑了不少錢。此間，瞭解不少我爸的為人處事，以及經營事業的基本原則⋯⋯」

「做生意沒有單方面的受益者，不可能只有你吃肉、別人喝湯啦！爸爸如此告誡我，他投資百貨公司時如此，接著兼做礦油行、遠洋漁業都是如此。還有，許多台灣傳統的勤儉美德、江湖行規、眉眉角角，都是跟環境學習而來。」

「抓住任何時機。從事百貨商業的父親竟然也投資民間煉油廠，他從中油買得次級油品，自設工廠提煉，也做瀝青。1960、70年代，台灣到處都是大大小小的礦油行。記得有次，爸指著工廠地上的油汙、瀝青屑告訴我說：『博吧！這地上都是黃金啊！』油品賣給鄉間卡車、鐵牛、各式車輛，在在是暴利，還有，一桶瀝青53加侖，賣給鋪路用，然而，桶子倒出時不可能倒盡，必然沾黏殘存的瀝青，回收桶子又賺了2加侖⋯⋯」

「我在大學放假回高雄時，常得去港口看顧進港漁船的漁獲。卡早，船長、船員若有『好東西』他們會私藏，這些物品與我們公司無關。當漁船回港，港口的黑道就會上船收購他們要的東西，你不能不賣，船長、船員很困擾，船東也不敢得罪黑道，但只有我父親不買帳，因為我的四個堂兄弟都是鹽埕埔『七賢吧』，大尾的。堂兄弟一上船，港口的黑道就沒輒⋯⋯」

　　「爸爸對待親戚朋友都是仁盡義至，無論貧富貴賤都給予真誠的關心與照顧。我曾經多次載著父親與漁獲，穿梭在窮鄉僻壤去找人，走進貧民窟的陋巷去送魚。父親堅持自己去送，這樣才能親眼看到親朋是否安好……

　　我有個姑姑是個美人胚，不幸的是遇人不淑，她想離婚跟他人，但遭遇的是對女性很不公平的年代。後來很淒慘，流落到嘉義，爸爸搭火車，很辛苦地到嘉義找人，賑濟她……」

　　我從楊及楊口中的父親身上，看見泉州人行俠仗義、豪爽好施的影子。泉州人深受禪宗的教化，至今台語(閩南話)還使用著很有意思的用詞，例如台灣人很謙虛，不會使用知道或不知道，而是說知「影」或不知「影」，因為「道」是很深邃的形而上，台灣人的認識論只敢說知其所投射的「影子」而已；又如「沒辦法」，台語說成「無法度」，無法可

楊董祖父楊旺(1869-1939)世居澎湖白沙鄉赤崁村；由此肖像依稀可見楊董的影子，反之亦然。【楊博名提供】

度，這分明是禪語；再如禪語「小疑小悟、大疑大悟、無疑無悟」，轉化成台語表達「意料外」說成「無疑悟」！台灣人的禪是無禪的生活禪，而且是海洋禪，人生本來就海海啊！

由楊父傳承至楊的人格特徵，又如何從事企業？在不同時代、不同世代有何不同風光？

「爸爸是白手、黑手起家，我決定自己闖天下。一年陪伴爸爸瞭解家中情形之後，我去應徵做業務員，初任職於電器行，行銷收、錄音機、計算機等等。那時一高尚未完成，我開車轄區北界到嘉義，每天都很忙碌。每日出發時我要求自己：『我今天若做不成一件生意，絕不回去』，有次，已夜深但業績槓龜，我在台南街頭一家電器店遊說頭家，但他生意很好，不大甩我。我口乾舌燥，沮喪難過得吃不下東西。於是，叫了一杯冰水猛灌，不料瞬間反胃，衝出到店口吐得一塌糊塗，倒地快要昏厥。老闆差員工扶我上二樓的倉庫稍歇，也問我怎麼了，吃飯沒？我據實以告，因而老闆基於同情，給我下訂單。唉！人生就是這樣啊！

電器行工作一年半之後，累積南台行銷經驗，並觀察人性。接著我想看看外面的世界，持續我好玩的天性。我去旅行社上班，考取領隊執照，帶團出國大多去日本。如此年餘。恰逢朋友經營一家圖書公司有困難，找我入股投資。我本來就愛看書，因而我乾脆就轉行投入。這家公司做的是代理、經銷。我加入代理3～4年後，認為代理的

利潤太低，且隨時受制於人，我開始改為出版兼經銷。1980年代台灣出書很簡單，我飛機一搭到日本，看到好書就copy，回台灣翻譯後就付印……」

「30年來做生意嘛，兩大階段。第一，你得做對生意，20世紀台灣至少有4、50年好光景，但你要有感覺，抓得住運氣。由於台灣社會成長、經濟好轉，人口也大增，重視教育是父母心，而且漸次變成精緻化─兩個恰恰好。之前台灣小孩那有什麼課外書?!因此，我在該時代做對了孩子教育的圖書，賺了錢。第二階段，好賺嘛！大家必然一窩蜂跟進，就發生競爭、惡性競爭，於是，如何不被打倒而續存？我從父親傳承的精神而來，也建立一輩子的經營哲學。我首重誠信，與人交易重然諾。我廣結善緣，而且對員工發揮『玩』的創意啟發。一有接觸不錯的老師或課程，我就引來公司上課；業務稍不忙碌時，我帶員工到處遊山玩水……」

事實上楊在生意上軌道之後並不忙碌，他的「玩學」其實建立在自我執著的放下，他默默地關懷社會，也帶著商業精準的眼光在遨遊。一遇有益長遠教化的事務，他即伸出援手。他是創辦二、三十年來高雄「無願讀書會」清一色女性當中唯一的男性會員，他贊助數不清的社運，包括環境運動，但與他事業相關的文化事務，毋寧更為焦點。行有餘力，他到處演講，鼓勵、支持弱勢。他在屏東教育大學開了《企業的經營與管理》的課程。

「我講經營管理的部分不到三分之一，我偏重在生活

愛智圖書公司董事長楊博名先生很「溫暖」地照顧員工的心智(2012.3.6；高雄市愛智公司)。

楊董與充滿本土自由風的「愛智」(2012.3.6)。

楊董與女兒楊婷婷(2012.3.6；愛智公司)。

與思考的部分。我以眾生相的有趣故事，引發學生暢談，
我再與之對話，且儘量讓學生發揮。我送許多書給他們，
又包遊覽車、提供餐飲，外出參觀產經企業如何運作，最
重要的，我讓學生可以從不同角度、繁多面向，看待如何
在殘酷、眞實的世界中存活下來，不只可以賺到錢，更可
以賺到人心，人的一生不只是賺錢而已啊！我引導學生如
何清楚地看待自己，以及價值觀……

　　有堂課叫『社會現象觀察』，我請學生儘量或至少得
講出2、3個正面事件或現象，也舉出負面事例，從而進
行討論。我不一定得或能回答所有的問題，但我會提醒從
不同價值系統可以導出何等結果等等；有堂課叫『宗教與
人生』，我先談台灣人怎麼看待宗教的現象，誘發他們自

行摸索，最後才點出：宗教談的就是你自己啦！我遇見一些貧困學生悲慘的故事……」

當我問及對下一代的願景，楊輕描淡寫：「有思考能力的人」。他也刺激學生對使用金錢的概念，因為一個人用錢的內容、態度，多少可反映賺錢時的心術。你付出時間、心力的代價，可以張顯你的人生觀。「以我企業、生意人來說，全球性基本標準乃『信用』，你要賺錢、賺人心，你的服務要至誠。當你風光時可別得意忘形，你得瞭解你是誰？你賺的錢要帶去棺材內使用嗎？要給兒女花費嗎？何謂有意義的事……」

當我直接問及對政治的見解時，楊顯露台灣人三代以來對外來政權的審慎：「228事件之後，我外公一提起相關事情牙都歪了。我不懂國家、政治，但政治人物有責任告訴我們你要把國家、社會帶往何處？百姓能講而無力，而人民委託政治人物，如同公司，我是老闆，員工可講意見，但得我答應。表面上政治人物都講得很好聽，但僕人都比主人還凶狠。任何政治人物都需經過考驗，特別是面對種種誘惑之際。我們生意人最清楚人性啊！……」

而楊在表述日本文化的優點、長處時，我故意激他：「日本文化不也是由盛唐承襲而來？」楊答：「小時候的胖不是胖。你曾經如何好，不代表你永遠好，沒試都不知道啦。台灣人的善良是從日本教育來的，還有非國民黨式的在地傳統……」

自從我認識楊的一、二十年來，他讓我最欣賞的是本

質的純眞，毫不掩飾的自然與精明。與楊談話，他不時有些點慧的俚語讓我難以用文字表達之。他事親至孝的層次絕非道德美詞所能形容，特別是母親長年臥床期間，他歌聲逗趣甚於老萊子。從他身上我知影對親人的幽默才是本質的幽默，他是天生的陽光。

人倫與生死

2006年夏季之前，每當楊與我通電話或碰面時，他頻繁提及侍奉病榻上慈母的情節，每每令我動容而沉思，那是何等的情操啊！他簡略自述事母的概況：

「我底下還有差我約11～12歲的弟弟、妹妹，母親坐月子時，我已懂事，還記得母親做月子吃的薑母炒蛋在物資匱乏的當時甚為美味，還會跟年紀較大的弟弟和媽媽搶蛋吃。我的母親在62歲因高血壓中風，臥病將近18年，在勞碌一生，可享天年的時候即臥病在床，是身為人子的莫大悲痛，當我看見曹慶先生發心創立照顧植物人的創世基金會時，我常淚流滿面不能自己，因為母親的靈魂就是如此被禁錮在蜷曲枯槁的軀體中。母親還在人世時，我常回到她身邊，唱歌、說有色笑話給她聽，抱著她告訴她我要喝母奶喔！母親總是被我逗得開心極了，在全力的醫療照護之外，我盡力陪伴。在母親病危時約有半年在加護病房度過，照著探病時間，我每天去看三次，母子一世的情份，我總是希望能盡力把握住。這些年來，雖未能

在楊董贊助暨出版下，筆者完成
《興隆淨寺（一）：1895年之前》史誌
(2010.12.13)。楊董父母的靈骨奉厝於興
隆淨寺。

再依怙恃，但我總常想起父母親給我的一切。」

精誠所至、金石為開；18年歲月，滴水早已穿石。多少台灣人就像楊這樣，貫串台灣歷史的長河，譜寫最平常的故事！

2006年8月某天，我在高雄興隆淨寺內巧遇楊，他帶著母親的牌位入寺進塔。當時，他整個人予我不對勁的感覺，皮肌炎在他的身體表面出現，特別是四肢關節。幾天後，他得知罹癌，且從此遭逢生死的淬煉，然而，他的內在性格始終恆定，無論多少殘酷的折磨。

2010年8月7日，在我的請求之下，楊、蘇振輝董事長與我，假高雄地球公民基金會，舉辦了一場《生死座談會》，讓聽眾分享楊的生命故事。楊以同樣陽光的態度，敘述他與病魔奮戰的歷程。歷經3小時後，聽眾們帶著堅毅、抖擻的眼神離開。

楊的演講生動活潑有趣，遠比平板的文字熱力四射。

熱心公益的楊董，參與的社會活動不可勝數(2010.5.22；興隆淨寺)。

楊董為『山林書院』高雄營隊作開幕致辭，並作一場專題演講激勵學員，贏得滿堂彩(左坐者為楊董)。

在此，我只轉引他平實的自述：

「我的人生平安而順遂。知道自己罹癌，是在母親告別式之後一個禮拜。

就在陪完母親走過生命最後一程後，我開始發覺自己的身體不大對勁，吞嚥有困難，經過切片發現是鼻咽癌。先是喪親的至痛，再是面對自己生死的難關，短短時間內，令我難以承受，我哭了兩天。但人總是會在無助的時候，自己去找出一個生命的出口。我積極的面對治療，除了鼻咽癌之外，還併發了皮肌炎，皮膚的不適，肌肉的疼痛與無力，讓我行為能力大幅減弱，過程真的非常痛苦難受。

就在治療過後、積極復原之際，半年後，在一個例行檢查中，又發現我的肺部有一個黑點，黑點的位置無法切片，必須經由開刀。人生的課題又來了！我又得再提筆寫一次。當時，我問自己：『我希望我的兒子怎麼記得我？』我想了想，想起來這十多年在生命風景中占很重要位置的柴山，我想要讓兒子知道，爸爸是勇敢的。在開刀的前一晚，我帶著兒子和家人去爬柴山。在山上，欣賞落日美景與夜色。那一夜的月色，是我見過最美的，也是最難忘的月色。

開刀後切片結果知道是良性腫瘤後，像坐雲霄飛車的起落，心情的折騰很難形容，可是我總是很積極的面對我的病情，勇敢的面對它。近兩年，到醫院追蹤掃瞄時，又發現脊椎有黑點，在確知必須接受治療時，我總是理性的

面對，審慎與醫師討論醫療對策，當然，在治療期間，我也改變了許多自己的生活習慣，幫助自己的身體對抗病魔的侵襲。

面對死亡的恐懼，只有自己最清楚，有許多的感受和體會也是病前未曾有過的，人在無助恐懼時總是會尋求一種力量，有些時候，我除了能夠感受冥冥之中那股神祕的力量之外，親人與朋友愛的力量，才是我最大的支撐來源！

正面而美好的力量

第一次生病時，陳玉峯老師寄來一顆玉山頂峰的石頭，他告訴我這顆石頭是他跟上天祈願得來的，一顆飽含臺灣山林靈氣以及陳老師祝福能量的石頭，對我深具意義。最近這一次生病，好朋友蘇董剛好也登玉山，登頂那天，平時早上8點半才開機的我，不知為什麼清晨7點半就打開了手機，恰好就接到了蘇董他們來自玉山頂峰的祝福。還有好多親人、朋友，熟識與不熟識的人，在知道我罹病之後，總是用不同的方法關心我，為我祈福，為我打氣，這麼多正面而美好的力量，讓我覺得溫暖而感動，面對病痛的歷程，一點也不孤單。

我常常把陳老師在玉山登頂後寫給我的信、送給我的石頭拿出來看看，還有蘇董、愛智的同事以及其他朋友給我的祝福的信，也都相當珍視，常常拿出來閱讀，那是一個又一個正面的力量。我的生命中，最珍貴的，就是有那

麼多朋友祝福的力量。

「了生死」的真實意義

我從不諱言我是一個很怕死的人，但也不隱瞞我一直
想要努力活下去的決心，生命這麼美好，我應該更努力。
一次次面對病魔的打擊，心理的壓力不是說釋放就能釋
放，可是我總會不斷的找尋方法，嘗試能讓自己放鬆的元
素，如，最近經常到台東一個好山好水的地方調養，遠離
塵囂，或是心血來潮，在家裡裝個KTV，引吭高歌一下，
儘量釋放壓力，讓自己有更好的能量抵抗癌細胞。

有人問我生病前、生病後有沒有什麼體悟？我很認真
的想了想，我覺得自己的想法沒有太大的改變。佛家常
說：『了生死』，面對過生死交關，對待生命必得有更多
的體悟，或許，駑鈍如我，對自己而言，『了生死』了的
不是我自己生死的豁達，而是如何扶助與對待社會諸多更
弱勢無依的生命；如何轉化自己有限的能力，做更多的社
會關懷，保持一顆柔軟心，善待一切。我本來就是這樣的
人，只是生病後，我覺得，我要做得更多、做得更好，這
才是我病後最大的功課與心願。」

楊與愛智──全方位的社會關懷

2012年3月6日，我來到高雄前鎮，口訪「愛智圖書
公司」的員工，試圖從另一角度，照會楊的風格。受訪者

左起楊博名先生的女兒；楊；尤雪錦女士；石晏如女士。

一位是年資25年的尤雪綿執行長；另位是18年資的石晏如主編。

　　走上愛智公司二樓偌大的辦公室，進玄關後，右側，壁立著1978年創設「愛智」的宗旨：

　　「人生，從愛智開始哲學的本義為『愛智慧』，所以，我們以此為名，希望孩子的人生，就從『愛智』開始，並能開始愛智。1978年，東方之島，南方之隅，愛智誕生就在台灣高雄。對於你我他曾經，以及未來的童年，你好！」

　　「愛智」是出版幼稚園教材的圖書公司，「愛智當然是取意、名於哲學，但也可依中文兩字拆開來講，也就是愛心與智慧，以愛來生活與學習智慧，但楊董更將之延展

成愛與全方位有智慧地關懷……我們希望我們製作的教
材，可以帶給孩子有自由思考與感受敏銳的能力，因爲從
小就可奠定學習的好模式，因此，我們注重以有趣的方式
去啓發，讓小孩感受到學習是重要而有趣的過程。學習是
快樂的。引發興趣，什麼都可能！我們最怕讓孩子吃了就
反胃的東西……」尤如是說，「我們的出版不昂貴、不標
榜，而注重平實的生活內涵。」

　　既然製作教材試圖教育我們的下一代，則公司的領航
人又如何來教育公司的員工？

　　「楊董幾乎從不看我們製作的童書，雖然他很愛看
書。他放手，賦予我們最大的發揮空間。他是公司的精神
領袖，他關切的是人的精神、品格與悲憫心。除非很忙，
否則公司平均每個月都會舉辦學習性的課程。課程內容由
各部門設計、提出，大多是生活性的，也包括專業課。」

　　「愛智是個很溫暖的地方，是楊董個人特質所形塑，
他讓我們非常自由，但他本身是個主觀俱足、個性強烈的
人，一旦他有所決定，必然是『淋漓盡致』。他天生具有
一種『溫暖』的特質。我原本是個『安分守己』的人，只
求做好份內事，不傷害別人，也不會主動去關懷別人。當
初，我來到愛智，根本不知道誰是老闆，後來才曉得，就
是那個大多穿著牛仔褲、輕便衣著，每次進來講話都很大
聲的男人。奇怪的是，每次他講的，幾乎都跟出版無關，
他最愛談政治、社會事。有次週會，他強調想把愛智做
好，希望可以給員工一個『安身立命』的地方。事隔那麼

久，我一直印象鮮明，因為之前我的觀念中，公司、職場可能只是一個過程而已，但他讓我驗證了這四個字的內涵與意義，長期以來，也讓我感受到何謂『志趣』。」石如是說。

「放年假後大家懶洋洋的，楊董就帶我們去爬柴山，爬山半天、上班半天，從遊玩中收斂心緒，從而進入專注狀況。我們公司的旅遊範圍廣泛，國內、外，藝術殿堂到吃喝玩樂，無一不是多面向教材。他放綠島白色恐怖時代的故事、人權議題等等影帶，並權充講師；他送我們《牽阮的手》電影票等，『逼』我們去看，他讓我們不得不去接受許多如果自己看電視時，立即轉台的節目，而且，不只言教，我們從他身上觀見，他如何照顧流浪狗、喜憨兒、許許多多社會弱勢的關懷。他更讓我們不自主地走向街頭運動遊行……」

「他隨緣照顧各式各樣的貧困病人。例如像水社寮民宿主人的溫太太，當得知她及先生的處境與病情，且經醫生判斷後，他立即將家中昂貴的紅外線治療機拆解下來，差員工送上山去，又安排溫太太來高雄看醫生、住他家。他們之間非親非故，只是遇見了，他要幫忙就只純粹幫忙……」

「我到愛智工作一段時間以後，我發現我跟同學不一樣了，我的觸角、感受變得敏銳，思考的層次、向度，多元、廣泛且深化……」

楊的雞婆成性，即令他在罹病後絲毫未改變。2012

年3月上旬，他帶員工前往宜蘭旅遊。在羅東運動公園看見一個老歲仔跟一個少年仔在扭打，老歲仔佔上風且手裡握著一把剪刀，作勢正要戮往少年仔的下體。他立即叫幾位壯碩的員工衝過去，拉開他們，並問明原委。原來，少年仔偷看女生尿尿，老歲仔已多次埋伏，這天恰好被他逮著了，拿剪刀的緣由不可言喻。楊問老歲仔：「你要不要報警？」老歲仔反問：「你說呢？」楊答：「人是你抓到的，我無法替你決定。」然而，少年仔直嚷著：「我老師在那裏！我老師在那裏！」楊察覺少年仔可能有問題，因為他約有24、5歲了，但嚇得臉色蒼白、冷汗直流。楊以照顧過智障小孩的經驗，當下將少年仔帶去給孩子口中的老師，果然證實他的判斷。

這是「小事」、「多管閒事」、「無聊」？非也！重點不在大小事，而在於楊隨時隨地自自然然地觀機鬥教。他一再跟員工們強調：「我們口口聲聲說反不公不義，但卻對發生在我們身邊的事務，頻作縮頭烏龜。我不是要你們跟別人衝突，但應該出聲就要發聲。台灣人若沒付諸實踐的正義感，就得永遠被窄制啊！」

不平則鳴、見義勇為不正是從小教科書不斷灌施的道理，曾幾何時台灣社會變成欺善怕惡、自掃門前雪、事不關己、拔一毛以利天下不為也？當然，楊心目中清清楚楚台灣人自白色恐怖以來的結構性問題，他只是恆以社區文化的精神，隨緣度化，他無得失觀。

我換個角度問尤與石：「你們的老闆有什麼趣事或糗

事？」

「1987年我剛進公司第3個月，公司去澎湖旅遊，發生過一件很『恐怖』的事。有個跟公司很熟的裝訂廠老闆也去。當一夥人在海灘嬉水之際，該老闆突發提議：『誰敢裸奔，我給誰三千塊！』楊董二話不說當場脫光跳到海水中去，但不時跳出水面嚇人！我們女生都嚇得跑開。公司另外一位林老闆也經不起人家慫恿，隨後也真的裸奔。當時我想，這家公司還能待嗎？怎麼老闆都是這種人?!當晚，楊董以那三千元宴請大家，還嚷著：『這是我第一次下海的賣肉錢！』……」

「楊董嫉惡如仇，凶起來也很可怕，許多女生一開始都會覺得離遠些。所以當他在跟客戶談事時，我們有時也會擔心。然而，有更多的幼稚園園長很欣賞他。

有個台南區的客戶幫我們行銷，公司與他每半年簽一次約。合約到期了，恰好該區有位更高明的行銷員前來接洽。我們打算給年輕新手做，於是發通知告知原先客戶到此為止。該客戶就跑來公司請求續約，但我們不肯。惱羞成怒下的客戶激動不能自己，隨手抓起旁側佛像往書桌上砸，桌面玻璃應聲碎裂。瞬間惹惱了楊，一箭步衝上揮拳開打，兩個男人就在辦公室大打一場……」

我問楊此事，他答：「侵門踏戶，囂張到家裏了，我當然跟你拚了！」泉州人海上血性一觸即發，這原本屬常。

由楊公司的老員工交錯回憶楊的率性與趣聞，足以勾

勒我們那一代海線台灣人的風格、民性。也是這樣的性格，創造出現今台灣各面向的成就。可嘆的是，如是的亦俠、亦儒、亦禪的台灣人，在族群中所佔的比例，隨著日治、國府鼎革的外省大遷徙，比率驟降矣！加上陰險毒辣的統治術，經由超過一甲子的懷柔、分化、污名化、高壓、屠殺、以台制台、腐化等等侵蝕、風化作用，台灣人每況愈下，是非、公義的伸張意志與能力，不可同日而語。

我先前對楊的直覺、感受，徵諸朝夕相處的員工口中大抵吻合。楊所彰顯的部分台灣人格的底蘊，近四、五年來我探索台灣宗教哲學與價值系統，大致上也抓出些微來龍去脈。為謹慎起見，我再三探詢尤與石：「楊身上、行徑所散發出來的溫暖與利他的特質，或妳們所謂的『真實、率性』從何而來？」

「他就是具有一種真的對人很好的特質，那種『好』，時而超越常人所能做到的。我常覺得很訝異，為什麼他的『好』，range可以這麼大？」

「為什麼？」我再問。「因為有愛啊！」尤答。我說：「太空泛！」她們還是說：「他就是天生有這樣的質，這樣的心。這樣的傾向，讓他無私、無動機地去關切跟他毫無相干的人、事、物啊！他先天就有一種利他的本質吧?!」

的確，像楊這樣的台灣素人，正是從他內在真誠所從出，「利他」只是附加價值，而不是他「有意」！我敢肯

定，這正是禪門與淨土教化出來的台灣文化，通常應現在草根與基層。在台灣普羅民間，特別是龐多「外來高尚文化素養不高」的基層，十步之內必有芳草，然而，大部分這樣的台灣人，在外來政權污名化的過程中，不斷被摧殘而夭折。楊以事業成功、家世優渥，而可保有尊嚴與自信，更能推己及人。台灣史上，隨時隨地在群眾之中，突然就會冒出這樣的人物。這現象，超越了生物基因的表現型，它是遺傳之外的文化演化；它是台灣民族集體性格的顯著特徵，不見得來自三代或祖上家風，不必然是家庭因素，而是總體氛圍中的個體應現；它，經由像楊這樣的人，以身說法，然後，無從追蹤其成果，只在廣大時空中，突然引渡其他新個體的應現，也就是說，由楊等特質感染，誘發其他人，在其人生特定境遇中，蹦發出「自覺」，絕非目前為止，西方相關分析所能完滿理解或解釋。

要解釋這樣的人格或現象，或可藉由《佛說阿彌陀經》來印會。

「……皆是阿彌陀佛，欲令法音宣流，變化所作。舍利弗，彼佛國土，微風吹動諸寶行樹，及寶羅網，出微妙音，譬如百千種樂，同時俱作。聞是音者，自然皆生念佛、念法、念僧之心。舍利弗，其佛國土，成就如是功德莊嚴……眾生聞者，應當發願，願生彼國……」

這小段經文若要直譯，今人不易理解。我藉楊的行徑，嘗試解釋之。

　　阿彌陀佛不是一個人、一個神等等，而是象徵普世人性中的一種自覺。這種自覺即領悟到人心本然的單純，自然而然不會沾染種種意念或感官的得失。這樣的本心就是楊或其他人，會去做許多沒有任何目的、動機的「善行」的根源；這樣的行為，就像天籟，會帶動其他生命的本心，好像微妙的交響樂音(是音不是聲，一種氛圍)，讓感受的人，也從內在發出一種自己不自知的嚮往(佛、法、僧只是個假名相，其實只是本心的各種面向)，嚮往回到自己內在的原鄉，也就是「西方淨土」或「極樂世界」這些假名之所指。

　　所以說：「世界何緣稱極樂，只因眾苦不能侵；道人若要尋歸路，但向塵中了自心。」極樂相對於極苦、眾苦，沒有了苦，也沒有樂，可以回歸十丈紅塵中的本心。

　　那麼，苦從何來？「諸苦盡從貪欲起，不知貪欲起於何；因忘自性彌陀佛，異念紛馳總是魔」；將苦字改成樂字，道理一樣。極樂，正是樂的盡頭啊！當人心沒有苦與樂的瞬間，即阿彌陀佛，也就是一般所謂的「中道」。

　　因此，「生而無生，法性湛然；無生而生，業果儼然。所謂生者，即眾生生滅之瀾也；謂無生者，即諸佛寂滅之本也。靈明湛寂，玄妙真常，個個不無，人人本具……」人的本心、本性清澈見底，本不起波瀾，這就叫做「生而無生」，這本心可以是「無生」，沒有一大堆有的、沒的，眾人將本是「無生」的生，起了無窮多的慾念、意念，是謂「無生而生」，當然就會有龐多的得失、煩惱、因果報應。什麼叫「生」呢？就是離開了清澈的本

心，產生心念及行為，所以必然陷入一般人的有生有滅、有因有果；所謂「無生」，正是「諸佛」或你我本心的本然！所有的人，都本具備如此的心性啊！難道是須要外求嗎？

再講一次：「諸佛於儼然生滅中，唯見無生；眾生於湛然無生中，唯見生滅。只因迷悟之有差，遂致現量之不一。實乃生無自性，無生亦無自性。悟則生滅皆無生；迷則無生皆生滅。所以離此別無，是乃一體而異名也。審如是，則阿彌陀佛即是我心；我心即是阿彌陀佛。淨土即此方，此方即淨土……」

這些內容正是台灣人在超渡亡魂時，最常唸誦的經文(例如《中峯三時繫念》)，換句話說，人、神、鬼都是一個樣，神、鬼並沒有比人還超越，但任何人、鬼、神，都可以逕自直證他的本然。此所以人、鬼、神都處於輪迴之中，直到可以證悟之際，才能超越，是謂涅槃。

以上這些可以理解的文字，當然也是一些形容詞的指月之指而已，但至少，是可以用平常的思惟去「理」解的道理。這是淨土宗帶給台灣人的教化重點之一。

如此詮釋、比附，並不是說，楊認知或體悟了(只有他自己才明白)佛法、淨土法門云云，我只是要說明台灣人的諸多心念、行為當中的「單純」，或無法解釋的行徑，它的底層或底蘊，實乃源自佛門，而且，我不認為是現今所謂的「佛教」，它是超越了佛教而可以是佛教；超越了基督宗教而可以是基督宗教；超越了任何形式宗教而可以任人

稱呼！它是普世人性，更是台灣人善良之所本，以及台灣人本身的顯著特徵。

當我問楊：「您經常在國內外帶團(公司員工)旅遊學習、感受，依您經驗，您認爲台灣人相較於全世界，最突出的特徵或印象爲何？」楊回答：

「普遍的感覺，打從內心到行爲，台灣人最和善與熱情。像我最常去日本，日本人客氣得不得了，表面上禮多、形式多，包裝非常精緻、得體，但就是無法像台灣人這樣的善良、熱誠、掏心掏肺地，內外透明地率眞。不是說他們對待外國人如此，日本人與日本人之間，彼此內心之間，也常透露出有個間隔感。台灣人的這部分，跟我的個性最相似。」

我從楊身心的氣質上，看見台灣人散發出來的「微妙音，譬如百千種樂，同時俱作」，淨土在此！

03

醫療美學剪影

黃文龍醫師

～地面上有很多的道路可走，
　但所有的路都通達唯一的地方；
　你可以二人、三人、成群結伴，
　可以騎馬、搭船、乘車旅行，
　但最後的一段路，
　你只能孤零零地走……～

　　「所以啊！在知識、能力、體力的範圍內，最好，所有的事情還是得自己來！」鏡片映出淚光的蔡玉珠女士前輩如是說。她是在譯述著已仙逝的老伴黃伯珍醫師，寫給她的一首詩時，如此輕輕喟嘆！黃老醫師的日文筆跡絹秀柔美，令我聯想到他操刀時的精巧細緻。(註，原詩是德人赫塞的作品，我略加改寫，用以符合口訪時感受到的氛圍。這詩是黃老醫師在日治時代醫學生時期，被學徒動員、徵召從軍時，1945年3月5日寫給青梅竹馬玉珠前輩的)

　　「歐巴桑！您不很適應高齡之後嗎？」我殘忍地追問

一句。

　　「是啊！我愛讓台灣人的子子孫孫知影，我們走過的路。我先做過日本人，戰後迄今60餘年，我做一個普通台灣百姓，我們的坎坷滄桑，以及從我的角度所能感悟的人生觀。咱台灣人的精神，如果不能彰顯出來，我不甘願啊！

　　例如說，今天的天氣這麼好，咱台灣的天，青得令人心酸啊！咱台灣人的心肝是……啊，我不大會講，講不出來，我日時想，暝時想，連睡覺都在想。我半暝起來寫，一段段、一張張，想想，寫寫，哭一哭，你能瞭解嗎？」

　　要台灣人瞭解台灣事這麼困難嗎？如果要我去體會玉

蔡玉珠女士及其自畫像(2012.1.7)。

珠前輩走過的境遇，的確，就她靈魂形塑過程中的峯迴路轉、皮痛、肉痛、骨痛、髓痛、心痛或靈痛，特別是以女性所承受的時代壓迫，我的確無法感受其底蘊；但若是在台灣人民史部分，非文筆奴所建構的台灣史、台灣事，那我是感同身受、入心入肺，而有百年孤寂的寥落。

蔡玉珠女士是老朋友黃文龍醫師的母親。

就在這天，我同黃文龍醫師訪談時，說出這輩子，60年來第一次講出口的「孤單」！我想我應該可以瞭解玉珠前輩的話外之音。

我是要寫「黃文龍醫師」。因為，漫長的歲月以來，偶而我南下高雄，會去黃醫師的診所，檢查眼睛、調整或配戴眼鏡。有時我跨入門診室，瞥見他正在看診患者，那種專注、虔敬、濃濃又淡淡的神情，搭配著舉手投足，思考、觀察、檢驗患者的動作，活似藝術大師正在推敲他的創作，總是予我猛然的瞬間震撼，但打個招呼之際，靈隱神滅，又只是個醫術精湛、醫德膾炙人口的眼科醫師而已。一、二十年來我這種直覺始終未曾講出口。原因有兩類，一則他實在太尊重我了，我調皮地故意試試看，看他會尊重到幾時？而他檢查我眼睛的過程，甚至我還覺得太囉嗦、太龜毛了！直到今天我訪談他之後，我才明白，原來他對任何人都是如此尊重，唉！60歲了，我還真臭美！二則過往我們之間的話題大部分是公共事務，而幾乎沒談過「我自己」，我毋寧將那瞬間的美感，當成來看望

他時，犒賞自己的快樂，一種私密性的賞析，畢竟這等年
代還有這種醫生，誠屬難得！

2012年元月7日上午，我依約南下高市重慶街，先行
訪談蔡玉珠女士。午後，黃醫師回來，帶我們到餐廳用
餐。我跟他明講我想寫篇像他這樣的台灣人。巧合的是，
他早在10餘年前就想將過往重要紀事整理成冊，畢竟，
任何人皆是台灣變遷的見證人，而且，每個人的一生多少
都有很具意義的故事。而今他已完成初稿，想必是一本極
具份量的台灣史詩。不過無妨，我只寫我看到、感受到的
浮光掠影，算是聊充他大作的粗糙折頁或簡介吧！

因此，當我首度透露我對他的直覺觀察時，他也娓娓
道來相映對。

2012年1月17日，筆者前往高雄訪談蔡玉珠前輩及黃文龍醫師。

「不誠無物，我從側面感受到你看診、做事的美感，那種神韻無以言傳……」我說。

「其實有不少患者如是說，且以女性居多，可能台灣男性一向木訥吧?!」黃答。可以想像，或有不少女性只有到「人生眼科」就診時，才能體會被尊重、被當成一回事的感覺；或說，應有不少患者找黃醫師，多少也是爲了欣賞醫療美學。

我是嚐試要捕捉黃醫師這個心靈體所流露出的氛圍，究竟來自先天、家庭、環境、風土或什麼之類的營造，但

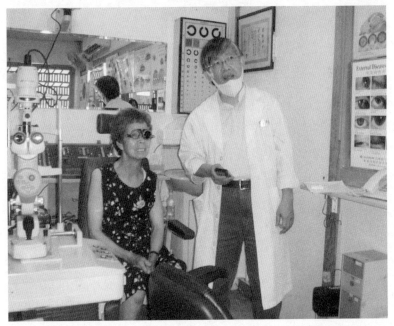

黃文龍醫師細膩照顧每一位患者(2012.7.5；人生眼科；坐者陳玉妹女士)。

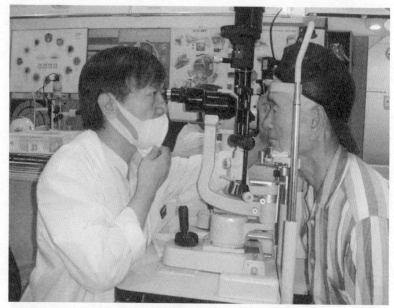

黃文龍醫師正在檢查陳清祥先生的眼睛(2012.7.5；人生眼科)。

請別誤會，我不是要講因道果、自圓其說，只因為如此厚重、厚道的人，讓我想要接觸一下他的搖籃。記得年輕氣盛、天真的年代，我讀了些許所謂二十世紀「中國十大哲人」的著作或故事，很受悸動與嚮往。在台大一年級時，適逢牟宗三先生來校演講，當然不可錯過直接聆聽、感受其風範的時機。

演講揭幕，牟老先生拄著拐杖緩慢踱步就位，拿起麥克風、清清喉頭就花了許多分秒數。他坐在講座前的椅子上開始說康德。我不記得他口中康德的內容，我之前理解的康德《理性的批判》，知識如何成為可能、理性的先天

與限制、唯心唯物紛爭的解套等等，似乎從牟先生口中也得不到印證。整場演講下來，迄今我腦海中只剩下一段。

　　牟先生談到中國抗戰的年代，他如何反擊共產黨的「邪說」。他辦報，他自己當記者採訪，自己寫稿，自己刻鋼板(註，我當兵時當營部文書，一天到晚寫公文、刻鋼板、油印，可以理解或瞭解該等年代的文工)，自己油印，自己發放。他愈講愈激動。他椅子不坐了，站了起來，拐杖也不用了，他慷慨激昂：「現場如有基督徒請原諒，當時如果他們對我怎麼樣……」猛然右掌一擊桌：「我就是基督，我就是耶穌！」大義凜然、氣薄雲天。雖然蔣介石曾經很「不喜歡」他，他在香港住家自己每天升降青天白日旗，他以天下為己任，等等。聽他演講時，我心想拜他為師，但我不學他的經、史、子、集，不管康德，我要去他家門口等待，直到他首肯，但我只想服侍他，我的條件是看他如何吃、喝、拉屎，如何待人接物，如何生活而已。

　　同理，我只是想感染、薰習黃醫師人品的來龍去脈，瀏覽他脈搏的淵源。雖然他的剛毅之氣我罕見他表露，但他似老莊非老莊，他柔弱似水的意志卻可以是鑽鋼穿石。我曾經了知何謂正氣流行於人天，但亦警覺氣的誤用或執著於妄相，因而急流湧退，改投唯物自然科學範疇，也得免於科學決定論之類的狂妄。

　　此外，2009年某夜，我同黃醫師回家，也同黃母蔡玉珠前輩寒暄幾句，她講的有段話讓我印象深刻：「看人嘛，第一印象看眼睛，善念、邪念都會從眼神流露出來，

像那個『白賊七啊』，一看就知道不是個好東西，賊仔目嘛，好像……眼睛能講的比嘴巴多很多呢！」她有種黑白分明而無灰色地帶的敏銳與果斷，甚至是武斷。

　　所以，我訪談黃醫師之前，先行受教於玉珠前輩。

　　蔡玉珠女士昭和2年(1927)生，今年86歲。若以1920年代出生的台灣人而言，她應可歸類為富貴型的人，或一生貴氣。她生自富裕家庭，婚配與醫生，子女媳婦也多是醫生、教授、上流社會的菁英，滿門龍鳳，照理說，或依世俗眼光，當是人人稱羨的好命人，或至少殆如農民曆上批八字所說的「平生衣祿豐盈足，一世榮華萬事通」、「詩書滿腹看功成，正是人間有福人」，何來煩憂愁苦？然而，上述這種問法及其背後的價值觀，是奠基在從未經歷文藝復興，從未發生思想革命，而只享用世界文明成果，整個腦筋拆開來都是腐臭纏腳布的一部分台灣庶民文化，封建傳統的愚民內涵，實在不適用於玉珠女士身上，但她也始終無法真正擺脫舊時代的管控或影響。

　　坦白說，只經過2012年1月7日4～5個小時的晤談，我無能洞燭她的思想底蘊，遑論恰如其分的評述。我只能朦朧又武斷地談些個人感受，但我幾乎敢於斷言，玉珠前輩或可代表20世紀，那一世代台灣人苦悶的象徵。以下，請容我先簡介「玉珠的故事」。

山海庇蔭、玉潤珠圓

蔡玉珠前輩少年時期的相片。【蔡玉珠女士提供】

　　禪門老生常談：父母生我之前誰是我？生我之後我是誰？何處來？何處去？如何來去？生前、死後盡在當下此刻。

　　玉珠前輩的出生地在嘉義縣竹崎鄉的「番仔潭」，也就是在今之阿里山鐵路彎橋站的東北方約1.5公里處。

　　1920年，文官的台灣總督田健治郎的治台方針改採同化政策，將民政與警察系統分開，制訂地方的自治制

度。於是，通令改革地方制度，廢廳設州，州下廢支廳設郡市，郡市下廢區、堡、里、澳、鄉，而設庄、街，於1920年9月1日至10月1日之間全面改制，將全台分爲台北、新竹、台中、台南、高雄等5個州，以及台東、花蓮2個廳，於是，台灣的行政區劃進入所謂「五州二廳」時期。

　　因此，玉珠的故鄉在1920年10月1日以後，即屬於台南州嘉義郡竹崎庄的「番仔潭」。在此之前，竹崎原名「竹頭崎」，地名取意於福佬人將此等丘陵區墾植爲竹林滿山坡，而「崎」字意即「山路不平」，讀音「ㄑㄧ」，

蔡玉珠女士自畫像。

故說「崎嶇不平」也寓含「處事困難」的意思；讀音爲「くーˊ」時，指彎曲的岸邊。而竹林表面上整齊、均勻，但竹林地上卻是崎嶇不平啊！

又，番仔潭是台灣人的稱呼，日人則稱爲「丘亮」，讀如「歐卡」，也就是小山(丘)的意思。現今的地圖上，竹崎境內標示二處「番仔潭」(兩者相隔1公里餘)之間，尚存地名「蔡厝」，推測即玉珠前輩的誕生地。

就個人生態認知來說，此地風水極佳。蔡厝或番仔潭居北，牛稠溪在南或在下方，且形成大開口的V字形，向上承托著蔡厝高地。蔡厝附近海拔約在70至108公尺間，背後尚有135～163公尺標高的靠山，整個地理地勢無懈可擊，符合聚氣居高下環水，坐北朝南大福地的優越環境。而牛稠溪的下游叫做朴子溪。

從大環境檢視，玉珠前輩一生的地理空間或生活圈的分佈煞是有趣。她的出生地恰好位於阿里山核心的沼平車站之正西約31公里處；她受完整日本文化教育或海洋氣氛薰習之地，乃位於其原鄉西側約27公里的朴子；她婚後最漫長的成家、立業、育兒、奉獻社會服務處，位於原鄉山腳下的嘉義市。從童年到老年一生變遷之最主要的生活圈，竟然落在大約一直線的台灣心臟區的山海間！

或說玉珠原鄉承蒙阿里山、玉山等台灣大山大脈的庇蔭，她父親在朴子經營的「杉行」，原料更來自兒玉(後來改名自忠)、對高岳等阿里山區，從而致富，遑論水源源頭、大氣風候。玉珠的性格、人格則深受海洋文化的培

育，而開花結實於嘉義市。

　　以樹木傳播的生態而論，一株大樹其種子落地處，通常離母樹愈近，種子數量愈多，畫成圖示，母樹在原點，橫軸代表與母樹的距離，縱軸代表種子的數量，所作出的曲線恰似「反J」字形；反之，種子發芽率及得以茁長的數量，卻是離母樹愈遠，長得愈多與愈佳，而形成J字形曲線。這兩條曲線的交會點，代表種苗量最佳萌發與母樹最有效傳播的處所。這種地段與故鄉的距離，是謂「親而不暱，疏而不離」，恰到好處。

　　相類比之，玉珠茁壯發揮的生涯地的嘉義市，顯然也是故鄉母土傳播子息的最佳茁長地。因此，我只能讚嘆其一生的生態風水無以倫比。然而，本命土的崎嶇，似也註定玉珠前輩在其風光明媚底層的起伏人生。

　　玉珠前輩的阿公名叫蔡平，他孕育自前清時代的台灣風土，他是番仔潭地域的大地主，擁有好幾座山頭，包括現今「清華山‧德源禪寺」地區。說來巧合，我在2011年中，曾經三度到灣橋義仁橋西側的堤防上，隔著牛稠溪遠眺清華山與蔡厝一帶的山丘。我現在才知道，原來我看到的低山群，竟然是玉珠前輩的原鄉，合該我隔著一段時空撰寫本文啊！

　　蔡平先生不僅是地區望族，日治時代他任「保正」，也是「甘蔗委員」等等身分，反正是很有名望的鄉紳。他有大片面積的龍眼林、果園、竹林、菜園、菸田等等，當然也需要僱請大量勞工，打點勞工吃食、田野管理，生產

線一切的勞務必也落在家人身上。

　　玉珠的父親是蔡平先生的獨子，名喚蔡葉；母親叫做李葉。依輪迴世俗諦說，這兩片葉子的前世必也冤家，特別是李葉不曉得欠蔡葉多少債，這世受盡孽緣的折磨。李葉在蔡葉的第一任太太死後嫁給他，時年26，隔年生下玉珠。

　　蔡平爲孫女取名玉珠，他認爲「珠」字既有靈氣，更富活力。他非常疼愛這個寶貝孫女。玉珠從小生長在田、園、林的環境，而且背山面水，制高眺望天地山川。她在86歲高齡的描述：「據高下眺，風景優美。阿里山森鐵拖著英國製的紅色車箱，迤邐向山，駛進蒼綠不一的大山

蔡玉珠女士與母親李葉女士。【蔡玉珠女士提供】

之中……」她的言語樸素，但可聽出車廂內滿載台灣的山精水靈。又，她所形容的田園風光，直到1980年代還見證在我的植被調查剖面圖上，至1990年代以降而凋零。

雙葉情仇—玉珠一生莫大的陰影

大葉(蔡葉)並非連續劇中老掉牙的「紈袴子弟」，卻是台語典型的「風流阿舍」。小葉(李葉)雖然大大葉一歲，而且秀中外慧、面貌姣好、做事勤快，我只能套用風水迷信比附，只因家住蔡厝的下方「崎腳」，雖然兩地直線距離不過2公里，腳程半小時，但屬居下風的小葉卻受盡大葉的欺凌。

蔡平先生非常賞識小葉，早在1910年代末葉，請託媒人到李家提親，奈何小葉的父親因家道中落、門第乖隔等觀念作祟，婉拒這門婚事。因而大葉另娶一位薄命紅顏，結縭8年即告仙逝，徒留長女，也埋下續弦小葉、折騰玉珠的插曲。

曾經有人區分人類肉體受痛的等級，以女人生產為極限，也就是比五馬分屍還痛苦。然而，所有人體痛覺專家都錯了，人世間還有種種比生產更恐怖的慢性痛，其中之一，便是愛情與信任之遭受背叛或不忠！因為太過流行與普遍，因而世人視若無睹。全球宗教迷信永遠可存在的主要原因之一，便是男女情愛的挫折與苦刑。特別是女性，在婚姻中被背叛的痛，遠比任何什麼十大酷刑還恐怖，因

為日日夜夜、分分秒秒、清醒與深眠，通通在鞭笞，生似將全身兆兆億億神經，針挑出來碾揉砸碎，追殺凌辱任何一個細胞，然後受虐細胞再延生、繁殖異形細胞，全面慢工細活地毒殺活體，遠比癌症還癌症，而表面上無聲無息，心腦內及其底層則萬箭穿梭、來回割鋸、恆無止期，而且，施刑人恆不知受刑人實質感受於萬一。

生物學家在整個地球生界所有生命中，找出最最殘忍的事例便是某些黃蜂與蜘蛛。黃蜂經過一番纏鬥，把毒液注入蜘蛛體內，讓蜘蛛動彈不得但「神智」清醒。然後將蜘蛛拖回巢穴，下蛋在蜘蛛體內。接著蜂蛋孵化出蛆群。蛆群開始大快朵頤，啃食蛛體，從「四肢」啃向下體，從下體啃往小腹，吞噬所有內臟，吃到最後的眼球，讓你死不瞑目，最後一根視覺才被嚼盡。18世紀生物學家不禁天問：上帝是仁慈的嗎？從而間接催生、促成了達爾文、拉馬克的「演化論」。

然而，所有科學、哲學、神學、心理學、社會學、神經醫學、精神醫學都還搞不清楚的是，基督宗教的原罪、佛教的無明等等，很大的一部分，便是來自女人被背叛的痛、怒與恨，及其恐怖的「創造力」！也因此，世界上凡是男人的政治、文化專制體制，便得從小「教化」三從四德，從小切割女性的「自律神經」，使用想像得到與想像不到的精緻規則或理論，包括「天性說」、「性演化論」、「八敬法」……，然而，圍堵不了、撲滅不了這等痛與恨。

　　上帝是仁慈或殘忍嗎？非也，女性這等痛與恨，超越了創造女性的上帝；佛陀什麼都證悟了、涅槃了，唯獨這面向祂繳了白卷，只採取掩耳盜鈴法，一開始拒絕女性出家，諷刺的是還敗在風流阿難的哀求下，佛陀答允撫養祂的乳母成為第一位比丘尼，也逼出「佛教因女性的加入，折壽五百年」之說！宗教不是萬能，恰好相反，是因人的無能才有宗教；迷信是宗教的仇敵，不幸的是，沒有迷信就不叫宗教。如同一個古老的宗教難題：如果不是上帝能夠阻止悲劇而祂不肯阻止，就是祂肯阻止卻無能為力。

　　小葉的苦痛與怨恨遠比被啃噬的蜘蛛還嚴重。即使她在最小的兒子成家後出了家，袈裟也無能遮掩，遑論消弭。即令她往生後，還是得被折磨；這條神經線延展到玉珠一生迄今，依然「不信任男人」，她的成長史偏偏就是不能擺脫目睹父母的悲劇，她深切體驗了母親永遠的痛。雖然，她自己自主選擇了「正確的」先生，也度過了幾近「完美」的婚姻。

　　雙葉於1926年結婚，但似乎欠缺尋常性的儀式。隔年玉珠誕生，1929年又生兒子。然而「正常」的家庭生活不過3年，約在1930年間大葉便離家出走，繼續浪蕩於江湖酒池肉林間，而落腳台中。蔡平氣得斷絕金援，逼得大葉邊學做木工，邊游走於青樓紅粉叢林。

　　約在1932年，小葉不堪長期擔重擔、如守活寡般，因而心生一計，將玉珠「託運」到台中依親。大葉雖然花心棄家，卻甚疼愛自己的骨肉，但收留玉珠的結果，卻因

她夜夜哭鬧要母親，逼得大葉只好迎接小葉、兒女到台中綠川畔「團圓」。

1934年，大葉舉家遷居朴子，與兩位友人合股開張杉木行，也就是小型木材加工廠。然而，台諺說：「合字難寫」，虧損狀況下，大葉決定拆夥、改行。幸虧豐原人魏忠伸出援手，大手筆向銀行借貸，奧援大葉，更提供原木來源。魏忠何許人也？我在研究阿里山歷史過程中，得知其人資訊的若干片斷。他因任職台大實驗林的日本人佐藤昌的引介，專門承接實驗林枯立倒木的伐採，從而將廣義阿里山區的原木，源源不絕供應中、下游加工廠。

大葉誠然有了靠山，但真正支撐杉木行，而使之大發利市的經營者實為小葉。金錢滾滾而來，也隨大葉的花天酒地、鶯鶯燕燕滔滔而去。子女們「每當半睡半醒之間聽聞狗叫聲，就知道父親又帶女人回來了」；「深夜我爸帶著一群酒干仔阿貓、阿狗回家，挖醒睡眠中的媽媽，從水池裏撈鱸魚煮五柳羹給他們吃」……年少的子女總是耳聞母親夜半啜泣、哭累而眠，甚至誤以為母親哭死了，而緊張地搖醒她。

不只花天酒地，天天初一、十五，大葉也娶細姨。「我爸是很『疼』我，每當他要娶細姨，都會帶來給我看。她們都不敢看我……到底那一點是好？嘔氣啊！……」我不禁問說：「刣爸到底娶幾個？」玉珠前輩不直接回答：「歸畚垃浪喔！」唉！細姨何嚐不是受害者。

　　小葉數度想尋死，也藉茶堂，試圖轉移無時不刻的哀痛。但如同數不清的案例，總是為了下一代而忍氣吞聲。直到小兒子成婚後，才走進朴子「高明寺」。更悲哀的是，要進寺的基本費用，大葉竟然拒付。最後還得老朋友解圍，大葉才給付。事實上，大葉的性格海派，一點也不刻薄，此乃大男人時代「面子」的問題，非關金錢吧?!

　　事實上大葉絕非「罪大惡極」之人，恰好相反，他豪爽仗義、樂善好「施」；他重然諾，為人很是阿沙力；他在日本積極推展皇民化運動時，堅持不改祖姓；他疼惜子女、捍衛後代；他在228事件之際，義助當地及鄰近地區受害者，為其備棺收屍，撫慰亡者及其家人……他只是個不適合當丈夫的大男人；他對誰都好，只是不能面對自家太太！他在外風光飛揚，偏偏一盞路燈最黑暗的部位就在正下方。玉珠前輩承受的，是大葉本影的邊緣及側影，但也承蒙其在多面向的庇蔭。

　　玉珠女士從小蒙受台灣女性歷史的弱勢與無奈，除了先天打抱不平的常人之心以外，其剛烈性格與膽識，必然在接受知識、正規教育之後，激盪出女性自覺、行使自由意志的決心。奈何浪漫、浪蕩的父親，讓善良的母親因而終其生身心受創，寄身佛門以求解脫，甚至在她往生時，依然不甘闔目而去，直到高明寺師父告之：「葉姑啊！佛祖在西天極樂世界等妳咧，妳安心去吧！」小葉才含笑闔目而長眠！而玉珠女士她終究也掙脫不出這宿命，此可由言談間感受而推測，這是她永遠的陰影，迄今

猶在夢魘之中。如果她晚生2、30年，必也是台灣婦運的大領袖。

人格形塑或文化薰習

自1935至1944年的10年期間，玉珠前輩接受日治末期完整的正規教育，也就是朴子女子公學校6年、台南第二高女(即今之台南女中)4年，外加嘉義教育專攻科1年，之後，執教3年，直到228事件是為轉捩點。

簡單地說，田園山林的台灣土地文化是其基質，但印痕末期及人格形塑等孩童及青年期，她接受了海洋日本明治維新之後的價值系統、知識水準及認同。今人難以明白何以現今台灣7、80歲或以上的長者，往往是非清晰、堅守原則、務實誠實、榮譽至上、尊嚴自許……？玉珠受教的內涵恰可提供一例證，而非關性別。

男性優越或優勢的年代，女孩充其量唸完小學，學會書寫自己的名字即已足夠。大葉原本並無打算讓玉珠升學，因而小學之前，並未讓她有一般所謂受教育的經驗。上了小學之後，受到有好背景人家小孩的刺激，加上心智較為早熟，她竟然在小一即已發憤努力。

「……第一學期我才拿到3個甲，第二學期得了8個甲；第二學年我就成了優等生。優等生的修身課本免費，由學校提供，課本封面上還加印個『賞』字……」從此就「賞」到畢業，而且，事隔75年後，賞字一樣光輝燦

爛。這不只是榮譽印痕的終身長存，更彰顯該時代典範的普遍與堅定。

未曾讀書又遭遇不幸婚姻的母親，當然希望女兒可以獲得知識的力量，但沙文父親總是壓下天平重重的一端。當時，國小六年級的學生若想要升學且經老師認可者，都會參加課後的免費補習，但優等生、賞字輩的玉珠竟然未參加，因而引起日本老師的「家庭訪問」。登門家訪的老師得知其苦衷後不發一語(註：大葉前妻所生的姊姊沒升學，後母所生的妹妹當然不能唸)，隔天，則強制要求玉珠參加課後輔導。且之後，替玉珠繳納報名費，代墊旅費去考試。放榜結果，整個朴子考上五位(南二女3人，嘉女2人)，玉珠是其中之一。然後，日本老師才向大葉請款項。大葉竟高興得合不攏嘴，又拜請老師到酒家喝一攤，還做了一套西裝酬謝之。

終戰後，1961年玉珠憑藉古早老師寄給她的一張明信片前往鹿兒島，去拜望老師，感恩當年栽培的厚意；2002年，玉珠與夫婿第三次，也是最後一次赴日探視，而老師雖中風，但神智仍清晰，欣慰而落淚；「人到落淚方見真心」玉珠女士如是補白。個人估計，許許多多這類型的日本老師及大環境的氛圍，造就了終戰後台灣基層心智及倫理規範的堅實穩定至少30年，或更長遠！

1945年，當老師將被遣返日本時，大小葉將黃金、錢鈔偷偷縫進棉被中，更做魯蛋、甜粿，大小包送給他。這絕非酬庸。

　　玉珠女士讀小學期間，1937年爆發中日戰爭，台灣實施皇民化運動。換句話說，日本統治台灣42年後，擔憂台灣人受到前清212年統治的國族、民族意識反撲，化消極為積極的政策轉型。而皇民化是全民、全面性的措施，猶如滿清入關以降的「辮髮」象徵運動。其中，個人認為最最根源、關鍵之一，即對宗教、屬靈或信仰面向的根本性措施，影響將會最深遠，特別是對孩童的思想教育。至於改日本姓氏、積極推廣日語等，是最表層卻最直接的表態動作。然而，時間太短促了，政治目的論太露骨，何況這類「工程」至少得經歷三代或60年以上的教化，始差可釜底抽薪。台灣「文明」開拓史上，無文明政府時代、荷治、明鄭、清朝、日本及國府等約400年期間，只有清朝及國府的教化超過一甲子。因此，玉珠女士代表的，乃日治皇民化下台灣人的例證，倖存者在現今社會已成最高齡的世代；其子女一代則接受國府制式教育，以及家庭日式文化的薰習；其孫子代，殆以國府文化為基底，並以大量西方文化為表象或裏層，日式氣息徹底不存或僅剩殘屑。這只是約略談之一。

　　日治基本教育給予玉珠前輩迄今較鮮明印象的是，例如嚴格但賞罰分明的心智及形體磨練；小學四年級即學會縫製衣服，雖然她因家庭富裕，結婚之後才拿起掃帚，學習柴米油鹽事；玉珠高女畢業的半年前，「老師教我們如何辨識嬰兒的哭聲，什麼哭聲代表肚子餓？那種哭為尿濕？何等哭式反映肚子痛或身體不舒服，老師播放唱片並

講解。隔天考試，學生得依播放出的哭聲，寫出代表的症狀或狀況。老同窗聚會時，大家總會感嘆：以前的教育比較好。學校教育教我們如何對待先生、父母⋯⋯朋友如何互信互重。現在呢？⋯⋯」；「日本人做不到的事，絕不敢說OK，確實而不浮誇；答允的事，一定做得到，更不會說一套做一套⋯⋯」

然而，日本政權原先依其優越感的分化，本來就將台灣區隔為不同兩國人，即大和民族或內地人，以及清國奴；國民小學也分成兩種，一種是日本人子弟及少數台灣特權人子女唸的，一種是台灣小孩就讀的，更不用說其他全面區隔台灣人的政策或慣例，因而，皇民化運動短短數年，不可能造就何等效應，但至少，的確已將玉珠這輩受教育人改造為日本人。相對的，清代在實施科舉制度時，台灣一般庶民被依職業，劃分成上九流及下九流，下九流還得三代不能翻身，不得應試呢！國府治台之後呢？不只外省人、台灣人之大分，龐雜賽勝牛毛的權閥派系，濫用族黨、宗教、血緣、姓氏、有形及無形的階級、語言、教育圈、生活圈⋯⋯，加以利誘、恫嚇之分化，以利統治集團之永續控制，則又如何？現今如何？所謂台灣人面對正在推廣的南台中國化運動、原住民教京劇計畫、數不清噁心至極的「民主多元」赤化工程，該當如何？誰是我、我是誰？曾經有個受盡國府政治迫害的受難人對我說：「在台灣，你不怕國民黨你能怕誰？你連怎麼死的都無知啊！」

　　皇民化運動最有力的灌輸工程場域當然是學校(國府時代是師資培養而全面灌施全國幼童，以迄大專院校系所)，當時最明確目標係支援戰爭，故而猶如國府時代，童年的蔣介石看水中魚逆游向上之類的神話，日本人也製作許多關於戰爭的題材，為天皇效命的勵志書、課外書，內容包括描寫偉大苦命的母親，雖幫人洗衣打雜，但再怎麼艱苦，也要推送獨子去當兵的「感人故事」。

　　玉珠不只讀這類書，她也製作學校要求的，供放久存型食物的慰問袋，以便提供作戰前線的物資；她寫慰問信給前線的戰士，感謝他們為國家的犧牲；她參加製作「千人針」護身符，也就是由一千個人，每人縫一針的「福袋」；若是18歲，生肖又屬虎的人，則可縫18針。據說，「千人針」可以守護軍人，讓他們在戰爭中避凶趨吉、平安歸來。

　　每週一次，清晨六時起床，老師帶著全班，前往東石神社打掃並朝拜。平時，老師不斷宣說愛國觀念，並強調「我們都是同一國的，同是天皇的子民」！(想想國府治台以降，乃至於今)1941年，太平洋戰爭爆發。為突顯敵對關係，日本政府下令消除卷髮的英美形象，因此，台灣婦女也不得燙髮，只能梳成一個髮髻。然而，這種違反愛美天性的政策，必然產生陽奉陰違。「有些愛漂亮的婦女受不了，大家相約在夜間偷偷去燙髮。一支燒得火熱的鑷子，配上些藥水，將頭髮捲一捲，即燙好了。第二天，頭髮卷卷的，又怕太醒目，不時拚命地拉直。就這樣，美一個晚上

也甘願！」

　　戰爭期間，如果傳來獲勝訊息，必也「普天同慶」，學生必須配合慶祝，「白天拿國旗遊行；晚上提燈遊街，歌唱著勝利的歌曲。若有鄉人被徵召從軍，家族、親朋集體歡送；學校男老師被徵召時，我們都會群體歡送到車站……」

　　我聯想到1960、1970年代，我曾經是北港初中操木槍的儀隊，每周都得排出特定時段操演。個別教導演練採學長教學弟的方式。迄今我還記得教我的學長叫做陳文章，長相儒雅，體態挺拔。不管何種體制的國家都很厲害，他們總有辦法讓人民在平常當紳士，在戰場當野獸，而且絲毫不會衝突或矛盾。

　　大東亞戰爭最後階段就打到台灣本島來了。「儘管如此，我和家人從未懷疑過日本軍隊的實力，再怎麼頻繁的空襲，我們心中始終認為『我國』一定可以打贏。直到1945年8月15日，得知日本投降時，我們都難以置信，而當場痛哭……」；「……當時的我們早已被同化，深覺自己是個日本人，這場戰爭是為了國家，死掉也沒關係；為了天皇，犧牲是種榮耀啊！」

　　雖然玉珠女士如此敘述，但她的父母親儘管同日本人一樣，一齊哭、一齊笑，無論如何大葉就是不肯更改姓氏；供桌上可以增加日本神社的圖騰或象徵物，神主牌絕不可廢，公媽照常拜。當現代人嘲笑原始人奉祭各式各樣的圖騰之際，卻忘了各國的國旗，徹徹底底就是圖騰的化

身；美國的鷹、英國的獅等等圖案，並沒有比維京人的牛角頭盔或「野蠻人」的任何動物象徵更文明！

　　我是學植物分類、生態的。日本分類學泰斗早田文藏研究台灣高地植物後宣稱，台灣與日本最接近；換了國府後，來台中國人認為台灣植物與中國最接近。哪天，某個強權又併吞了台灣，勢必也會是台灣植物與某國最接近?!早田文藏博士根據採自南投的標本，依據國際命名法規，以「台灣」拉丁語法化，命名了珍稀活化石的「台灣杉」(*Taiwania cryptomerioides* Hay.)，奠定以台灣為屬名(genus)的唯一植物。後來，中國雲南也發現台灣杉，他們卻敢於不顧國際法規，幹掉台灣杉的本名，改成「禿杉」(指學名更改)。哪個毛細孔都可以變更，就是有人無法無天啊！

　　屠殺人命固然可怕，還是有更加恐怖的，殺神、殺靈、殺天、殺地！羅馬笨蛋皇帝尼祿，焚殺貧民窟的基督徒，他萬萬想不到基督信仰卻屠殺了希臘、羅馬的萬神，最後，羅馬帝國實質上被基督宗教所消滅。明鄭的叛將施琅，師法姚啓聖、萬正色之利用媽祖，假借媽祖神話征服台灣，入台首務之一，請媽祖神像霸凌明鄭的玄天上帝，更派遣福建等地和尚，來台海港普設道教的媽祖廟。國府解嚴前後，統戰一樣以媽祖為先鋒。然而，媽祖分兩派，一派暗地裏反清復明，一派崇清臥底。人鬥而後神鬥，我身為北港子弟，感受複雜而難堪！

　　而玉珠女士在終戰前、後，面對不同政權在認同上的困擾，畢竟還有大葉護持的神主牌可引渡，但引渡之後才

是更進一步折磨的開始，表面的折磨很膚淺而現實，引爆點即228事件。引爆之後，很容易地，朝向台灣人自我覺醒的道路前行。然而，「自覺」才是最大的困擾與晦澀難測。大多數渴望「自覺」的人，走向現今的「台灣意識」，但所謂「台灣意識」迄今為止，在信仰、屬靈的層次上，始終擺脫不了中國神明、宗教的糾纏，因為絕大多數的人，從未真正自覺。

自覺如同禪悟，我看不出有人瞭解或體悟禪宗是中國佛教的最大、最根本的勁敵，但禪宗自始迄今恆處弱勢，只以隱性文化晦澀地存而不存，有而不有。套用佛教的術語，一個人的覺悟，可以從五官知覺走到意識之後，內掘進末那識，乃至阿賴耶識或之後，也就是屬靈的神祕體驗，聽說，那裏有絕對的自由。但這些都是胡說八道，因為說不得。

玉珠女士從兩大政權的現實生活中的撞擊，激發出本心的自覺，認為自己人管自己不是更好嗎？如果台灣是個獨立的國家，只是像個現今任何正常化國家而已啊！為何台灣人不能覺醒？如果台灣人相信或信仰台灣人的靈魂來自台灣的土地，台灣人擁有自己在地的聖山，死後必也歸依在地，不也可以為台灣生、為台灣死？台灣人本來就擁有自己的圖騰、自己的信仰啊，為什麼廣大的台灣人都不瞭解？為什麼大家碰到真正的問題，都只在表象的現實界製造語言的障礙、詭辯，以及創造性的模糊？

執教與二二八

　　戰火中玉珠完成學業。終戰前一年，她開始執教鞭。而日本教育的內涵，玉珠個人人格的特徵，以及艱困社會環境，融匯出她扮演教師角色的表現。她執教3年歲月的期間，恭逢台灣歷史上最重大的苦難與變遷。

　　終戰前，台灣竭盡一切支援人力、物力、財力，加上許多重點軍事、經濟、都會港口區悉遭美機炸成廢墟。基本生存是台灣人的最大願望，不可能照顧到教育面向。而戰時一切朝唯用看待，校地不得浪費，教師必須從事稼穡，稻作、菜蔬、瓜豆、綠肥，樣樣自行生產。學童通常因家中貧困須做苦力，以及躲空襲等，無法到校。玉珠不只擔任課業上的教師，各種生活能力、技藝皆屬課程內容，例如農事、烹飪、縫紉、生活衛生……，玉珠同時也是社區救濟員。由於家庭環境優渥，玉珠將教師特別配給的布料、衣服、米糧，以及校園的收成，在她可支配的範圍內，賑濟需要孔急的學童及其家人。「除了衣食，我也經常在學校為孩子們洗頭，因為貧困孩童往往長滿頭蝨……孩子從家中帶來大水桶，我買藥水，加熱煮過，而後，學生們一頭栽泡藥水中，噁心的蝨子迅速地鑽跑出來，然後再幫孩子洗淨……」；「老師不只是老師，同時也是母親，在每一個生活片段中，貼心照顧與指引。身為老師掌握著學生一生中最重要的時刻，且藉由親切的照

顧、警告、訓誡、讚揚，從而指引，並以身教，賦予每個孩子終生無邊無際的影響」；「生活裡瑣碎的關懷與照顧，奠定孩子與我之間深厚的情感，我也從教育的探索中成長……教學內容的編排與設計，完全依靠教師一磚一瓦的建構。沒有教師手冊、沒有教學指南、沒有資訊系統查詢……每一課程端賴教師自行絞盡腦汁、使盡渾身解數編列教案，編寫完成再請校長修正。當時，特別重視動機的引導，讓學生從生活體驗中抽絲剝繭，慢慢自行找出答案……」

該等年代，師權是崇高的。「課業部分，我是嚴師。例如數學題學生寫錯，我重新示範完整演算。學生表示聽懂之後，我發下白紙要求學生再寫一次。再錯，三、四次都不進步，我就體罰。有時孩子會被打到指甲瘀血，孩子噙淚我也哭。哭完再繼續努力，就是不能放棄學生。晚上為學生補習，所有費用我付，另買食物給學生當宵夜……」

「……不僅在學校教學，假日更需至軍隊勞軍。老師們化身皇軍慰問團到朴子軍區，當時，神風特攻隊駐紮在此。我們自己編舞、編劇、製作舞衣及道具、配樂等等，每次表演得須準備二、三個月，一年表演二、三次。表演都在星期天的上午舉行，每個表演約2小時。此外，我還教導社會青年訪問團的歌舞；自己也演吹口琴……」

整個台灣社會幾乎人人自重、互重。這股力量使得終戰前後，即令無政府狀態，社會等同於平時的穩定。終戰

後，「國府據台，反客為主的語言政策，首當其衝者即教師，我們熟稔的語言、文字一夕被摒棄，北京話瞬時取而代之。課堂上的教學，除了意識形態上必須逃避集權的迫害之外，語言頓時變成最大的挑戰。每當學生放學後，我相當努力地自我進修……」

「終戰後，日本人陸續被遣返，中國人漸漸來台。剛開始，街坊鄉親聽聞祖國又是戰勝國要來，大家無不興高采烈、張燈結綵，可謂簞食壺漿以迎王師！

當時，東石是個小港口，少數的中國軍從東石上岸。上來的中國兵很刺眼，一個個懶懶散散，好像猖狂的山賊出籠。相對於打敗仗離台日軍的秩序與整潔，中國軍的粗魯與邋遢，極其不堪的軍容與軍紀，直是天壤之別。真正打敗日本的，是美國而非中國。台灣人民的心頓時冷了半截……」

「中國帶給台灣人的第一個難題便是繁多的傳染病，霍亂、鼠疫、天花、拉吐症……不一而足。朴子地區首因傳染病過世的，是身體強壯的蔡陽明醫師，第二個喪命的便是我的四姑姑，她得了紫斑性天花。入斂時五官滲著血，屁股也出血。之後，我姊也罹患天花……」

「中國兵仗恃著槍桿子硬，對待台灣人民無視基本尊重與人權，在鄉里間經常傳出搶案與盜竊。他們囂張的行徑和貪得無厭的心態，甚至連居民掛在屋外晾乾的衣物，或水盆等微薄物品，都會被順手牽羊。台灣人民不堪其擾，乾脆不放任何物品於戶外……」

於是，「烈日焦土的台灣，治安極度敗壞，流行病猖獗蔓延，通膨導致物價總體而言，上漲7千倍以上，舊台幣4萬換1塊錢……彼時，我的薪水都被記帳，6個月後，拿到的鈔票等同廢紙……」

1947年2月27日，婦人林江邁在台北天馬茶房前賣私煙，被台北專賣局查緝員查獲，欲沒收林婦香煙及款項，林不予，苦苦哀求拉扯中，查緝員以槍托擊昏林婦，林婦頭部出血。圍觀民眾羣情激憤，向查緝員理論、抗議。查緝員開槍擊斃一市民，於是，全面累積的憤慨與不滿一發不可收拾。28日上午，群眾前往專賣局(日治時代即鴉片專賣局)抗議，衝進台北分局搗毀文卷、毆傷3名職員；下午，民眾集結於行政長官公署前示威、請願，陽台上憲兵開槍掃射，死傷無數。由是台北騷動。民眾更進入廣播電台，向全台人民廣播經過，並呼籲群起抗爭。於是各地紛紛響應，募組自願性的臨時隊伍，最具規模者如中部的「二七部隊」。

「3月1日或2日，朴子居民看見人民自願組成的隊伍沒食物吃，婦女會會長黃秀英遂號召大家募集米柴，製成飯糰，送去水上機場給台灣『兵』吃，我也參加……我們造鍋煮飯，捏成飯糰，加點鹽巴，用竹葉包起。做此事只是如同街坊鄰里互相幫點小忙，極其自然。當時台灣民風淳樸，人多善良，大家情感濃厚、守望相助……」

「3月8日傍晚，中國鎮壓軍登陸基隆，瘋狂掃射碼頭工人。9日攻進台北城，繼而南進，一路屠殺與鎮壓。

當時，嘉義人民深怕水上機場的軍隊會進入市區傷擾人民，乃前往機場圍堵，防其外出。期間，由嘉義各界德高望重的士紳菁英8人充任和平使者，入內談判，卻被鐵線綑綁，其中4人十多天後，與多名地方仕紳被槍殺於嘉義火車站前示眾……」

「記得有一夜，子彈聲浪轟轟咻咻作響，轟響了整晚。隔天一早，一些朋友慌張來找我父親，『蔡桑，卡緊咧啦，死眞多人喔！若不趕緊處理，會爛掉生蟲喔！』我爸立即叫師父、工人裁訂棺材，免費收屍火葬，或儘速令其入土爲安……」

「228事件不久後，有天午後，我正在教室批改學生作業，警察突然出現，將我帶到警察局，扣留、偵訊。他們反覆追問我爲何參與捏飯糰，何人是號召者。我當然有參加，當時我教六年級，我帶6～7位到現在還有來往的學生，挨家挨戶去要米、木柴，我用大衣盛裝生米，我們以磚塊架起飯鍋，水煮後，篩起米粒捏飯糰，拿去給台灣兵吃。也不知是誰人去告密，總之，我就這樣被抓。我當然知道是誰號召大家的，但不能說，一說那人就得死，那人的兒子已經被囚禁了。我年輕，更不知國民政府的兇殘惡毒，憑一口氣，只說不知，充其量說：我們只知做給阿兵哥吃，怎知是台灣兵或國軍？他們利誘、恐嚇我：『妳是做老師的，特別尊重妳，否則就用刑，妳不講就不放妳回去。』當時若抓到犯人，往往鞭打、酷刑得悽悽厲厲。

我不理，就被關到天亮。該天晚上我沒回家，父母一

直很焦急，不知道發生什麼事，到了10點多，父親先到
學校找人不著，跑去問校長，校長也不知。父親到處問
人，也問到涂醒哲立委的爸爸。父親心急抓狂，也不知問
到何人才知我被關在警察局。當時人被抓，隨時隨地可槍
斃，父親當然抓狂。深夜了，父親找到『有辦法』的人，
給他一疊錢，卻沒消息。父親更急，後來，間接找到朴子
的警察局長(今還住在中興新村)，總算在早上釋放我。

父親"氣"得七竅生煙，拿起枕木條要打我。我從小到
大，第一次父親要打我。母親在旁制止說：『你要打死
她，歸去就不要救她回來！』父親回嘴：『自己打死還是
勝過被人槍斃！』父親還狂罵：『爲什麼別人家的女兒都
乖乖地無代誌，她卻跟校長吵架，又被警察抓？』

父親在飽受驚嚇後，堅決要我放棄教職，他深怕我再
度陷入危境，不讓我出門。校長到家中請求父親讓我教
完六年級的畢業生，因而我陪伴學生們至8月考完試後離
職。

隔年(1948)1月31日我決定走進婚姻。

事後想起，我之所以被抓，應該是有前因的。之前，
朴子有國軍來進駐，有個連長要結婚，指定要我當伴娘。
我爸拒絕說：『妳去看看，打死妳。幹伊娘！』我也不要
去，台灣人沒這習慣啊。我告訴校長：『您要叫我去，我
就辭職』』。

我想，大葉或也是性情中人吧?!

試問，玉珠前輩在台灣近代史上最艱困年代中，她受

到的教育及她的施教內容，若依理論堆積如山、論述多勝垃圾堆的現代教育水準，前後相比較，如何？

試問，中國清朝腐敗，苟延殘存的大法寶即出賣台灣給異族；國共內戰，敗方逃竄台灣，再度踐踏台灣人，血洗台灣土地，台灣人爭點尊嚴還得被冠上叛亂罪、思想犯，動輒誅連九族！而走過兩朝代，驚嚇見證悲慘世界，且在之後噤若寒蟬數十年的玉珠前輩，她有無發聲的權力？她對台灣人的恨鐵不成鋼，她日時想、暝時想，時而想一想，哭一哭，現代人是無能理解啊！玉珠還算是絕對輕微、幸運的行列之一，她的痛不在現實界，她早已覺悟整部台灣史、台灣人去他媽的原罪與悲哀！她的苦悶，代表一個有格有調的知識份子，在時代不斷錯亂之中，在真相與謊言、在忠厚老實與奸詐凶殘、在大是與大非、在平凡與神聖之間，挺起骨幹，代替眾生承受爭取屬靈尊嚴的不斷受挫啊！

而且，她是才女，必然也在20世紀的道德、威權之下遍體鱗傷。雖然她從未提及她被壓抑，而我敢大膽推測，她婚後完美的家庭，必也抑制了她潛存或蟄伏的才能，而這方面，想必子女的孝順殆已彌補；她兒子就曾經這樣描述母親：「恨不生為男兒身！」

「台灣在停戰後，接著美國人來了，但美國好文化沒吸收，專門挑爛東西猛吃；中國文化、中國人何嘗不是有很多好內涵，偏偏盛行的都是惡質、反淘汰……」；「昨天在電視上看到阿扁和他的母親，哭了一下午，昨夜也

睡不著。今天若是我兒子被誣陷入獄，我做母親的該如何？」；「劉○○，她媽是我南二女的學妹，新營人，……嫁個老不修，連公文也敢竄改……」；「我很後悔當年幫張家競選，她們張家從許世賢到她們姊妹的選舉，我都踩著腳踏車，挨家挨戶地幫她拚。當選後，再一一去道謝……1991年第一次，台灣參加世衛組織，李鎮源、沈富雄等人都去了，我夫婦跟在日本的兒子、媳婦、二子等五個人自費參加。當時張當署長，最後的party，她出來講話，還是只說中華民國而不說台灣，我向她說：『不對吧！為何不自己說台灣？』我實在很不甘願，她當時回答：『歐巴桑，嘜按呢啦！』」；「林義雄，我覺得很感心吧，但我認為他應該真正站出來，他有地位、有名聲，可惜他自林宅血案後，打擊太大而未再積極、直接涉入政治……」

　　我在訪談玉珠前輩的過程裏，查覺她的語言中，不時有著一種她自己未必瞭解的形上內涵，我的筆拙，無能替她和盤托出。當她敘述自己的生涯歷程，只求準確、真實，言詞純粹具象，也幾乎沒有形容詞，然而，一旦臧否人物、泛論時事，則直言不爽、節氣懍然，且不時扣住大格局、大原則、主核心。也就是說，小我是布衣粗茶淡飯菜根香，大我則是空谷幽蘭，而花香滿溢、經久不膩。

　　由於玉珠前輩的生涯，已有口述史專家完成連續專訪初稿，她最精采的人生過程留待其傳記中發揮，我不宜自不量力或畫蛇添足。因此，本文只擷取她20歲前後，若

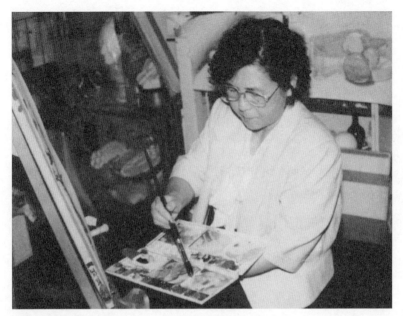

專心作畫時的蔡玉珠女士。【蔡玉珠女士提供】

干鮮明的記憶，略作勾勒黃文龍醫師的家世或生命的搖
籃。觀微知著，如是而已。往下，玉珠前輩本尊的故事或
她的說辭，但只在討論黃文龍醫師行事或相關事件中提
及。

孕育黃文龍醫師的搖籃

　　1948年元月30日，蔡玉珠女士、黃伯珍先生結婚，
當時先生尚在台大醫學院(日治時代是台北醫專，終戰後改制之)就
讀。1950年伯珍先生畢業，舉家遷居嘉義市，先在省立

嘉義醫院上班，下班時兼在家看診。1957年開設「黃外科」診所。此間，第三個兒子黃文龍於1952年出生。

黃文龍醫師如同其他兄妹，都是聰穎、好學的高材生，升學就業大抵亦皆屬「一帆風順」。這是我們那個時代的用辭。他讀省嘉中初中部、建國中學、師大衛教系(休學)、高雄醫學院，當兵1年10個月，而後在高醫服務近12年，期間赴美研修1年7個月。1992年自行開設「人生眼科」診所行醫迄今。

我故意先把描述黃醫師的影像如上，由彩色轉成黑白的默片。因為，人性的普世價值從來不是放煙火看熱鬧或趕集；奠定台灣堅實發展者，也不是走馬燈式的政客嘴皮秀，而是沉沉穩穩、默默行事的苦行人，眾多真正的台灣人均屬之。達摩禪師在講解「修道法」中提及：「依文字中得解者氣力弱，若從事上得解者氣力壯。從事中見法者即處處不失念……若即事即法者深，世人不可測。修道人……自然於一切違順都無心。是故，即事不牽者，可謂大力菩薩。」

因為，我認識黃醫師的20年來，也就是在他壯年、事業有成的漫長期間，其待人處事中，我直接、間接均未曾看過或聽聞過他流露出自我的驕縱，他總是「應物現形」、「即事不牽」，也就是經由生活的種種行為，讓你感覺很自然。他沒有世俗中「醫生」的樣子，他對專業、知識的表現，跟你在森林中看到花草樹木一般。坦白說，多年來我去見過一些「大師」，或社會上極其有名望或權

勢的人，乃至於甚至是我的學生輩在學科上很有「成就」
的人，從他們的身上或言行，我總是看到我的缺點。然
而，我在黃醫師身上卻看不到。我只能說，他雙親做人一
輩子的修持，在他的身心上具體投射了出來；其實，玉珠
女士就說：「他爸爸就是這個樣！」

　　形塑黃文龍醫師這個人的人格特質，只是尋常事。

　　「文龍是在我們經濟最艱苦的時候出生的，之前，上
有2個哥哥，之後，下有2個妹妹。那時，來家看病的患
者愈來愈多，先生與我都很忙碌，而我們的房子是租來
的，地面上凹凸不平。他跌倒了就哭，我說：查脯子哭什
麼！起來！他就自己爬起來。他小時候常生病，週歲餘曾
經發燒了好幾天不退，一直哭鬧……身體差！後來我阿
嬤，當時的『先生媽』(註，民俗療法師)說：用根針挑一下就
好了！我先生不許。但我阿嬤說：好，不要，但讓我看一
下可以吧？她看了文龍一下，就給他挑一下，再給個藥
粉，果然，就好了！……」玉珠女士如是說，再補一句：

　　「我對孩子沒什麼特別的教育，只是很嚴格，盯得緊
……小孩去補習若逾時未歸，我立即騎腳踏車去查，若沒
問題則我逕自回家……」

　　「我帶文龍去民雄看那個盲眼相命仙，他說：這個囝
仔妳要顧好，他是妳的孝子喔，以後妳就得靠他囉！我不
信，無疑悟現今應驗！先生臨終時私下告訴文龍轉告兄
妹：『不要讓媽咪自己住嘉義……』。他就一直擔起我這
個擔。他對我很好……他去安養院服務、診所業務忙、社

會雜事多……，他涉太多事，我只擔心他的身體。所有我的兒子中，就他不大會照顧自己，也不注重享受……」

我直接問黃醫師：「您對您自己的性格瞭解多少？養成的要素？」

「可能來自家庭的因素吧！父母親並沒緊逼什麼，印象中他們只逼老大而已。然而，從老大、老二身上，我體會得出父母要求的水準或期望。因為我是老三，而兩個哥哥都各有其特點。他們常常意見不一，鬥嘴鼓、頂來頂去。從小我兩邊聽，其實只是不同出發點或不同角度而已。不知道人類學或人格發展心理學上有無根據，我這個老三，漸漸形成一種不善與人爭、似也與世無爭的態度。我不是不計較，而是凡事點滴在心頭，意會即可。我一直想，我不用與人爭，該是你的終究是你的。」

「回想起來，我的性格很大的一部分也與我大妹有關。我從小，從她身上深切體會到何謂弱勢者！我大妹小我一歲，名叫文凰，家人叫她阿貓，因她有時，出聲如貓叫。小時候媽帶大妹與我去看民雄那個相命仙吧，那畫面我至今印象很深刻。相命仙對媽說：妳這女兒啊，是千年鳳鳥落土不著時啊！所以手腳硬綁綁。她是寶玉有瑕疵了，無價值去了啊！又補上一句：你們黃家的災難，都由這個女兒承擔去了！……」

文凰1953年次。四個月大時感染了嚴重的結核性腦膜炎。她在對抗病魔的過程中，腦水腫、頭變得很大、耳聾，手腳身軀變形、捲曲……，當時看盡名醫。醫生各自

宣稱活不過一歲、兩歲或十歲；民雄那位相命仙則說活不過22歲。在家人細心、愛心照顧下，卻活了55歲，在其父仙逝後，隔年始告往生。

「大妹痛苦時會哀叫、抽筋，大都由媽照顧。她與小妹睡一房，直到小妹上大學，這之前，爲了姊姊，小妹操煩頗多。我則在隔壁間。有時，大妹有狀況時，其他家人或我也會過去照料。長期、永遠得照顧，夜以繼日，那等苦楚、苦情無從講起。有時，我媽及家人被煩得耐不住性子，也會揪她幾下，她只是、只能哭！她臉蛋可愛，笑起來像天使般。人說久病無孝子，何況是日日、夜夜、年年，而無止境。她是在痛苦時才會吵鬧啊！她任憑妳擺佈，徹徹底底無助！……」

玉珠前輩補上一段：「我去健保局幫她辦殘障卡……有個護理人員看到我們，竟然大聲嚷嚷：『喔！哇！你們看，說是55歲！長成這樣吔！』其他護士要過來圍觀。我說：『怎樣，妳是愛這樣是不是?!』當時我眞不甘願！她們眞不知爲人父母養這女兒的苦楚，竟然看猴戲似地褻瀆！現代的教育怎會教出如此這般的人啊！天啊！」

我揣摩著文龍兄對大妹先天悲劇、絕望式的弱勢感，也游移在從小目睹左鄰右舍，包括家中的弱勢。數十年來記不清、數不盡擦肩而過、佇足瞭解、關懷、投身激烈抗爭……，大大小小的弱勢，從渺小的個人、生活圈、地區、部落、種族群、大社會、國家、全球人種與物種，乃至大生界、無生界，甚至於能源流不均勻才產生生命的超

厚實的黃文龍醫師長年照顧基層的身、心、靈(2010.5.22；興隆淨寺；左為陳月霞女士)。

級弱勢與強勢，相關地，也帶出二、三千年來，人類對正義、公義無止盡的辯論，以及汗牛充棟的主張或理論。但我想，從童騃且直接的生活中，刻骨銘心的弱勢感，必也在文龍兄的心靈深處，醞釀、發酵、昇華吧?!

「我家，也是父親的診所，旁邊正是菜市場，比較上，多中、下階層人家出入。小時候呼朋引伴，玩尪仔標……，但母親管教較嚴，常禁止我們兄弟外出……我大概遺傳到外公(即大業)的海派，以及祖母的慷慨吧?!有段時日，約莫幼稚園到小學三年級之間，一旦錢不夠花就偷，打開診所收費的抽屜抽一元、五元鈔票。有些患者眼尖，

告訴媽，被抓了2、3次，媽幾次邊訓斥邊流淚……更早之前，我讀長老教會的星光幼稚園，有天當值日生，有家長繳交的費用放在桌上，我和一位小朋友拿走錢，每人各分一半，很快地與左鄰右舍的玩伴到公園花光。後來還是被老師查出、處分……我這位朋友後來淪落江湖，幾年前還曾經來恐嚇、要錢，說要來打槍，還比個"碰"的手勢。我不理他，後來他就過世了。我沒機會變壞，想是我媽盯得緊，連去補習她都會跟蹤……」

「我的人生態度或從事醫療生涯，很大的一部分是深受醫生父親的影響。從小到大，看盡生、老、病、死，所謂世間人嘛！家裏診所川流不息的患者，看人好臉、歹臉，也可算是閱人無數吧?!耳濡目染所以有點老於世故，從而體會得人情世故或人際練達！

父親對我的潛移默化影響頗大。我從小在父親身旁，聽、看他與患者之間的互動，以及他與其他醫師之間的聊天；而母親則一直是父親身旁的好幫手，她與人的應對與互動，從來就是一絕。我父親一年365天，除了大年夜與初一不上工之外，天天看診、隨時看病。記憶中父親常電影看一半就被叫回看病，甚至於柴市場巷口的那杯楊桃汁都還沒喝到口，就又被患者叫回去。我家老二因而拒絕當醫生呢！二哥最後唸了台大藥學系。

父親很愛讀書；他心很細膩，但拙於表達；他寫的字很秀氣，看字也可知道他的個性。我爸那麼地守規矩且謹慎，處處為貧病者著想，但還是免不了醫療糾紛……我二

哥曾寫《醫者情懷》刊登在報紙副刊，舉了爸爸一些例子，讓人動容與太息啊！……」

玉珠前輩說：「對孩子我是很嚴格，但孩子的爸多只笑笑地，不說什麼話而罕有呵責。我兒子如有什麼代誌，只會跟父親講……」

黃伯珍老醫師─醫者，必也是天下之大德，是謂醫德

1998年4月，全國「第八屆醫療奉獻獎」的得主，一生奉獻給基層醫療，守護嘉雲、術德兼具的「現代大道公」，黃伯珍老醫師。而1998年2月27日，家人剛替他辦了一個溫馨、素樸的榮退茶會，為他45年不眠不休的付出，畫下完美的句點。(註，邀請卡上書寫45年)

黃老醫師1924年生，1950年畢業於台大醫學系，之後，他回省立嘉義醫院外科服務，上班之餘也漸漸在家看診，2、3年間打開名醫口碑。他於1959年專職在自家診所看診。診所門口那塊金字招牌「黃外科」，右側書寫著「民國庚子年荔月大廈落成」，也就是1960年8月。雖然各種報導的年份不一，似乎他服務嘉義基層應有48年之久，或說將近半個世紀，直到75高齡才卸下重擔，但仍有許多患者繼續要求看診。

1998年4月13日民生報與TVBS新聞台同日專題報導黃老醫師的善行。民生報的標題大字落款「黃伯珍對待病

人最是慷慨」；副標「尋找醫療的眞愛」欄中說他：「不把開業當商業，對病患收錢手軟，用藥卻要求最好的；對病人像親人。每天不忘自我充實。如此老派、親切、觀念

「黃外科」乃1959-1998年間的金字招牌。

傳媒報導黃伯珍醫師一生義行。

先進的醫師，還是國內男性結紮的先驅！」

報導指出，1964至1971年間，整個嘉義縣才只增加了3個醫師，70多萬人口只有2百多名醫師，平均近3千人才有一位醫師。而黃老醫師的診所從不收掛號費，開刀不用保證金，診後費用又低(玉珠女士說別人開盲腸拿2千元，先生才拿8百元；先生在外科部分沒賺到錢，只在內、小兒科略賺錢，所以一生也剩不了多少錢)，甚至貧苦人家沒收費，賒欠也不追究。1960年代抗生素安比西林剛上市，一顆要價20多元，可以買上多斤豬肉，黃老醫師一定開給患者當時最佳藥物，因而許多就診事實上賠本。

同時，黃老醫師視病情而轉診大醫院還追蹤，曾有一些案例，當轉診過去的醫院誤診，他緊急提醒，因而救了一些人命。1960年代他開始提倡節育，鼓勵男性結紮，倡導平權觀念。他結紮過的男人「至少數千人」，直到1984年優生保健立法之後，嚴格限制施術醫師資格等等，他才告別最拿手的結紮手術。

1980年，黃老醫師以57歲高齡，自修考取日本的醫師執照，創下最年長的記錄。試問，他又不去日本行醫，卻在一大把年紀還要完成他的意志，這絕非「好學、求知慾、毅力、記錄、執照」所能完滿解釋。依我對台灣歷史的認知，以及黃老醫師及玉珠女士生涯境遇的瞭解，這張日本醫師執照，可以象徵黃老醫師在日治時代年輕學醫過程的「終成正果」，完成其「未了志業」，也暗喻著對國府治台後，無言的嚴正抗議！

　　報導也敘述：「……退休茶會上，許多曾受他照顧的
病人，都趕來向老醫師告別，有人更依依不捨地哭了……
退休以後，還是常有病人求診，老醫師不忍拒絕，只好當
起免費的健康顧問，日子過得比退休前還忙」；「個性內
斂、木訥……醫療奉獻獎的殊榮驟然來到眼前，他原本還
猶豫是否該領獎……在醫療與商業的界線愈趨模糊，醫病
關係日益尖銳對立，像黃伯珍這樣的老醫師幾乎已成絕響
……」

　　黃老醫師在台灣醫療史上自有其地位、定位與記錄，
有才情的子女必也將為其立傳留芳，但依我看來，他一生

1998年4月，黃伯珍老醫師以一生奉獻基層醫療，榮獲「第八屆醫療奉獻
獎」，與當時總統李登輝先生合影。【蔡玉珠女士提供】

早已寫下「立德」的最佳傳記，隨著無數受惠的患者、鄉人而匍匐定根於鄉土，譜寫台灣芬芳的傳承，且在意想不到的時空開花結實！然而，報導或記載之外，家人如何看待這位基層名醫，特別是最親近的妻子？

黃老醫師是玉珠前輩的青梅竹馬玩伴，未結婚之前玉珠如此形容：「品性乖巧、善良、古意、不善言詞、木訥、安靜、沉穩、愛讀書……」在保守的鄉間，「愛人如明月，可望不可及……深恐一個不成功的告白，就連從小建立的友誼都失去……默默守護、不慍不火……彼此之間有份認同的默契，卻無主動追求的勇氣……」

人世間無窮多子女，特別是女性，由於父母親的婚姻問題，影響一生情感、情緒、觀念、行爲等等，此即所謂輪迴或無明業障的根源之一。玉珠女士來自父母的陰影、時代社會風氣，以及自身覺醒與性格等混合的多重矛盾、期望與擔憂，必也需要特殊、珍異、耐性與優雅的撫慰，始可燙平心靈的皺縮與糾結。今人的愛情觀不易瞭解、感悟他們纖細、近乎聖潔而超越的情愛世界，我也無能傳遞這世間罕有的純情。然而，黃老醫師臨終前，從高醫附設醫院回嘉義老家的最後旅途上，哼著「Whatever will be (Que-sera-sera)」的英文歌，向玉珠女士作最後告白：「此生最滿足的事，就是娶到最深愛的人！」

父親是名醫，兒子也是名醫，但這可不是一般所謂的兒子繼承家業，此乃經由十餘年苦讀、專業核定、社會認證、公權檢驗、人心公認而來。我問玉珠前輩，「文龍很

黃伯珍老醫師與蔡玉珠女士伉儷情深。【蔡玉珠女士提供】

有醫德，他的養成過程是您教出來的嗎？」她答：「我先生就是這樣的人啊！……先生很有修養，明知患者扯謊或同業惡性競爭等等，慣以好、歹運氣對應……」好似黃老先生心中自有一盞明燈，外界風雨無關禪定。

局外如我，從未見過黃老醫師，無從由接觸中以心會心或印證直覺，但憑訪談其家人，以及凝視他的幾張照片的照會，我倒會淺薄地認定，黃文龍醫師遺傳的，母親的成分或多於父親，至少在顯性因子而言，但從小的「印痕」遺傳，也就是童騃時期、經驗生活所烙印而後幾成定型的特徵，則又以父親爲多，以致於我只能說黃文龍醫師的人格，是其雙親圓滿的合璧與進化。

玉珠女士敘述先生與兒子：「連走路的樣子，認識的人都說一個樣！」

就醫療而言，黃老醫師的醫德，完美地由黃文龍醫師承繼，而且，後者在社會變遷、文化多元以降，對醫德有形、無形的底蘊，向內、向外、向形而上，掘進了更深層的哲思。

當我問及所謂的醫療倫理、醫德時，黃醫師先避開直接的對應：

「……對所謂道德、醫德、清廉之類的內容及定義，我會很謹慎地思量，畢竟人性是多面向的……絕大多數的醫生都有很多患者，這表示，某種程度以上，在其專業表現是具有吸引力的，我不宜作片面的評比。倒是印象中，我爸有句話我覺得有些道理：『一個醫生的好、壞論斷，

不只在於患者的口碑，若同業又會讚美，這個醫生才真值得讚賞！』就此標準而論，我爸是讓人肯定的。」

「……我大概遺傳了母親的雞婆性?!相對的，我爸不愛涉世事。卡早我涉東涉西，我爸會說：『世間艱苦的人太多，會關心不完、也不周全！』，我直到一定年歲後，才得體會這句話具有某種角度的人生智慧。他並不是不關心人，在專業上，以及處理相關人事的過程上，他真的無可挑剔。」

「然而，這句話很微妙，也寓含弔詭。就如，我們高醫科主任辦公室有句座右銘：『執著於專業就是功德』。當時我覺得這句話『有夠冷靜地』，也不曉得是哪個『功德會』送給他的?!問題是，很多人會拿這句微妙的話當成冷漠的藉口；事實上，即令如此，我也不宜說他們不關心社會」。不錯，在語言、文字、理性的範疇內是如此，但大家都明白，其實，任何人內心在衡量與自己相關的社會事務之際，必有天差地別，而且，從生活的多個面向觀察，也都可得到側面的檢驗。

「如果我們以很社會化的角度來要求，光只執著於專業，而無視於環境變化的人可說不及格，也就是說，正常的每個人都知道，要如何去經營他的地位、他的專技、他的權威、他的榮譽等等，就是在安自己的心、立自己的命，如是而已！此根本無關乎公德。」過往我在從事社會運動、弱勢抗爭中，曾經寫過類似的話，當時我認為，一個人做好專業是本分，專業、本行、本分之外，還能進一

步付出真正的關懷與行動，做些公益之事，或做點跨越世代的事，才值得肯定，誠如古希臘人的理念：「參與公共事務，是人類一種高貴的情操」。然而，本業與外務兩者之間存有太多模糊地帶，而且存有太多面向、層次的問題，更隨社會大環境或時空差異，會有無從黑白對比的困境，而且，在現今台灣，更加複雜、混亂而難以捉摸啊！

　　此間若干片斷議題，留待我與文龍兄的問答再交代。

　　總之，1月7日的訪談，以及回台中之後我略加瀏覽對黃老醫師的少數報導，我將黃老醫師與黃醫師視為一體。我只能讚嘆：醫者，必也是天下之大德，是謂醫德。

黃文龍醫師社會人格的表現

　　如果說228之後的玉珠或台灣人陷入黑暗時代，則黃文龍醫師的成長、求學過程，乃至行醫的社會背景，代表理性啟蒙與文藝復興的時期。

　　就在黃文龍高中乃至大學求學期間，台灣社會正加速變遷。1968年中油的輕油裂解廠、台聚高雄廠等相繼落成，代表石化工業起飛，環境汙染惡化開始。這年6月25日，台北市禁止人力三輪客車招搖街肆，象徵台北告別農業社會或一、二級產業；8月25日，紅葉少棒隊7A比0，擊敗日本和歌山隊，隔年8月24日金龍少棒獲得世界冠

軍。

　　1970年3月1日，台視推出布袋戲雲州大儒俠；4月25日蔣經國在紐約遭台灣人黃文雄、鄭自才射一槍未中；11月27日雲州大儒俠提前下台，表面上理由乃因國中生模仿藏鏡人蒙面，跌入山谷死亡等等，實際上緣由不知。

　　1971年7月，台大學生保釣運動；8月14日，高速公路動工(1974年7月北段通車，1978年10月31日一高全線通車)；10月26日，退出聯合國。

　　1972年6月8日，行政院長蔣經國推動十項革新；9月29日台、日斷交；10月31日南橫通車(很有趣的是，該等年代台灣的重大工程落成或通車，日子都得挑訂跟「偉人」有關)。

　　1973年4月28日，曾文水庫開始蓄水。

　　1975年4月5日，蔣介石逝世；7月16日高雄港第2港口啓用；12月20日，增額立委37名選出。

　　1977年11月19日，五項地方公職選舉日發生「中壢事件」。

　　1978年蔣經國當選第6任總統；一高全線通車；11月24日，高雄大社石化區氰化物外洩，290人受害、1死。而台灣西南部沿海大量貝類等死亡。年底，12月16日，美國卡特總統與中國建交。

　　1979年1月22日，余登發被捕；2月，桃園國際機場落成；7月1日，縱貫鐵路全線電氣化竣工；10月，多氯聯苯中毒事件爆發；11月4日，台灣首座核電廠竣工；12月10日，發生高雄美麗島事件。

1980年1月8日，施明德被捕；2月28日發生林義雄家滅門血案；3月美麗島大審；4月台灣發現顯著酸雨；12月15日，新竹科學工業園區揭幕。

1981年7月3日，旅美台人陳文成博士在台大墜樓身亡。

1982年發生李師科土銀搶案，象徵台灣進入現代強盜社會。

1984年北台6‧3大水災；黨外雜誌屢遭查扣、停刊；劉宜良在美被暗殺。

1985年3月1日，施行勞基法；9月20日破獲餿水油。

1986年2月27日，台灣首次發現AIDS病例；2月25日，台灣首位博士杜聰明先生病逝，享年93歲，報載，他1954年創辦高雄醫學院，1966年離開高醫；4月9日，二仁溪綠牡蠣事件爆發；6月24日，鹿港反杜邦；此年內，台灣社會卡拉OK蔚然成風；韋恩颱風由濁水溪口登陸、重創中台灣；8月11日，高雄拆船碼頭爆炸；9月28日，民進黨成立；10月15日，台灣宣佈解嚴。

1987年11月，開放中國大陸探親；報禁解除。

1988年1月13日，蔣經國逝世。

1989年4月7日，鄭南榕自焚；9月13日，余登發陳屍家中。

1989年12月2日，解嚴後首度大選增額立委。

以上，隨意列舉黃醫師青年讀書乃至就職高醫期間的社會背景，用以對照他的際遇與自我成長。

　　1965年畢業於嘉義市大同國小的黃文龍，高分考進省立嘉義中學初中部，初中三年後也獲得學校保送直升高中部。然而，他以兩位哥哥在台北念書為由，放棄嘉中而考上台北建中。

　　玉珠前輩回憶：「文龍考上建中，第一天去上課時，一到教室發現全班鴉雀無聲，大家都端坐案前猛讀著書。來自草地的他，猛然被那樣的氣氛嚇著，好像突然間失掉了信心，而且他那時身體狀況不佳。」而文龍自述：「高中三年，真的是慘綠少年時的延伸，成天胡思亂想，難以集中心神唸書而功課不佳，兄長均以為是鄉下少年進都市的水土不服症⋯⋯」，我不以為然。

　　我小文龍一歲，我們的社會時空背景相差不多，但他的家庭經濟已屬當時的上層環境。他捨棄直升省嘉中而北上赴考，足以代表其自信與自負。以我為例，我才是鄉下貧困無助的小孩，而從「少年維特的煩惱期」考到台南府城的二中，當然有自卑感，但高中時期正是一個正常人一生最精彩的哲學時期或夢幻年代。我的草地「無知」，恰好提供我海綿般地吸吮都市異文化的強烈動機。第一本看的課外書是威爾・杜蘭(Will Durant)的《西洋哲學史》，受到的震撼與啟發無以倫比，於是，我變成知識的饕餮，貪婪地暴飲暴食，也得了「知識的虛榮症」，每當每月買了新書跨出書局的剎那，好似獨擁真理般的快感。而且，結交幾位自以為是的「天才」，從此展開海闊天空的任性與放蕩，書包裏滿滿的是所謂「課外書」。一般大學的社團

或智性休閒活動，我在高中大抵玩盡。不過，我還是保留些。

心同此理，訪談他時，他以一貫的謙沖說：「我讀建中時，最愛去的地方即中央研究院胡適紀念館，當時社會評價胡適乃『自由主義者』。那時大哥在北醫藥學系，二哥在台大藥學系，爸媽在溫州街買一間厝給我們兄弟住。兩個哥哥常帶我去『文星書局』，裏面有許多書，對我的影響很大。雖然我不算很認真地唸，但耳濡目染，倒也奠定我在非制式教育之外的許多課外智識，尤其對於當代的文化論戰印象深刻……」

然而，許是玉珠前輩親身閱歷228、白恐的夢魘，可以想像，黃家在政治面向必也戒慎恐懼，深恐兒女誤陷刀俎下的魚肉，容或明暗皆需預防。不過，表面上固然列為禁忌，實質上至少也是海底火山，終有一天必將爆發。

黃醫師在高中時代讀了那些書，影響是何，他沒交代，但從日後他在高醫的表現，必然與之相關。而讀「課外書」的結果之一，大專聯考他考上師大衛教系，但「師大的課堂像高中」，唸了一個月餘就「快要瘋掉」，遂休學回家自習，兼養一隻狗。

重考前他認為「隨便考也有北醫」，考後自認為「考不好，放榜也不去看」。從這些字眼也嗅得出當年的自我期待甚高，因而進了高醫一開始想必還很「鬱卒」，「那時很不喜歡唸高醫，因那時高醫只有幾棟建築」，加上南台從來被視同文化沙漠，直到他參加社團如幼幼慈惠社、

阿米巴詩社等，認識了許多日後頭角崢嶸的人物，例如莊銘旭、吳重慶、曾貴海、江自得、陳永興、楊寬弘、游文治等學長，也因陳永興的引介，認識了當時活躍於文學、政治、政論的人士，例如陳冷、余國基、張良澤、黃春明、郭楓、陳少廷、康寧祥、林鐘雄等人，還有一些日後綠朝的檯面人物。凡此際遇，自是日後側身弱勢運動的地基之一部分。

　　1970年代初葉，蔣經國由幕後躍居於臺前，也奏響「吹台青」的號角。而之前紐約的那一槍，同時震撼了統治強權與台灣弱勢，民主運動的潮流已然揭開，高醫的小校園也因「校園小」，從而「同學之間凝聚力較強」，這大概是耳鬢廝磨、相濡以沫的效應吧，而且，當時校風多少還有杜聰明博士傳下來的自由氛圍，例如教室的設計由後面進場，學生也隨時可以由後門出去，教授們幾乎從不點名。因此，青年黃文龍總算突破從父執輩以來，國府統治下的低氣壓，從而打開天窗、探首陽春，也算是一吐嚮往自由風的、未透的悶氣。

　　「蔣經國上台後，許信良、陳少廷、張俊宏……漸次浮出台面。時值中央民代改選，省議會第一次進行監察委員選舉，星期五我們翹課去省議會旁聽。當時，郭雨新、張俊宏參選監委，郭得0票，張獲1票。許信良當時是KMT的新秀，他在開會前出來和我們談話，他跟張俊宏說：我其實可以投給你，但一票沒路用，所以不投。但後來張卻得一票……有空閒時，我們會跑去台南找陳少廷、

郭楓……就在那時認識了張良澤等人。

　　校園運動開放之前，我殆已攀到了民主運動的衣角，因而對社會事務略為敏感……」

　　我問：「你自己認為何時產生台灣主體性意識？」1970年代台灣社會頗有世界地理雜誌在北韓製作的節目『媽呀！我在北韓！』的氣氛；1975年老蔣去逝時，許多畫面與金日成的「國殤」有拚，絕大多數台灣人民只能「匍伏前進」，少有不要命的敢於「挺身而出」。黃文龍在保守年代、保守家風，嚴母的耳提面命之下，竟能參與異議分子行列，以我個人所知，絕對是當時的「激進分子」！顯然地，隱藏的地心岩漿隨著「交友不慎」而觸發吧?!是以他見證了台灣民主胎動的早期浪濤。我這問實屬多餘。

　　然而，「其就義若渴者，其棄義若熱」，爭一時不如爭一世，黃醫師表面上以「老三哲學」自嘲的底蘊，毋寧是深沉的結構省思。他天生具有有為的無為，無形中，他似在塑造一種台灣人的典範，承襲自屬靈的原鄉，銜接戒嚴、解嚴、解放、解體的台灣社會中，沉沉穩穩永不殞滅的台灣精神基柱，只在必要時捨我其誰！他靜靜觀察，細細大大沉思。前述，他在兄長、大及二妹、父母、診所患者的人間世過程中，早已養成在有意義時刻出手的保全大我的智慧，而很年輕的時候，業已放下小我的輕浮，更且，幾乎找不到「自私」的基因；他有意無意間克紹箕裘，以父親利他心性的楷模行醫濟世。

服完兵役返校就業前，斟酌選科之際，黃老醫師給他的建議是：「選擇良師；好醫師不只來自患者的口碑，更要來自同業。」玉珠前輩則輕鬆地試探他：「嘉義沒有精神科醫師(註：當時唯一的精神科醫師已過世)，選精神科賺錢輕鬆，又比較沒責任」。文龍答說：「不好啦！那種病的患者往往好不了，賺那種錢不好！」後來，他申請了當時較冷門的眼科，他一向是看透這世間的，他了然如何「觀世音」。

1970年代末葉，台美斷交、美麗島事件期間，他正服預官役。退伍後，1980年他進高醫眼科上班，直到1992年辭職自行開業，前後共計12年。此間，1987年底他赴美進修了1年7個月，從德州聖安東尼，到俄州辛辛那提，增長專業之外，也著實見證了海外台人的精神與迷惘。之後，而於1989年7月回高醫續職。又，他於1981年結婚，證婚人是張博雅女士。

就在赴美期間，一方面儲訓專業知識的更上層樓，另方面實也是人生分水大嶺，痛苦抉擇折磨期的沉澱或省思階段。

赴美5個月餘之際，他寫下〈鱷魚的眼淚〉(註)：

你們取笑我，因為我醜陋的外貌

你們懼怕我，因為那尖銳的利牙

你們鄙視(痛恨)我，因為爬行的姿勢不優雅

你們遠離我，因為我種種的不討人愛

可是，爲什麼，那麼多人喜歡我的外衣(皮)
當皮飾、作禮物，供人取暖名貴的象徵

更有人以我爲商標，地位、身份可以我爲代表
更可笑的，還有冒牌的商標，開口向外是正品
開口向內是仿品

死後才有榮耀，死後才有人注目
犧牲之後，才有人品評身價

人們，你可眞可笑，殘忍啊！

(註：英文crocodile tears，原意即貓哭老鼠假慈悲，但在此非其意)

1988.05.14
San marcos Tx'

　　這首詩可以單純地以鱷魚爲訴求，控訴人類，但我毋寧將鱷魚當作世間正直且心直口快的俠義人士的象徵。許多人討厭正直俠義人士，或又愛又恨，但多少僞君子與政客最愛披上這張名牌；「眞實」很大的一部分是醜陋，誰喜歡醜陋的一面被揭發？最有意思的是「開口向外是正品，開口向內是仿品」，充滿多重的隱喻！

　　這詩是否可代表他正在琢磨，是否獻身政治改革運動的潛意識的映射？

　　兩難拉鋸，同時期另首短句〈政治眞義〉，他附註：
「聞台人社團紛爭」。

　　　　是不要參與
　　　　對你沒有好處的政治集團

　　　　負笈他鄉時
　　　　老母懇切叮嚀
　　　　遇見不平的事
　　　　你不說話
　　　　沒有人會說你是啞巴

　　　　寧爲太平狗，勿做亂世人

　　　　　　　　　　　　　　　1988美國辛城

　　我相信他早就看穿台灣人性格的缺陷，無論國內或
國外。他感慨地詠嘆：

　　　　海外台人
　　　　正爲他們的正義公理爭辯不休
　　　　他們已分不清你我
　　　　只知道　你不是我(這邊)　我不是你(那邊)
　　　　敵人在竊笑　我在這裡呢？

政治是眾人之事
參與公眾的事　是人類高貴的情操之一
故鄉的街頭
卻已淪爲他們網羅仁人志士的釣餌

他們說　不是敵人　便是同志
做了的是　不是同志　便是敵人
這邊的台人卻還分不清　誰是同志
誰是敵人

1989辛城

　　1989年1月28日，在參加當地台灣同鄉會的聚會後，他寫了〈酒會後〉：

郷情火辣辣，正義的心卻冷冰冰
我在此杯酒高歌，島內也歌舞昇平
你說執政者鴨霸，我看你是社會亂源

酒會卡拉OK，人權會憂心忡忡
這邊話説長江大河，源遠流長
緬懷所謂的思古幽情症，好不寫意
彼處急呼回歸故土，立足生長于斯的島嶼

時間的長河裡，這些行將逝去

有釐清的，有仍然難以辨識的
可是千古仍然是一樣的爭論
在莫名的鄉愁中
這是痛苦的酗酒
還是慶幸
在金元王國已經尋覓得美好的夢想
和平、民主，人生到此衣食無缺，有志能伸，夫
復何求

紛爭起于島嶼，必將終止於島嶼
胡不歸去?!

　　他很痛苦於不少台灣人的山頭主義、一盤散沙，一大堆混水摸魚又一副假仁假義的虛偽，自私又膚淺。我推測他在書寫過程中，也看到他小時候常常目睹二位優秀兄長間的爭執與辯論，他只是很遺憾，為何兩造看不出彼此無交集？

　　另首〈寄柏安(即陳永興)—辛城旅記之一〉：

海外
彼此正為他們自己的正義公理爭辯不休之際
您則已幾度走上街頭
不是奔走飯碗
而是人間公義和平

參與公眾的事
是人類高貴的情操
在島嶼卻已淪為
他們網羅仁人志士的釣餌
順我者　廟堂之上
逆我者　階下之囚

公義和平常掛在人們口中
有猶如瓦礫的講經
有仁者論議之眞金
只是

老(上)一輩的故事(教訓)是
吾家不可有
吾族不可無

　　好一句「吾家不可有；吾族不可無」，眞罵得狗血噴頭！以粗話講就是：「別人的兒子死儤了！」然而，又怎樣?!台灣人存有太多文筆奴、假台胞矣，奈何！你只能面對良知與自己的抉擇。

　　一些反覆出現的字句，自我的拉鋸，在聽聞鄭南榕自焚的消息之後，他寫了〈傷感戰神〉：

〈傷感戰神　悼鄭南榕(一九八九辛城旅記)〉

您　自焚的火
是　我民族的光
長年以來　人們已渾然未覺
以生命之軀捍衛理想之光的故事(為理想獻身)

制式教育下
人們懷疑參與公眾事務的動機
人們
彼此鄉愿苟活
卻仍企盼人間和平
遺忘了　挺身公義
是和平遠景的門窗
人啊　落到袖口擦淚時才見真心

這一番
公權力先生們一如以往地
制式整裝
意圖鏟平島嶼子民的意志
可是　未如以往地
凱歌而歸
卻只跨越過
那不屈的靈魂
此舉將會是　他日
其淪落江湖的先兆

在其一手向彼岸傳統故人展示友誼之際
另一手
則用制式武力向島嶼子民展示它的恨意
並且宣稱
攻堅行動過程毫無瑕疵
彷彿
那是一件完美高貴的行為

我們難過
也猛然驚覺
原來
公權力先生的敵人不在彼岸
而是在此
他們憤恨也駭然驚惶
如此有如焦土政策的對抗
當年曾是帝國主義的夢魘
他日將是
公權力者淪落江湖
屈服于島嶼人民的符咒

上一輩
和阿爸阿母的告示是
寧為太平狗不做亂世人
奔走公義和平的事

　　吾家不可有　吾族不可無

　　今天

　　您那昂揚的軀體

　　已然正告世人一永恆的事蹟

　　寧鳴而死　不默而生

　　有人爲捍衛和平而挺身公義

　　不屈的靈魂啊

　　您　自焚的火

　　將是

　　我　民族的光

　　可以說，他差不多想要直撲第一火線了。而以他的厚重、眞性情，一旦投入，很可能將成爲鱷魚皮的名牌包！

　　1989年夏，他回台了。他積極投入各種社會運動，參與的社團例如：社區大學、消費者保護協會、台灣人權促進會高雄分會、公民投票促進會高雄分會、台灣醫界聯盟高雄分會、柴山自然公園促進會、國際特赦組織台灣分會等等，正是玉珠前輩所擔憂他的理由：「涉東涉西」！事實上，黃伯珍老醫師就曾以「不滿意兒女成績表現平平」而想移民，試想，一個保守年代、安土重遷、世代根植鄉土的台灣菁英，會因爲「子女成績平平」而興起移民念頭？更重要的念頭來源，恐怕是對統治強權、白色恐怖壓迫的不滿與悲憤吧?!黃老醫師與玉珠前輩婚後(1948年1月

30日結婚)住台北武昌街時期，曾因經濟拮据，無力資助因白色恐怖逃亡的朋友而深深自責；黃老醫師往生後，子女對父親一生行誼的追思中也提及：「1954年，父親被徵召赴軍方醫院支援……父親很少說起(相關的)過往，不知是故意的留白，還是有其他的考慮，也無從知悉了。」

顯然的，黃醫師在美期間，內心對往後的抉擇，其道路至少有三條：移民美國；回台直接投入政治、社會等弱勢運動；行醫兼顧知識分子對社會的責任。他選擇後者，而且他的專業日益精進；在科主任王惠珠醫師及紅十字會王啓文會長的協助下，1989年在辛辛那提的研修期間即將美國眼角膜引進台灣，幫助無數眼疾同胞重見光明；他返國次年的醫學壁報論文即獲得「眼科醫學會金牌獎」；他的近視相關論文榮獲高醫「杜聰明獎學金青年優秀論文獎」。

自美回台以迄辭職離開高醫的大約3年間，他在高雄連署、參與李鎮源院士的「反刑法一百條行動聯盟」，要切斷白恐最後一條的中樞神經。他更在陳永興代理民進黨主席，其提出建立校園黨部計畫之際，毅然簽署入黨邀請單。1991年7月報載「八名"教授"申請加入民進黨」，黃文龍大名也在其中。讀者可別以現今自由的眼光看待，要知台灣表面上雖然解嚴了，從來都耍陰的強權惡勢力，絕對有辦法整死善良的台灣人，更何況數十年白色恐怖的陰影，還強烈地蓋住台灣人的心頭。現今年輕一輩做夢也想像不出黨、政、軍、警、特務、司法、抓耙子、奸佞、公

權單位、被奴役慣了的「聰明人」等等，是如何共構出鋪天蓋地的魔爪，操控著台灣人。

因此，當黃文龍的名字在報端曝光，親朋的反應煞是「有趣」：

二哥來電笑呵呵。(從來溫文老實的老三，竟然加入"亂黨"?)

「媽媽反應激烈，事後倒未說什麼」(暗暗喝采?)

多數(朋友)戲謔地說：「升"教授"了喔！」(喝倒彩的人?)

有人說：人數太少了，有用嗎?(這些人打死也不會站出來吧?)

有人說：第一勇。(這樣的人敢嗎?)

有人「好意」地關心，告訴黃醫師的家人說：「社會雖然開放了，但還沒到那個地步啊，可以採其他途徑吧?!」；家人回答說：「他早已有心理準備了。總說愛台灣嘸怨嗟……在美國妹妹為他申請的綠卡機會也放棄了……」

括弧的字是我加的。黃醫師的處境與心態我可以感同身受。要知黃醫師對話聽到的回應，至少都是平常相當熟識的人，遑論一般人甚或一大堆走狗(對不起，這話侮辱了狗)。1989年我辭離公職，全力幫助民進黨林俊義教授競選，以迄1998年的9年期間，六度為民進黨抬轎，我卻沒有加入該黨，最主要的原因，在於因為太瞭解地方黨部的人士。假設我接觸的人不同，或許是更早年代我已投入。然而黃醫師的格調更高，理想更堅強，他的筆記自述了「我為什麼加入民進黨」：

1. KMT存在校園的一天，我的存在就有意義─無言

的抗爭。

2. 加入公眾活動，是一種高貴的情操；加入適合己意的團體，就是一種積極的參與。民主的眞諦是參與，不參與則談何民主？

3. 希望爲反對黨加添一份力量。(這點擺明已準備獻身矣！)

4. 台灣日趨多元化，堅強的反對黨是保證清純形象，政治的一帖良方(顯然黃醫師以清流自許，且醞釀多時的決心已經付諸行動)。

可嘆可笑的是，傳媒報導了，申請書也寄出了，究竟是民進黨部沒收到，或其他不明因素，反正黃醫師就沒收到任何訊息了。後來，他重新在高雄申入，而一直維持黨員身份迄今。然而，當時在高醫的他，不時遇見跟他「問政治」的人，「我感覺滋味很差！」加上高醫附設病院中堂有座黑色雕像，每天行走其間難免反胃。他耿直、明辨是非的性格，實在難耐「官、商合一體制」。痛苦之下，他去找前輩老師許成章教授解惑，許教授勸他：「你就當成只在爲患者服務就好了！」他還是只能「讚嘆」同事們很有「修養」。於是，1992年2月遞出辭呈，院方5月底批准，8月離開高醫。

當時他申請加入民進黨的內在思惟，以及環境困境乃在於，他相信學術自由乃爲了對抗政治、經濟、宗教……等非理性的迫害，然而絕大多數人卻因恐懼，而不敢行使理念，他堅持恐懼不是文明人的自然、坦然狀態，那是病態。不合理的體制下，個人不能行使正當的倫理；生活

在妥協或精神不自由的環境，無論做學問或做人都會扭曲。然而，之前多數人連反刑法100條都不敢簽署，理由都是：怕影響昇遷、怕留名危險，沒簽署的事後還會說：怎麼沒叫我簽？有些人真的遞給他時，反口說：我是中立的！奈何！(註：高醫大後來有近百人連署)我想起一、二十年前，我在教學、演講頻常強調，中立與客觀截然不同，中立是站高岡看馬相踢，置身度外、不負責任；客觀是消除小我偏見，洞燭是非，且有所選擇，有所為，有所不為。

他決心投入政治改革的理念是單純而高標的，也是唐吉訶德式的。如果只為側身俗凡政治圈，他有的是機會。1991年，張博雅前署長以老師身分，「命令」黃醫師夫婦推出一人返嘉競選，「有一千多位朋友要去拜訪！」，他們思量2個月後加以婉拒，理由是崇高的：取大我與整體，而非特定的人物或團體。

1992至1996年間他租屋開診所，利用地下室30多坪空間做社運。1993年，他因柴山自然公園促進會的因緣認識了我。他以至誠鑽研醫技，以父子相承的醫德照顧患者；更左右開弓，涉足任何有因緣的弱勢運動；他具有從事運動者的優點，卻乏運動者的缺點；他恆以「老三」哲學自許，讓人感覺不出他的存在！只有在群龍無首或必須做大承擔時，他才躍居台面。他是儒、禪、道三位一體，更是草根典範之一，但大多數同伴、朋友未必瞭解他。

訪談—愈是台灣的大名人，
愈是沒有值得學習的東西！

邱吉爾曾說：「四十歲之前不是自由主義者，沒有勇氣；四十歲之後不是保守主義者，沒有智慧」；台灣的反共八股也不斷宣說革命靠青年。表面上言之成理，事實上只是媚俗。台諺說牛遷去北京也是牛；美國俚語說是豬就不會飛。活了將近一甲子，我只相信一個人的人格特性，而無關年齡。

我相信遺傳因子決定了最大、最重要的部分(我很清楚歷來的生物決定論、達爾文風暴、歷來環境與遺傳的論戰)，為了避免社會動盪、種族衝突，以及一大堆紛爭，最後的結論都是遺傳與環境一樣重要。究實，只是鄉愿、阿Q，但可算是善意的妥協。

我相信20歲或更早之前，決定了一個人一生的性格、直覺、道德、良知等的絕大部分，且終生不大可能改變。大學暨之後，通常是「教育無用論」。

真正正直的人愈老很可能愈激進，如果他所處在的環境是偽和平、假自由、非理性優勢、無自覺、欠主體的社會。如果只靠血氣之勇、無知任性或懵懂而情緒行事，則不過是暴虎憑河，不足道也；如果是理性、理念，且透過生平實踐而來的信仰，則老益彌堅、老當益壯。而且，思惟愈細膩並非猶豫不決或三心兩意。多層、深層的思量，

實乃寬容大量的先決條件，不會妨礙大是大非的判斷與終
極的追尋。準此而言，我相信黃醫師早就進入夠智慧的信
仰層次。

「您當醫生三十年了，您對醫療倫理或所謂醫德的標
準是何？您如何檢驗自己？」我問。

「這可有多面向、多層次的考量。先就現行健保制度
下來說，醫療工作者與我父親的時代，面對環境的挑戰大
有不同，但在專業暨執行上的堅持，我尚能把握原則。現
今社會風氣，大都朝向技術性或科技的要求。例如說，大
家會說這刀開得好，卻不問這刀該不該開？需不需要開？
人說：江湖一點訣。所以我可體會家父所說，醫生好壞的
評斷，很大一部分是專業上的議題，一般人難以置喙。比
較上，我會自我要求，竭盡所能做到……

現今健保體制及醫療科技發達之下，並非古早醫生但
憑其經驗、理念或信仰，以及其在社會上所建立的信仰去
經營就足夠。現今醫療者還得依賴許多儀器，以及相關周
邊的設施、人員的協助。然而，你若要投資那些儀器及其
他人力，就得考慮成本回收問題。而在健保體制下，你若
依規定、按正常程序去經營，你不可能回收眾多儀器的成
本，因而許多人在『技巧』上，就有不少『眉眉角角』。
例如白內障的開刀，以前老師、教授說，視力0.1～0.2以
下，先予光學鏡片校正後，無效才考慮開刀，而且，開刀
前得先細加評估一切其他功能，以確保術後效果。然而，
在健保給付方面，你開一個刀，勝過看50個患者。這樣

的健保給付方式，難免間接刺激了「選例、衡量」的取捨傾向，但因太專業，體制上也無從設計一套完滿的規範，尤其，現代人對視力的要求品質很高，新舊時代逐無法一概言之。

勞保時代白內障的開刀給付是每例3萬5仟，現今健保制度下已滑落為2萬6百多元，加上今之健保財務困難，點數下降，實際給付1萬6仟元上下，因之，如果無法篩檢給付的合理度及適當性，則必將影響下一代醫生在資源分配時，無法得其所應得，進而影響醫療品質。

無論那一領域的醫療，只要施加於患者的處置，倫理上至少得有二個原則：資訊盡心對等、選擇權在患者與家屬。因之，任何處置我盡量向患者及其家屬講解清楚，解說做或不做的結果與差別，要求自己客觀，而將決定權交付患者或其家屬做決定。

然而，這就延展出醫、病之間的老問題，文化性或社會性複雜的議題，也就是『資訊不對等』。平均說來，台灣的患者很『善良』，大多數人請醫生決定，而醫生的自由心證、專業取捨就變成關鍵，這就是前幾天我寫給你的信中提到的，社會學界提到的『權力差距指數』的文化行為或行為文化。我們的文化中，無論何等行業，相信權威的程度很高。當然，若談到醫療風險，通常1千個患若者有1個來論議，你就有難以承受之重！」

2011年12月31日深夜，黃醫師在台中福華飯店寫了一封信給我，在此轉錄提及「權力差距指數」及「不確定

的規避」的部分：(他補註：引述之論述出自《異數》一書)

「曾經有社會心理學者研究社會現象，用了二個論點看社會：

(1)權力差距指數；(2)不確定的規避。

這二個文化面向的思考，部分解了我對週圍社會(政治)現象的迷惑。前者，是面對權威的態度；後者，是對於明確性的偏好程度，即是否忍受不明確或模稜兩可的規範(規定或法律?!)。

對權威的順從與忍受不合理的法律規章，似乎是台灣社會二個重要且明顯的文化面向，這些社會心理狀態，普遍存在於各領域及各層面的公私部門。

當然，底層的其他現實的心理反應，應有其他我(們)難以理解的。這則有待另一番專業的探討。

至少，順著這些文化面向的方位觀察，符合了部份社會學者的論點：(補註：出自《不可思議的年代》)

『人們所以認同錯的觀點，只因爲他們想成爲社群的一員，而不願實事求是』，而別無選擇，這就是所謂：『接受共通的現象，否則無以維護該團體』

蕭伯納曾如此批判：「理性的人隨波逐流，依現實而過活；非理性的人則逆其道而行事。文明的進步，是因爲後者的堅持而彰顯的。」

黃醫師對台灣，尤其醫療面向的社會行爲或心理的感嘆，恰好對映近些年來我對宗教的學習與觀察，特別是所謂「佛教」。宗教系列中遠比其他社會行爲還可怕，因爲

加上迷信的信仰與造神的理所當然，台灣到處是「大佛」而獨缺佛法，非關佛法。於是，我再提問：「您認為這是民智問題，或是不同文化的無法比較？」

「相對而論，歐美國度的法律或制度，對消費者的保護或保障已臻相當高的程度，他們的醫療糾紛屬民事解決而非刑事。他們醫療資訊幾乎對等，他們由法律保障所有人都得面對訴訟、補償等等，優缺點都有。台灣，基本上是由優勢的權勢階層刻意設計的體制，或由於怠惰而漠視變遷，或以多一事不如少一事的心態應變。其實，"多一事不如少一事"的後續一句話，大家都忽略了："興一利不如除一弊"，興利討人喜，除弊惹人怨，但也是大破而大立的機會！……」

我故意再問：「這不也是東方文化的特徵嗎？人民寧願放棄自主性，也不願丟下對權威與威權的崇拜呀?!」

「這種民性是可被教育出來與否，這牽涉到國家的教育政策與教育哲學。你有2本提到教育的書，你先前在靜宜大學擔任教職，甚至副校長時，不也推到手軟嗎？」他反將我一軍。

「許多文明國家儘可能排除不確定性，有些國家像新加坡，當社會規範不清楚之處，大多數人民採取『順從』，而不願追根究底，力爭道理。而台灣社會存有龐多矛盾，卻罕有人願意釐清。這些矛盾與不確定性的製造與利用，從日治到國府統治有同有異。日治時代對利益的分配做得漂亮，日本總督府對特定對象開放糖業、礦業、特

殊行業等等給特定的台灣人，但這些特定台灣仕紳等，如林獻堂等，他們的社會責任感，相對於後來的仕紳，算是很強的，當然，也有一些仕紳本來就很少可以稱讚的，甚至在改朝換代後殘留下來的，不少人仍有本事依然是當朝新貴的，如同某位資本家大言不慚地說：『寧爲太平狗，不當亂世人；我們關心的，就是事業的存活與興盛爾！』。難怪林先生等人的風範，到了我們這一世代已經很稀釋、淡化了。

到了國府統治時代，操控的手腕更細膩。日本人只是重點栽培而已，KMT不僅栽培，再加上反面的滲透及腐蝕，將負面的內涵傳染給你，讓你爛！猶如之前你提及的生態界的殘忍寄生例：黃蜂與蜘蛛。日本人是利益分享，但原則在，是非尚存；KMT不是，這或許是他們跟共產黨鬥爭失敗的結果也未可知。這對台灣社會、台灣人，造成極爲嚴重的影響，它造成台灣社會人與人相互之間無法信任……以日本台獨聯盟爲例，若我沒記錯的話，廖文毅身邊的人，根據網路資料，重要幹部除了少數之外，都被臥底或被滲透；坦白說，要我現在重新活躍於社團，我會遲疑，當然一來我沒有支配慾，二來也近耳順之年，但對KMT統治下的政治文化：『事看誰辦，法看誰犯』於心有戚戚焉！稍微瞭解根源問題者，若沒有明確的政治目標與野心，倒不如從長計議，從社會層面，如公民教育、運動著手。」

黃醫師談述到後段時，我腦海迅速倒帶了許多案例，

感受上像黃醫師這種敦厚的人，難怪只能在基層匍伏定根，從清領以來350年間，這就是台灣人最悲慘的詛咒之一啊！由於訪問重點不在此面向，暫且擱下。回主題。

「健保體制下固然有困境，但自我要求下，我很清楚可以做到何等程度。自我要求的內容也不過分，只不過是醫療倫理的本質或基本要求：你要給予對象清楚且充分的資訊，儘可能做到資訊對等；你若遇上風險狀況，是否可即時撤退或中止？你若無意中造成了對方的不適或損害，你是否能夠處理，而且可回復？將此等資訊充分溝通後，你得交由對方去決定。30年來這是基本自我要求，即令有人來『花』(理論、紛爭)，至少我都站得住腳，講得清楚而內心坦然。經濟學或任何行業皆然，利潤是風險的報酬，高風險高利純(益)，醫療也不例外。我愈年長愈覺得父親說得對。我們不是純為了獲得人家的讚賞才這樣做，事實上那也是一種雙贏的保護措施。你也得清楚認知，如此做你能得到什麼；你不可能要事事兼顧又要確保發達！

由此看來，我年長後，愈來愈不易相信出名的人有何值得我們學習的東西！成功的定義是何？以及成功背後的事實是什麼？其實，成功者講出來的東西距離其事實很遙遠，或都不是事實，有時，所謂隱藏的歷史，才是歷史的真相。多數成功者及其成功的條件、手腕與際遇，往往都不足為外人道也！……」

台灣在KMT「教化」之下，成果約經30年而大放異彩。台灣的貧富差距自1980年開始惡化，專家說主要跟

制度設計不良、欠缺分配正義有關！近10年來平均年經濟成長率3.92%，而國民平均加薪幅度只有0.6%，同時期，最有錢階級比最窮級的年所得差距，已從20倍升高為30倍。全國公認「繳稅是國民的義務，節稅是有錢人的權利」！任憑財稅專家喊了數十年的改革完全沒輒，因為無人願意深論根源議題，也就是KMT數十年來結構性、政治性的議題。黃醫師淺顯談話中的深意，有待龐多論述加以解釋，奈何台灣學界的清流不多，一般人也只能匍伏噤聲嗎?!

　　現今愈是成大功者，更是擁有扯大謊的權利！成果決定榮耀，而非過程?!所以為達目的不擇手段，政府數十年「以身作則(賊)」！真實的殘酷對映謊言的華麗，唉！你選擇求真，你不可能還要掌聲與虛榮！禪境沒有美麗的鋪陳，禪宗沒有聖殿！

　　「實境如此啊！你若有機會要求或教育下一代，你必然很遲疑，你要如何『教』？你無法去教育他們啊！……我印象深刻的一幕，約8、9年前，陳永興受邀回高醫擔任通識召集人，他叫一些學生來訪問校友：『未來醫生的困境，如何面對，以及前途的思考云云』，有位國立大學畢業後再唸高醫後醫系學生問我的是『賺錢的秘訣』。我說：『我以前的老師陳振武教授說的，你若是好醫生，就是在深山林內，人家還是會去找你，你不用廣告啦。現今很多醫生靠廣告，但就我二哥藥學方面的社會經驗來說，藥商廣告一週若有效，則三年吃不完。我的老師則強調，

患者的嘴巴就是最佳廣告。雖然現代社會誰都需要錢，但得取之有道吧！？你本身的學識，以及各種基礎、社會關係穩固之後，錢與地位等等自然會來』。

　　然而，那學生回說：『黃老師，我X大唸完、當完兵，再來唸高醫，我當醫生就是為了要賺錢啊！我讀了這麼多，投資這麼多，我不一畢業馬上賺回來，我會划不來啊！』我說，你要這樣想我也沒法度！這樣『誠實』的學生有多少，我不知，無論如何，時代落差很大，絕非我們這一代這麼單純了⋯⋯」

　　有天我在菜市場上，賣水果的小販要我猜謎語：「事少、錢多、離家近」，打運動類別之一。答案是職棒。而且，現代人價值觀的思考，全面滯留在表層頭皮屑，難以向內挖掘至皮質、髓層，這原本是極其自然的結果啊！KMT教化超過60年了，這是很成功的教育！我寫過血淋淋的事實呀！(cf.正宗土石亂流，收錄於陳玉峰，2005，《敏督利注》，86-89頁)

　　我問：「您所敘述的世代之間的變遷，在各行各業都雷同，我們這一代這麼差嗎，教出如此的新生代？依您見解，台灣如何在此面向敗壞的？」

　　「我未曾仔細思考，不過，依直接體會來談，我覺得敗在：第一，台灣九年國教也就是國中教育實施的失敗，因為沒有充分的配套就貿然實施。我們那個年代的人都知道，當時唸師範教育的人，多半是家境不佳，但資質優秀的人，多為了免學雜費才去唸師範，老師的素質決定新世

代的水準……」黃醫師解釋他對教育的看法，我也想起我是考初中進去，但拿到的畢業證書是台灣國中的第一屆，1968年。我也因家境關係，考高中，也考上台南師範學校，幾經斟酌才決定唸高中。

「當年蔣介石堅持要九年國教，社會上有很多人反對，主要的理由是未先栽培足夠的、適當的師資，而欠缺最重要的配套貿然施行，必將敗壞下一代的根基。也因為師資不足，很多非正統師範教育出身者濫竽充數，導致學生素質下降。當年不少阿里不達的私校，只要有教育學分或買個資格，或透過關係就可走後門，此即台灣教育開始敗壞的第一成因……」

玉珠前輩在旁一聽到教育議題，也忍不住插話大罵：「我當年投資教育，在做遠東工專董事時，嘉義某家專連課桌椅都不夠竟也開辦，督學來查時，跑來遠東工專借。要歸還給我們時，順便踐踏、搞壞！東西借人還被糟蹋！還有，那時教育部的督學來校隨便看看，晚上卻要女人、要跳舞、要吃喝、要紅包……」

黃醫師補充解釋：「我媽說的那家學校，是由嘉義的一些醫生每人投資1百萬元組成董事會興辦的遠東工專。但技職系統與我剛談的，是另一回事」。玉珠前輩追贊一句：「教育最爛！」

「第二，統治者經營台灣的態度，重大影響了台灣世代的變遷。日本人把台灣當作殖民地，想盡辦法要改造台灣，以圓其大東亞共榮圈的夢，因之非常重視教育，以一

流的人才用心在經營台灣……」玉珠前輩又插話：「日本
來台的學堂老師多屬於貴族，他們竭心盡力要改良台灣，
哪像剛來台的那一批批破雨傘、破褲襠來的，當然不同；
後一批盜匪似的來到台灣劫收，把水龍頭裝在磚牆上還要
抱怨沒水來的水準，怎可能教育出好後代？接收學校時草
草率率，比不識字的人還差勁……」黃醫師阻止母親再罵
下去。

　　「國府來台的人良莠差別太大，兵荒馬亂之際無暇顧
及百年大計，由一大票不入流的人來建立教育體制，更以
政治的正確性為優先，醫療體系自不例外。高醫創辦人杜
聰明博士畢竟是日本時代的讀冊人，他與中國傅斯年、錢
思亮等帶來的人不同。價值觀、思考模式大大相異的人，
其所產生或開創的醫療體質當然不同。杜聰明博士創辦高
醫是有多人贊助的，陳啓川先生捐地只是其一；沒有杜先
生絕無高醫，是當年大家看重杜先生的名望，以及他所帶
來的一批人才，才能奠定高醫的基礎。可以說，任何人捐
地，杜先生都能創生高醫啊！後來，由於杜氏與陳氏對錢
財及觀念的差異，加上一些我們所不知的，或背後的重重
問題，故而發生紛爭。後來，雙方都退出。然而，接下來
因種種社會或政治因素，高醫重回陳啓川家族手中。於
是，捐獻出的公益事業又變成家族事業。

　　高醫前年、去年紛爭又起乃其來有自，而董事會竟然
試圖將高醫創辦人改成陳啓川，這是不符史實的，此舉，
後來被教育部駁回。教育部說：捐贈人非創辦人……」

　　高醫創辦人是誰？這是最簡單的史實。杜先生，1893年生，淡水人。1909年以全校第一名畢業於滬尾公學校，再以榜首考進台灣總督府學校。1914年又以第一名成績畢業於醫學校，隔年負笈東瀛。他於1916年在京都加入中華革命黨。1921年獲得京都帝大醫學博士學位，享有「台灣第一位博士」的美譽。畢業後旋回台，任教於台北醫專及台北帝大。國府治台後，杜先生受聘為台大醫學院院長等多項職位，228事件後四處躲藏以防被追殺，直到陳儀下台。省府成立後他受聘為省府委員，1954年卸任後，「旋即創辦私立高雄醫學院；1966年離開高醫」。1986年2月25日病逝，享年93歲。

　　黃醫師是校友，他受不了校史被竄改，悲哀的是現今人，高醫已將近10多萬名校友矣，難道無人在乎？這等價值觀讓黃醫師寢食不安。必也正名乎？

　　我問：「這是時代典範或價值觀的轉移乎？現今現實是一切嗎？而你在乎什麼？」

　　黃答：「我很難回答你的問題，但這是許多原則性的問題。我父母一代，到我們這代，認為人心正，誠諸於中，而形之於外。心正，做事不會傾斜，不離譜；頭過，身就過。頭是原則，有原則就不會偏差；大小事均如此。高醫連創辦人的簡單歷史都搞複雜，失根了，不遲早出事，才怪。我認為史實重要，忘卻歷史是一種背叛，何況是篡改歷史！但現今社會已經不是這樣的思維了；高醫的問題，也是台灣社會的縮影之一……」

從玉珠前輩到黃醫師，我看到一貫的台灣精神，我只是明知故問。同樣的堅持，例如柴山(註，日治時代叫壽山)，2011年12月6日有人在台時「頭家心聲」版寫了一篇歌頌吳敦義的〈壽山國家自然公園誕生的背後故事—不是吳敦義終止採礦，壽山不可能成爲全國第一座自然國家公園〉，黃醫師以溫和、敦厚的筆調反駁之，刊載於台時同一版面(2011年12月8及9日)收錄如下：

〈壽山國家自然公園誕生背後故事的另一故事〉

黃文龍(前「柴山自然公園促進會」會長)

台泥礦區礦權中止情境與歷史脈絡

日前，包慶天先生在貴報『頭家心聲』提及：沒有吳敦義先生的停止礦權，就沒有今日的『壽山國家自然公園』！包先生的關心壽山與懷念吳院長令人理解，但是作爲一個長期的愛山觀察者與瞭解，似乎『壽山國家自然公園』誕生的事實，是有另一段的情境與歷史脈絡。任何環保議題的解決，行政力量與體系的介入是關鍵，是以客觀地說，『壽山國家自然公園』的成立，公私部門的協力是缺一不可，尤其壽山問題重重：有原住民權益、國防要塞、資本家利益權益、生態地質危機，又中山大學居其南方，若非其難題萬端複雜則早已成立。包先生用心良苦，以吳院長中止採礦爲由而居自然公園成就首功，柴山之神有靈或也難同意；而吳敦義先生當年至今或必也有難以承

受之情吧！

八十一年民間推動過程與公部門回應

　　吳院長當年就任高雄市長是七十九年六月，依礦業法壽山台泥礦區礦權終止是八十一年十一月。當時，民間環保團體基於礦區汙染鼓山區及周圍環境已久，屢引起居民抗爭，對全體市民健康也影響甚鉅，在此環保意識高漲的社會氣氛之下，於情於理礦區業主也已難以繼續採礦。任何有智慧的地方首長也斷難同意業主延伸其礦採權。為了免於讓這座市民厝邊的自然公園，在礦採終止後淪為無人管理，或濫施炒作，並以爭取這座原始山林成為自然公園為目標，文化界人士吳錦發、鄭德慶、王家祥(當時任職貴報副刊主編)、王建得、涂妙沂、民眾日報蔡幸娥、楊吉壽、洪田浚等人，遂於八十一年五月成立『柴山自然公園促進會』(今柴山會之前身)，以催生成立自然公園，以保存原始園林，使之成為最佳自然教育、生態教育、環境教育的場所；從關心、凝聚了對山的感情，進而匯成一股社會保護柴(壽)山的力量，並呼籲公部門落實礦業法規定，責成業主復舊。以柴山之名是較有人文意味；壽山乃延續日據時代名稱，含有殖民封建意味而不以之為名！

　　之後的八十二年四月，『柴山自然公園促進會』委請陳玉峯教授、黃吉村老師規劃而提出『柴山自然公園綱要計劃』，爾後至今，山之規劃大致不出此一藍本。同年六月，市政府也委託中山大學完成『北壽山生態資源調

查』。在八十二年五月，『柴山自然公園促進會』行文經濟部、內政部，呼籲成立『自然公園』；八十六年二月綠色團體與民代請會吳敦義市長，建議成立『柴山管理委員會』；同年四月市政會議通過『壽山自然公園推動委員會設置要點』；但直到八十七年七月，「柴山自然公園促進會」基於市政府過於被動，遂拜會黃俊英副市長，建議『委員會』要有步調與立場，而促成『委員會』草擬『五大分區劃設原則』。其間八十八年六月市府曾公告『自然公園範圍』，之後吳院長未能於市長選舉勝選，而由民間繼續監督公部門持續推動自然公園。綠朝政府就任後，持續修頒『管理自治條例』、『野生動物保育自治條例』、研考會出版較完整之『自然公園—柴山之旅』，以及『壽山自然公園五大分區劃定整體規劃』等文書作業外，柴山監督幾以民間為主力，尤其是楊娉育總幹事及藍培榮老師領銜下的『柴山會』。九十五年底，民間團體再以『環境政策白皮書』拜會各市長候選人，以及推動成立自然公園。

九十七年民間團體再度推動

九十七年春夏，原『促進會』原始成員，基於十數年的私部門民間團體努力，執政者也藍、綠數換，而自然公園的成立仍然如空中樓閣，遂再敦請陳玉峯教授出面，在志工柯耀源陪同下，再行勘查柴山海岸生態並做發表會，也間接促成環保團體在九十七年十二月舉辦『柴山

論壇』，以之再度匯成民間集體力量推動成立『自然公園』。九十八年五月陳菊市長簽署宣言，同意積極推動，此時也正逢吳敦義先生就任行政院長。陳菊市長基於柴山問題牽扯甚廣，需要中央、地方協力促成，因此在吳院長南下地方巡察時，建議營建署協調促成，而有今日『壽山自然公園』之產生；而今知涵蓋範圍擴及半屏山等處則是後話。

　　民間團體『柴山會』(以前之柴山自然公園促進會)、『鳥會』、『地球公民協會』、『綠色協會』等團體始終是積極的催生者，陳菊市長是媒人，中央單位本就是生、養之父！

　　因之，是民間推動於前，由下而上，歷經近二十年的努力，促進地方、中央拍板而成。公共議題得以成就，端賴公私部門協同努力，說要歸功於個別人物、團體，或政治人物，實在是失之偏頗、不太公允，尤其是柴(壽)山整體問題有多重！

　　若要說功勞，蘇南成前市長爭取開放為第一功；民間從『柴山自然公園促進會』到『柴山會』推動凡近二十年來，協同『地球公民協會』、『鳥會』、『綠色協會』等團體，為鍥而不捨推動之功；陳菊市長有心插柳，而吳院長順水地方情、讓之成蔭以完遂他當年以及後續主政者推拖的未竟承諾，這才是『壽山自然公園』成立真正的故事。然而麻煩才開始，只能先求其有、後求其美。只是礦區復育問題、礦業法之落伍，以及土地倫理的種種思考，

牽涉及未來理想自然國家公園的落實，則已非本文可論述之主題，還待大家後續努力！

20多年來我與高雄的環運、社運朋友常有互動，而吳市長任內曾經有次聘我當台泥礦區廢置後的都市計畫變更案的審查委員之一。礦場業主在賺盡開礦利益後，計畫變更為都市土地，若通過的話，暴利更為龐大。不用說，我當然是從生態及礦業法徹底反對。此案，以及極少數政府單位找我審查的案例經驗，讓我歸納出一通則：要幹掉某案者，可以找陳玉峯；要掩護或強行通過者，陳玉峯是黑名單！

訪談玉珠前輩及文龍兄之前，我其實幾乎完全不認識他的家庭背景，甚至從未略加認識他。先前提過，我們偶而碰面大抵只談公事，近3～4年我去高雄也只順道去他診所「叨擾之」。內人與我去檢查眼睛、驗光，他都全方位服務，甚至早先我連健保卡都忘了給，而他始終會詳細留下看診紀錄。

經過半天的訪談，我才驗證了玉珠前輩的話：人要在一起，一定要感覺能會合；皮膚氣毛能互通的人，話才能談得投機。原來黃醫師的某些性格與我不謀而合；原來我們許多觀念、想法不謀而合；原來維繫我們二十年友誼的，是台灣精神、人格的底蘊！

我另問及為何當初開設診所取名為『人生眼科』？他答：

人生眼科二樓懸掛著黃醫師「准許我進入醫業時」的自我宣誓：(2012.7.5
攝)。黃醫師不僅做到其自我宣誓，筆者更看到台灣優良傳統人文精神在他身
心散發。

我鄭重地保證我自己要奉獻一切為人類服務。

我要給我師長應有的崇敬及感戴；

我將要憑我的良心和尊嚴從事醫業；

病人的健康應為我的首要觀念；

我將要尊重所寄託予我的秘密；

我將要盡我的力量維護醫業的榮譽和高尚的傳統；

我的同業應視為我的同胞；

我將不容許有任何宗教、國籍、種族、政治或地位的考慮，

介入我的職責和病人之間；

我對人類的生命，自受胎時起，即始終寄予最高的尊敬，

即使在威脅之下，我將不運用我的醫學知識去違反人道。

我鄭重地、自主地，並且以我的人格宣誓以上的約言。

$\sim$蔡龍居醫師錄贈$\sim$

「當初我開診所前，必須填具許多申請文件，文件上必須蓋店章。我去刻印章時才想到說診所須要命名。而我只想好好做事業，不必爲這種小事傷腦筋，不用計較名稱吧，反正人生海海啦，就用『人生眼科』好了。當時或現今，很多人用自己的姓氏或名字，但何必讓自己的姓名在外受風吹雨打日曬呢？再者，如果這家診所可以長遠延續下去，實在不好意思讓自己的名字，妨礙後繼者的心思，現在連國家名稱都可改了嘛，所以不敢講傳承，至少命名時也得爲後繼者思考，讓若干好的內涵，可以久久長長下去啊！

每個人都有其特徵與風格，醫療可比政治，醫生與政治人物在某個角度也相似，特定的醫生吸引特定的一群患者及其家屬。而醫生長年累積的患者資料，是一種可貴的資料檔，當有一天我退休了，這些資料檔總想託付給值得託付的人，可信賴的人，這也是你對患者群的基本尊重。因此，中性的名稱既可免於侵犯後者的自主權，而又可爲其所接受，同時，更盼望後繼者可以珍惜原先的患者(支持群)。」

既然黃醫師認爲醫療與政治可以互相比擬，在此我選錄二篇黃醫師的散文舊作，用來補充我描述他的不足 (見附錄一、二)。此外，〈醫、病之間記事〉列爲附錄三，當成他的從醫剪影；附錄四乃1991年，他要加入民進黨時，給媽媽的一封信；而我寫另一位台灣人許淑蓮女士時，她的父親許玉樹醫師正好是引進斯里蘭卡眼球的第一人，黃

醫師也做同樣的事，附錄五正可相互映照。

　　黃醫師今年實歲60，我59。我們即將步入老年嗎？這身臭皮囊當然得老化，而精神必當更精進。2003年7月28日我寫了一短篇稿(收錄在 陳玉峯，2004，《自然學習者的教育觀》，110-115頁)，最後一句是：「過去戰鬥！現在戰鬥！未來戰鬥！死後戰鬥！」巧合的是，2002年4月25日(我小他一歲，扯平)黃醫師寫了一篇〈如果再young〉，但願永遠共勉！

　　〈如果再young〉
　　黃文龍(2002.4.25)

　　　想人生有限
　　　不覺間半百江湖浪盪
　　　說這行賺得昏頭
　　　誰知白髮兩鬢總被日子摧急
　　　剛休喘息
　　　迴轉之際又是日頭又起
　　　只要青山綠水，記得惋惜
　　　不願橫秋老去
　　　把日子淡妝抹相宜
　　　憂思憂愁憂病
　　　無論如何不能凋零

黃醫師祖孫三代(2012.1.7；高雄市)。

玉山誠乃蔡玉珠女士、黃文龍醫師等台灣子民的終極靠山，自此延展台灣精
神與人格的典範。

附錄一、台灣民主的痛楚(未發表)

黃文龍(2009/10/25)

陳前總統的司法蒙難與馬總統的失態

(註：2012年美牛風暴更印證之)

自去2008年三一九大選後，到今天近一年半，台灣人民分別經歷了不同事件的刻骨銘心、錐心之慟，無論藍、綠，還是自稱無顏色的！先是陳前總統的國務機要費使用問題被起訴，而後引發政治獻金處理失當、被延伸爲貪汙罪、並史無前例的羈押到今天；此羈押或將無限上綱，不知止於何日！這是這一面支持者的痛苦，或者說，對當年政權更替而奢望民主清明者的深沉打擊；另一方面，今年八八風災，因主政者的處理失當，連帶勾起金融風暴帶來的經濟低迷的不快，讓原本投資與寄望的、有知無知、或無辜的支持者大搖其頭，不知該哀嘆時運不濟、還是識人不明。總之，不快樂已然是全民運動了！

孰爲爲之、孰令致之?!

大家都在想，台灣怎麼了?!政治，好像什麼都是，又好像什麼都不是；好像什麼都對，卻又好像什麼都不對！

事看誰辦、法看誰犯

筆者當年在校園推動反刑法一百條的連署時，有請一

位德高望重的師長簽名支持，當時他委婉的辭謝了，但告訴了我一則他當年與一名外省籍同事談及政局時，那意味深長、有年齡經驗與智慧的對話；話有點老氣橫秋味，但今日回想起來，不無道理：

「國民黨血戰共軍失敗而"轉進"台灣，原因當然很多，但就政治風氣而言，所謂中國文化的政治，其實八字箴言可一語道之：事看誰辦、法看誰犯！」

用現代的話語就是：法律有「法眼」，它、或有權操弄它的人、或組織，看到喜歡的或畏懼的對象，就自動轉彎！用對岸流行的話語也可佐證其義：「沒關係就是有關係，有關係就是沒關係！」。而且，就風氣與群眾行為心理而言，更令人憂心的是：「上有所好、下必甚焉」！

難以承受政治之輕浮

所以，造物者對於台灣民主的路途，何其刁難台灣人民；就陳前總統事件而言，固然財務處理失當，當然有他作為政治人物應承受的道德譴責，只是長年台灣民主政治獻金制度的模糊空間，以及民主的不成熟，竟然使得全家蒙難司法，不只得承擔民主所有負面教育的後果，而且更讓對手陣營除逍遙外，也憑空享受不干涉司法及(不平等)司法正義之美名，也使得望治民主自由的善良百姓，難以究明其箇中所以，對台灣民主前途遂產生了灰色負面思維，進而影響了未來投票的理性取向。其次，馬政府就八八災變的不當應對與處理，以及近日開放美國牛肉進口引起的

社會反感，讓社會深深體認到，絕對執政下的絕對政治責任的擔當與面對，竟然如此不堪入目；因之，對政黨再輪替有迷思後的期待與落差之大，竟如此難以想像而失望與痛苦！內心難以調適之下必也不禁哀嘆，究竟，怎麼樣的政治人物才值得我們信任？

答案，不是在茫茫的風裡啊─

『不作為』是另一種暴力

心理學大師羅洛‧梅曾專述暴力的種類，「不作為」是其一。他表示，「我們社會上的每個人顯然都相當程度的參與了社會的暴力，雖然，多數人是以道德崇高的觀點，躲在死屍般的良知背後來從事這樣的暴力……」。關心台灣正面發展的人，應有這樣的體認：「不作為是另一類沉默，助長的是歪風。」美國史丹佛大學一項社會調查顯示，若社會上有百分之五的人，採用一種新觀念，就會深植人心；若是百分之二十，就會變得無法阻止；但只要有百分之五十以上的人先意識到這種新觀念，前面提到的百分之五的人才有可能採取行動。台灣民主的痛楚應該有半數以上的人感受到了吧?!我深深期待著。

附錄二、扣診台灣醫界(發表於《醫望》雜誌，今已停刊)

黃文龍

～醫界的本質，其實就是台灣社會的本質；

醫界的問題，是台灣社會問題的縮影～

醫界的本質

醫界應是泛指與醫療相關的行業與人員的統稱才是。本文所談的，仍以傳統的醫師界為主，因其衍生的問題，也必然深深地影響周邊及相關行業的生態。

診斷台灣醫界，這是大卡司，做為其間的中生代，仍有僭越之處；因前有師長之輩，後有新生代之追兵。但偶思及其間種種，有不得不言之苦楚。今試扣診之。扣者有用力之思，但唯恐力道不足。醫界的本質，其實就是台灣社會的本質；醫界的問題是台灣社會問題的縮影。這一類問題的表現，試把其他界的人移植其中，或也將呈現相類似之舉，只是程度深淺之別吧?!

只是，醫界問題的嚴重性之不能不正視，在於，他們在現實體系下，是受到良好教育的一群，其外在表現有所爭議時，那麼，這個體系整個是該受到檢討的。何況，醫師的養成教育，在所有專業領域內，算是相當完整的一支。

從腸病毒說起

前此台灣社會發生了腸病毒感染多起，有些例子並造成了死亡，在社會及媒體關注下，普遍造成了社會的恐慌與疑懼，唯恐禍及家門。其間經歷了美國疾病控制中心(CDC)專家協助檢視，然而，元凶是否腸病毒仍未十分確立。

更有北部出名的私立醫療部門參上腳，在媒體上大加宣示，號稱腸病毒感染眼部(註)可能造成眼肌麻痺，更以一斜視患者加強大眾印象。病因未明，論證則待查，理未易明，更應謹慎行事；未經查證，而以呼籲之名，徒讓外行社會大眾人心惶惶，醫者情懷難道如此?!

腸病毒的流行顯現了台灣醫界學術空洞，只得邀約遠來和尚唸經！也呈顯部分人士的冒然躁進，以專業人士自居，卻發表了非專業的論述影響民心；更暴露了媒體界缺乏專業的認知與求證，而隨著少數所謂專家之言起舞，舞弄聳動了人心，使之心慌意亂。

殊不知台灣的民眾欠乏安全感，醫者、媒體人員於心何忍?!

再談醫療分業

近日報載，醫藥界人士將連袂拜訪主管機關，商談醫藥分業開辦以來之問題，並謀解決之道。

醫業分業，對雙方來說，都是一種挑戰；面對挑戰，

需要的是領導智慧以度過難關，領導的法則是公信力，領導的本質是熱情投入與前瞻，雙方在攻守之際，卻均以防衛己利為先，而把患家的利益與方便，法律的尊嚴，撇在一旁，棄之如敝屣，徒讓社會引為笑柄；專業人士遇到問題卻如此，台灣社會焉能不亂？

醫藥分業的問題讓我們正視到，醫藥雙方領導階層的領導風格缺乏應付挑戰的應變與彈性，而扭曲了專業形象與格調。

生命體的基本功能是，在變動環境中，維持穩定與平衡的能力。時過境未遷，這一種機制，我們樂見醫藥雙方終於願意再面對協商而謀解決之道。

無法忽視的經濟(利益)取向

上二例，其實，隱含的都是利益之爭，利益之爭呈現的層面更廣及於成員以及領導權風格。領導權的爭執，更顯現了，這些群體成員的素質與心態，間接影響的是醫療品質的良窳與健保體質的水準。

台灣醫界最令人憂心的就是這一些問題。尤其是領導權的歸屬與屬性。近年來，各醫學會選舉的不良風氣，早已引起多數會員的憂心；台灣社會選舉的不良習性，竟也漸染及專業屬性的各學會。可嘆的是，號稱專業的行業，其選舉方式竟多抄襲社會選舉的負面模式。

或許，這是台灣社區邁向多元化的陣痛吧?!

然而，我們難以釋懷的是，所謂的社會菁英如此，令

人對社會(醫界)的前途不敢樂觀。

醫者倫理

　　醫者的倫理，應該如同法律哲學家富勒(Lon Fuller)所言，不只需要「義務的道德性」，更要有「雄心的道德性」；前者只要求避免錯誤，儘量做對，後者則是盡一切所能去充分實現潛能。

　　面對生命、面對生老病死，得有如此的胸懷！

　　註：腸病毒的眼部感染，屬70型或變異型的柯沙奇A24，非71型。1之差別，失之千里，要認定其相關，非有證據不宜妄加揣測為妥，否則徒然引起社會慌亂。這對於社會的健康教育不是正面的。

附錄三、醫、病之間記事

黃文龍

嘛是醫生—走入醫業

　　一九七一年夏，搭車驅馳在返鄉的鄉道上，雙親和老祖母從車中的收音機聯考放榜聲中，得知我被分發在南部私立醫學院。未更上層樓躋身國立級醫學院，以和父兄同為校友，或多或少引發二老美夢未圓的遺憾與唉嘆。

　　「嘸魚蝦嘛好，嘛是醫生仔！」老祖母的開腔與豁達知足，方打破車中的午後沉悶，而使聞者釋然而笑。

　　就這樣，我跟「嘛是醫生仔」的一些人走向南方，走入攸關生老病死的醫業長路。

　　歷今二十有三年的不歸路，受、想、行、識的種種，倒也覺得不虛此行。

　　下述幾則經驗、心得，其實真正感覺是，五味雜陳不知如何述說。想來怕是，做為醫門的第二代，竟然生產力與經濟力不如前朝；只好一番緬懷，另加冀望，寄望全民健保福利巨傘下的醫病關係福利共生；互利其生，則蒼天有眼、庶民有福。

生死印象—死得瞑目

　　某年返鄉，目擊外科醫師的父親急救一名車禍患者。

幾經救治後因回天乏術，經親屬同意下宣告放棄。逝者卻
睜目未閉，狀極悽然哀傷。父親幾度以手閉合其眼皮而不
可得。俟家屬(雙親)抵達，似聞哭泣聲後，其家屬復以手閉
合其眼，竟然不再張目，好像安詳離去的情狀。旁觀者均
動容。

　　奇妙的親情，還是眷念世情，不忍遽別！？

兩軍對決─醫療糾紛

　　某年夏季，自學校返家門，父親診所外人群聚集，或
許是又有意外事件。診所對面竹籬笆旁水溝岸，卻或蹲或
立，七、八名江湖人物凝視四方而氣氛詭異。

　　事出於一名鄰近失怙女孩因盲腸炎經家屬陪同求診，
經建議開刀治療未果。數天後，因食用番石榴而腹痛加
劇。經勸之轉診省立醫院，以免延宕就醫。她的親友則下
跪請求無論如何要收容以救一命。熬不過家屬的請求，當
晚即施行急診手術，發覺盲腸已破且併發膿腫。隔日則罹
敗血病而逝。

　　家母心有未甘，急難相助卻惹來是非。朋友們看不過
去，也招來江湖兄弟若干，圍堵診所門前；兩軍對峙，令
我終身難忘。

　　事過後，父親兄淡然說聲：「當醫生，一生總難免遇
上不順遂的事。」在往後的行醫生涯裡，他未曾放棄自己
執著的醫病之間的倫理，但是對於不平常的病情與請託，
更加審慎將事。

醫德、醫得

友人提起，曾在北部名教學醫院實習。有一天，隨主治醫師例行巡診病房。離去某病房時，病家(屬)忽然掏出一包『禮』，該主治醫師則動作熟練似的塞入胸口衣袋，咧嘴向眾隨行小醫生稱：「這是醫得，醫生應該得的。」眾皆竊笑。

筆者想起一則古老咒言：(摘自牟斯著：禮物)

> 汝已贈禮，但汝未贈愛心之禮，汝未贈仁心之禮；
> 汝恐早已一命嗚呼，若非我先預知危險。

據聞，Gift，其有禮物與毒物的雙重寓意。難怪，紅包禮在普遍存在的社會現實中，獨醫界特別引人非議。

理想的醫病關係是互動的

正常的醫病關係，會表露出人性由衷之情。康復的患者，只要具有不太離譜的性情，離去之時，總會有種注入心靈深處的目光印象。這類人性經驗，其實是醫者最高的享受與報酬。在家門中，我有幸習得這類經驗。而社會對醫者的期待，也是此類人道上的強烈要求。

只是我們希望社會不要忘掉，醫院是生、老、病、死的場所，有最美好的事，也就有最醜陋的事，這是一種存在社會現實事實。

　　需要包容的，是彼此(醫業人員與病象)，而不是無知、誤解而造成衝突，或淡然以對的。

　　理想的醫病關係，我們盼望的是，一種互動的期待與要求，而非單向的苛責與懲罰。

附錄四、給阿母的一封信

黃文龍

阿母啊！又讓您著驚了，這一回，大概要讓您輾轉反側，難以成眠數日了。

一直沒有告訴您，我入民進黨的意念、行動，是因為，成年的我，應該有自主能力了。而且，這個社會已多元化，一個合法的民主政黨，正如國民黨一樣，應該不被異樣眼光對待才對。

如果，入民進黨會成為報紙的熱門消息，那這個社會，還未進入常態。唯有，參與政黨(不管是什麼黨)不被異化，這個社會才有可能步入民主社會。

有人說我勇敢，那其他人都是懦弱的囉！有人說佩服，那表示這個舉止是需要異於常人的智慧、勇氣及見識的了，有人說，我是傻瓜，那聰明的您，是希望如何取捨呢？

有人說，人數好像少了一點，起不了什麼作用，太醒眼了，引人注意。

那為什麼，說的人不加入呢？

說醒眼，引人注目，加入民進黨，又沒有什麼利益可取，引人注目？引情治單位的目?!

阿母啊，您常說，人啊，看眼神，落淚時才見真心。

好幾次，看到電視中社會運動的您，不是也落淚了嗎？爲什麼？我們還要隱藏眞心呢？這眞心，是關懷、關愛的心，是人道的心哩！

您常說，終戰初年的事件，左右爲難與義憤搥胸，手拿飯糰，以助之我軍。那份同胞愛，如今又消逝在何方呢？當我們對前途都茫茫然無所適從，不確定感，引發社會的不安，在不確定中，連我們願自我追尋，都得引人注目，招來異樣的眼光!?

附錄五、敞開心靈的眼睛—寫在高雄眼庫角膜移植2000例紀念

黃文龍(2007.11.9)

當年辛辛那提角膜捐獻台灣，洋記者稱之「讓你看得見的禮物」(Gift for sight)。數週前，聽王惠珠教授說已及2000例(包括國內外)。此事，一時間也訝異有這麼多數目的手術例，等於說，至少1000名患者捐出角膜，也有多於這數目的家屬同意如此善舉，這是要有能敞開心靈眼睛的人(及家屬)，才能匯成如此盛事。至少，我做為一個眼科醫師，到目前為此，還未能如此灑脫地寫下捐獻聲明；僅止於，十年前，和環保界朋友簽了身後火化的同意書而已！汗顏!!而大多數的捐獻，是來自國外的，從斯里蘭卡到辛辛那提等美國各地眼庫咧！斯國是戰亂頻繁窮困之地，美國是深度資本主義的國家，角膜捐獻卻都源源不絕，是宗教因素使然？亦是文化因素或制度使然!?紀念之餘，我們是不是該思考，如何降低角膜來源的外來依賴?!視障的作家海倫凱勒說：「有視覺的人，看得很少。」她更說，如果，她是大學校長，她要開設一門必修課程，就是「怎樣使用你的眼睛？」也是視障的演化生物學家兼軟體動物學者海拉特‧韋梅耶(Geerat Vermeij)，他是用雙手『看』世界，「我們的眼睛只看兩度空間，他用雙手卻建構三度空

間…」，利用天賦的嗅覺與聽覺，以手觸摸貝殼、化石，建構出「生物與天敵的競爭」的生態和演化論點。

　　二位視障者都有自傳，是讓人敞開心靈眼睛的二本書—《假如給我三天光明》(海倫凱勒著)、《恩典之手》(海拉特‧韋梅耶)。

　　這些，不是感想的感言，而是，會讓亮眼的我(們)汗顏的憾言。

泛觀音信仰的蓮花化身

許淑蓮女士

～所謂台灣人，意指無論生前、死後，都可以在
台灣土地的場域，找到終極的慰藉與憑依，
讓靈魂不再游離或流浪；他(她)的生活圈在全
球，他(她)是世界公民，承擔著生界的苦難與
歡樂，也扛起人類的未來。他(她)可以是觀世
音、阿羅漢、保羅、彼得、Garga……，他(她)
更可以是你我身旁最平凡的一個人。就草根
而言，他(她)的典範殆即：「饒益眾生而不望
報，代一切眾生受諸苦惱，所作功德盡以施
之」～

2010年的某天，在台灣當義工的許淑蓮女士，風塵
僕僕地趕回美國的家中，備好晚餐，準備與家人平靜、和
樂地，食用她這輩子的最後一餐。她深信，這天是她的大
限，她一切都準備好了，她了無遺憾，滿心只有感恩。

她沒有安排像電影場景的滿屋鮮花與白蠟燭千盞。

沒有賺人熱淚的訣別台辭，也沒有膚淺的「箕踞鼓盆而歌」，更不必說什麼「生者，假借也；假之而生生者，塵垢也。死生為晝夜」或「觀化及我」之類的贅詞。全家人陽陽如平常。

她依常態作息。深夜之後，在她熟稔的天地間就寢，即將告別人世的一生。

坦白說，她壓根兒不相信人在墜樓著地前，一生行徑會倒帶或順帶一次。她也不確定有何前世、來世，天堂或極樂世界。然而，在她靜靜躺在床上等候死亡來臨前，一幕幕生涯的影像，和著如同貝多芬第三號交響樂第二樂章的旋律，如歌的行板悠悠奏出……

「得姆啊」活菩薩

淑蓮女士1949年出生於台北三重埔。她算是衝著戰後嬰兒潮浪頭而來的新生命，也如同許多其他的小孩，從絕對貧困的家境，走向富足文明的生活。她的父親白手起家，由鄉野小孩，刻苦向上，成為國立台灣大學醫學系第一屆的畢業生，是1950～1980年代的台北市名醫；她的先生是美國先端心臟麻醉醫師，她是台灣20世紀中葉高貴的所謂「先生娘」，然而，她一輩子或生涯的工作重心是義工，最大的成就是「沒有自我的成就」，她命中註定是個「媽媽天使」，隨緣、造善緣地賑濟人間弱勢，以及需要幫助的人們，而且，她本身勤儉樸素，一生不沾染

名、利，乃標準的捨得與放下，但她不自知；從她人格的特徵比對，她過的是一種無形式的信仰生活，但她不喜歡任何形式的宗教；從各種世俗角度檢驗，她非聖、非俗，只是平常，為什麼她得選擇或不能選擇地知道自己的死期？

事實上她可說幾乎不瞭解宗教信仰的本質，也就是信仰的意志，從信仰者本身產生向被信仰對象的無限仰慕，從而在生活中，舉其身、心的全部存在，蠕向、泳向、迫近且漸次同化於被信仰對象的形而上的努力，也就是說，如果你信仰的是人，你的努力就是「有為者亦若是」，成為你所仰慕的人格，更創造出你自己的風格；如果你信仰的是抽象神，也就是你不斷地將抽象神的特徵人格化，使用宗教的名詞即謂之「應現」。而應現出來的人格，便成為信仰者一生恆不怠懈的追尋與實踐的目標。但是，還有一種層次，連這些都不存在。

整體而言，台灣人的宗教信仰最大宗的應現人格，就是禪宗觀音信仰的二次、三次應現，應現成為媽祖，應現成為王爺，應現成為龐多的無名小卒，然而，幾乎所有的台灣人都渾然不知。

當童年影像走馬燈式地翻閱中，一身潔淨、髮髻梳染得烏黑亮麗的阿嬤，活生生地定格在淑蓮女士的腦海，毫無疑問，阿嬤的身教，銘印給淑蓮一生性格的基調。

「小時候寒暑假，我爸忙得沒空回老家探視阿嬤，由我們小孩作代表。我爸替我買張票，從台北坐到新竹站。

出車站有許多三輪車，隨便告訴任一個車伕：『我要去"得姆啊"家』，他們就會把我送到阿嬤家。阿嬤名氣很響亮，三教九流都認識她……」

　　阿嬤何許人也？阿嬤的姓名是許劉鄭；阿公名叫陳皆得，但因入贅於許家，故而易姓為許皆得。阿嬤人稱「得姆啊」，這是因為該時代乃男性優勢的年代，女性的名字得隱匿，只以先生的名號代之。「得」，讀如台語的德，「姆」音近ㄇㄅㄟ或 Mn。

　　在那台灣人幾乎是全民貧困的日治時代，許皆得先生究竟是人矮了半截或其他原因不得而知，總之，他染上了喫鴉片的習慣。淑蓮女士的記憶中，祖父母的家境可謂一窮二白。窮的主因來自吸食鴉片的鉅大耗費，將所有田地厝契都敗光了，因而直到終老，都住在租來的小小古厝過活。這間古厝係向淑蓮女士的外公承租的。小時候的淑

活菩薩「得姆啊」許劉鄭女士，其姓名的每個字都是大姓氏，她為許淑蓮女士一生義行種下最深沉的善根。【許淑蓮女士提供】

蓮，由三輪車伕送達許家厝之後，還得走經水田埂，跨越村人洗衣的圳溝、土地公廟、田畦，再繞經一口井，進入許家厝，然後，越過一個木製的門檻，才能回到阿嬤的小屋間。

由於鴉片的腐蝕，原本即弱小的皆德先生更加孱弱不堪，故而負重上工根本不可能。全家生計或生活的重擔，完全落在許劉鄭女士身上，逼得她竭盡所能養家活口。她去擔任日本人的奶媽，自己的小孩則在欠缺奶水及困頓的窘境下，只好送給別人家。她連續生了一堆兒女，只留下一男一女自行撫養。留一男當然是為了香火薪傳；留一女則是為了協助打雜與生活家計。

日本人挑選奶媽是極其嚴苛的，健康與衛生絕對必要，或許也因此，養成許劉鄭女士此後一生的潔癖，不只如此，她天生有種尊嚴的格調，人前務必是光鮮體面，絕不因為貧窮而失掉一絲絲精神的屹立。由是，再舊再破的衣飾，一定比所有村莊人的穿著更乾淨、更白晰，粥湯燙出來的衣袖總是比別人的挺拔，領角生似骨氣畢露。在她有了年歲之後，總以烏茶油梳染髮髻，整整齊齊、烏黑亮麗。

當奶媽之外，任何可以添補家計的大小粗活，農、工、雜務悉皆承攬。然而，奶媽的工作畢竟不長久，她開始賣豬肉。每天清晨三時餘就得起床，打點自己及家務之後，從豬竈到市場，所有工作一肩挑。她的豬肉攤幾乎也是一塵不染，加上她為人很是阿沙力，因而生意興隆。

　　然而，她的名氣不是來自表象，而是出自一種先天的悲天憫人，也來自貧困生涯所淬鍊出的同理心，她是女中豪傑，更善於排解人際糾紛。村人有大小紛爭，總是來找她當公親。淑蓮目睹多次：「……爭吵的兩造來找阿嬤，阿嬤先問明原委，然後將自認為受到委屈的一方拉到旁邊，塞一把錢給他(她)，然後要雙方好來好去，散散去！就這樣擺平。很多村人一遇有困難來找阿嬤，人家借50，她給100，有還、沒還她也記不清……；事實上阿嬤根本沒什麼多餘的金錢，常常是手中僅有的一點，在別人需要時，她就忘了自己的困境……」

　　「阿嬤比阿公較早逝世。出殯的那天，出現了很多陌生人，淚漣漣地來祭拜，向我們說的話都是一個模式：『當年您"得姆啊"給了我很大的幫忙，足感恩吔！』……」那個時代的台灣人，誠實、樸素，幾乎沒有無賴，人們是很虔誠地來祭拜活菩薩的往生。

　　「無論工作何等辛苦、勞累，不管手頭如何拮据，或身體有何病痛，我從沒聽阿嬤哼過一聲！」她唯一的嗜好，最愛看歌仔戲。而20世紀前葉的戲班，其下的「搬戲的」或唱戲的，相當於現在的「藝人」，但其社會地位低落，在清代係被列歸為下九流(娼、優、巫、樂人、牽豬哥、剃頭、僕婢、拿龍及土公)之一，是為「賤業」，到了日治時代也未能真正翻身。戲仔的來源多是貧困或悲慘人家的子女，或送、或賣、或搶而來，身世可憐。

　　而古台灣人的嗜好之一，也是社會道德教化的場域之

一，即來自看戲。古台灣婦女無論街頭巷尾與人品頭論足、教訓子女、說服他人、談東道西，等等，無不引經據典，七字、五字、三字出口成章，罵起人來更是綿貫牽絲，可沾黏到海角天邊，但她們多不識字，她們多由看戲內涵的耳濡目染，牢記在心而根深蒂固。

「得姆啊」不僅愛看戲，或許是源自年輕時代，不得已將無力撫養的骨肉送人的哀痛，轉化為對戲仔的憐憫，她不斷隨緣認養一些戲仔。她甚至想要組成戲班自己當班主。淑蓮女士的童年，便常陪伴阿嬤去看戲。

「每次我跟阿嬤去看戲，她總是坐在最好的座位上，但戲一開演沒多久，她就睡著了。因為演來演去就那麼幾齣，她對每句對白、每個動作早可倒背如流……」

「阿嬤十根手指頭上，掛著十只各式各樣的戒指，金、銀、寶石琳瑯滿目，我從未看過有人如此累贅。後來我才得知，那是阿嬤年輕時發下的願望：他日有錢時，每根手指要戴上指戒。而晚年始靠苦讀出身、卓然有成的兒子的孝敬，了此願望。之前，太多的財物都施捨而去啊……」

「得姆啊」崢嶸的個性，幾乎肩挑眾生煩惱的行徑，永遠潔淨整齊的形象，自己茹苦含辛卻了無煩惱的氣質，律己甚嚴而待人從寬的雅量，以及慈祥和眾的母儀，在年幼的淑蓮女士心目中，印記了永不抹滅的一種風範。然而，「得姆啊」只是個最最平凡的村婦，她一輩子做牛做馬而了無大志，但十個戒指刻正代表著單純、樸素等等的

戒律。她完全不瞭解她正是禪宗信仰的應現。

《維摩詰所說經》如是說：「菩薩……饒益眾生而不望報；代一切眾生受諸苦惱；所作功德盡以施之……以智慧劍，破煩惱賊，出陰陽界。荷負眾生，永使解脫。以大精進，摧伏魔軍。常求無念實相智慧。行少欲知足，而不捨世法，不壞威儀，而能隨俗……」凡此內容，丟掉一些文謅謅的形容詞，例如智慧劍、解脫、精進、無念實相等等，也就是說，脫掉這些嘴巴上的「胡說」，而貼近真實生活，殆即「得姆啊」的真實內容。以現今佛法名相大肆盛行但法水稀薄，兩相對照，殆可瞭解台灣草根才是真正的實相！

憶兒時

訪談淑蓮女士兩次的過程中，坦白說，我一直有著隔靴搔癢的感覺，一來淑蓮女士的語言樸素無華；二來她離開台灣將近40年，雖然她也算是常回故鄉，畢竟生活語言很大的一部分已是美國文化；三則我們原本陌生，我必須藉助若干共同記憶的橋樑，才能喚起直覺的活化，走入時空隧道，開展與亡靈的對話。人的記憶絕非只是「感覺經驗的快照」，否則一張張的照片或幻燈片就可播放成電影了。

直到淑蓮女士談到「得姆啊」看歌仔戲的情節，我總算進入感覺的卡筍，啟動早已不是我的「我」。我想起我

許淑蓮女士(2012.1.26；台中市)接受
筆者訪談。

的阿嬤，無疑的，也是另一個「得姆啊」，不同的是我阿嬤是羅漢，「得姆啊」是菩薩。我也陪伴阿嬤看歌仔戲，我可沒注意到阿嬤有沒睡著，但從舊劇團到新劇團，倒是有幾幕場景，迄今依然鮮活生動。

其中，有齣《羅通掃北》的高潮戲，主角羅通大戰番將，不幸被敵人的戈戟戮破肚子，大半大小腸流露在外而鮮血淋漓。神勇的羅通將腸子當繩索，自行綁繫在腰間，奮勇再戰，終而打敗敵人。主演羅通的戲仔，大概是拿一團豬腸子灌了氣，再染以濕漉漉的紅色顏料，反正就是血腥逼人。那一幕幕舞台上的舞槍繞圈，予我幼小心靈無限的震撼。

另齣類似《花田錯》倒也忘了劇名，有幕抽象戲叫人印象深刻。男女主角唱完兩情相悅的對口曲，作勢進洞房之後，舞台上空無一人，但鑼鼓喧天，而一個打雜人員攜來兩雙一公一母的繡花靴，擺在兩扇門簾之前，然後也不見人影，任憑快節奏的鑼鼓高潮迭起足足有三分鐘。阿嬤跟我說：他倆人進後台喝茶去了。然而，所有觀眾的目光

都盯在那兩雙靴子之上，沒人起身尿尿或有明顯動作，充其量依稀聽見乾嚥口水的聲音！

　　戲癡的阿嬤其實是我外祖母，我的祖父母早在我出生前俱已往生。因我爸相當於入贅我媽家，但名份上我們子女依然從父姓，只不過生活上多以我媽這邊爲重心，因而外祖母晚年病痛到往生，都是我媽在照顧。外祖母叫吳鸞。外祖父姓許，人很老實，也是入贅吳家，但婚後不及5年即病逝，留下我媽及我舅父許東海兩個遺腹子，而家徒四壁。因此，我媽從母姓，身分證上的本名叫吳味，舅舅卻保有父系社會的傳承，從父姓許。

　　可憐的外祖母無依無靠，年輕就守寡而獨自撫養子女。她從小纏腳，丈夫過世後爲了生計，拆掉纏腳布去北港糖廠當農務工，一天薪資只有1角8分錢。她的小腳重新適應挑重擔，一開始皮綻肉開，重覆從小纏綁小腳的痛楚與潰爛，好不容易才結痂癒合。可以想像那段一步一劇痛的苦工時期。小腳剛適應大步走路，就逕自賦予體能大挑戰，爲了更高工資她去充當建築小工，也就是人家建磚屋，她負責以扁擔，肩挑吸滿飽和水的磚塊，給土水師傅砌磚牆，一擔數十或百來斤。她約莫150公分身高的瘦小體軀，風雨無阻地扛下重擔，擔任苦力的時程超過半個日治時代。

　　而吳鸞要上工，4歲大的兒子就交由7歲大的女兒照顧。不只照顧弟弟，我媽在7、8歲時，就得跟著阿嬤去台糖小火車鐵軌邊，沿鐵道撿拾火車頭掉落下的煤炭及甘

蔗渣，回家當炭火燒，也得煮飯(甘藷簽)給弟弟及自己吃。

由於阿嬤上工不穩定，沒苦力工作時，儘可能去幫別人家燒飯、洗衣，一切逢機。當無工可做時，她就製作杏仁茶、蛋糕、碗糕、煎餅等等沿街叫賣。我舅父9歲才唸小學一年級，我媽為了幫忙家計，沒得書唸，從12歲就開始幫傭，而遭台灣人僱主的虐待。13歲換去日本人家當童工，負責一家六口的煮飯、洗衣，以及所有家務工作。之後，更替多位僱主，直到228事件那年，27歲結婚為止。

我舉阿嬤及媽媽為例，只為說明1910～1940年代，台灣常民的窮困概況，用以補充「得姆啊」相似環境或境遇的背景。

而我的阿嬤，在長年肩挑重擔的過度勞動下，脊椎斜裂而插入腎臟卻渾然不知，病痛時只靠媽祖廟的藥籤，向中藥行購得草藥熬煮。直到晚年，整副腎臟潰爛而逝世。我永遠記得她臨終前一、二個月，每夜哀號的慘況，還有，我媽每次拿著尿斗往廁所倒時，我看見一片血水中，爛掉的腎臟碎屑夾雜其中。

當淑蓮女士在敘述她阿嬤的潔淨形象，以及嶙峋骨氣之際，我也想起我那阿嬤一身右豎唐衫雪白畢挺，搭配著黑色唐裙的端莊典雅，加上永遠伏貼油亮的黑髮(苦茶油梳染的)，目光炯炯有神的威儀，她們，分明是日治50年塑造出來的常民風範啊！我阿嬤徹徹底底是個不識字的苦力。

我阿嬤講起話來唱作俱佳，罵起人來五言、七字連貫

押韻。記憶依稀中，台語的高尚、深邃、俏皮、智慧、如歌似劇……，怎會淪落到今天什麼台語新聞的支離破碎、五音不全、彆腳拗口、荒腔走板，還硬將北京話「直譯」為北京台語！國府超過半個世紀的撲滅台語，其傷害台灣文化的惡劣程度，千萬倍於228的大屠殺！悲慘的是，我自己的母語能力也殘缺不全、大半失落，真是情何以堪啊！尤有甚者，外來強權透過體制，不斷毒化台灣文化，徹底醜化台人「沒水準」，塑造時至於今，台灣人連認同的污名都渾然不能自覺！日前，統媒還在炒作台語的「哭爸、哭母」是粗話，真令人血脈賁張。台灣人都學會了「他媽個屄」，為什麼不能說「幹伊娘」？母語無罪，差別只在使用的場合與前後貫串的情境如何啊！誰人不知禮儀、高雅、高貴、高尚、口德等等，總不能以此為藉口，持續消滅台語吧！當然，這是題外話。

兒時，阿嬤幫我洗澡，鋁錫合金做的大臉盆，頻頻與阿嬤的手鐲相碰撞，那音聲雖遙遠但親切，彌補我那「童年期遺忘」的若干環節。

如果台灣人可以將現今60歲上下者的祖父母一代的行誼輯錄，差可代表清末、日治時代台灣人的形象與風格；而其父母一代，則代表日治時代台灣人的水準；我們這一代即反映台灣文化被污名化的過程與結局；我們的子女代，則是殘缺台灣文化，國府腐化、污蔑中，接軌世界的新世代。這只是以個人生活經驗歸納的概況，事實上，所謂的世代乃連續波動，不能單挑特定少數時段的人強作

概括。

超級獅友

　　「得姆啊」當然也是父權中心下的舊時代女性，謹守男尊女卑、長幼有序的威權順序，從吃飯、洗澡、物質享受、人格尊重……在在皆是男性、父長優先。封建制度之所以屹立數千年，得力於這套吃人禮教的「祖宗家法不可廢」；與其說貞節坊是用來彰顯女德、婦德，莫若說是父權沙文的恐嚇碑，比阿育王石柱還管用。「得姆啊」對待留下來的獨子必然是傾全力庇護照顧。儘管如此，獨子許玉樹先生(1923.9.25～2001.3.22)在1930年代讀小學之際，還是得幫忙家計、撿拾薪柴等，別人家小孩放學後可以玩耍、讀書、吃零食，他呢？制服來不及脫換，得立即環戴上頸、抬舉販售李仔糖(北京話糖葫蘆)的木盒沿街叫賣。他頭垂得低低地，不敢以眼接人。他覺得羞恥，特別是賣給同學的時候，雖然他也耳濡目染母親窮得極有尊嚴。

　　因此，少年玉樹讀書發憤，極力上進而力搏惡劣環境，期能出人頭地。在半工半讀的情況下，他的功課出類拔萃，他去當日本小孩的家教而拚命賺錢。然而，父母的知識水平有限，不僅未鼓勵他升學，更反對他上台北讀書。他是在日本老師的鼓勵之下，毅然走出自己的路。而在他邁向成功的過程中，其實一部分是犧牲了姊姊的勞動力而來。

　　聽淑蓮女士敘述她父親成長的過程，彷同我母親、舅舅與其寡母的經歷。我舅父許東海先生下課後，一樣提起「粿炸」兜售路人。我舅舅小玉樹先生一歲，且他自己無緣讀醫，隔了一代，才將兩個兒子栽培成爲很有成就的醫生。

　　玉樹先生在台大醫學院就讀期間，業已擺脫貧困所帶來的自卑，他極爲活躍，參與各種社團，甚至也因涉足某團體，引致後來行醫時，被特務系統「關照」的際遇，幸賴「貴人」相助而免於災厄，但他這方面從此噤聲，甚至於後半生幾乎傾全力，義助中華民國在國際間的名聲，還獲得「蔣總統召見嘉勉」哩！然而，這只是表象世界，還有潛存的底蘊，綿延自「得姆啊」的德性。

　　基本上，玉樹先生是日本文化、教育，培育出來的台灣菁英，他的行事風格在女兒淑蓮女士形容起來，是謂「依理行事、直衝到底」，但若由他一生行徑、榮耀與成就來檢驗，其實仍然是「得姆啊」的傳承與發揚。他因家境緣故，醫學系畢業後立即工作，先在台大醫學院當助教，旋轉衛生所當主任，然後自行開業。

　　「我在三重埔出生，然後父親舉家搬遷至台北市館前路，租屋創建《德春診所》……」這是1950年代事。「之前，因爲沒錢開業，母親(顏月華女士，1924.9.21～1999.9.11)幫人縫製西裝賺錢，協助籌措先生開業的本錢」；「我爸並非只看病，他看整個人，雖然他主治內科，他關懷病人整個身心、家庭、事業、生活起居而無所

不括。他了知患者的一切，經常跟一位患者一談就許久，根本是心理輔導師一般。也就是看病、看人，也看心，因而很快地口碑飛傳，就診者紛杳雜來，他忙翻天。不只在診所看病，也得奔走出診……」；「小時候我若在樓下做功課，患者入門時，我先向客人寒暄致意，問姓名等資料，然後請父親下來看診，常常充當助手，協助捲衣袖打針、配藥，或藥劑生的工作。我也跟隨父親出診……」

玉樹先生的看診態度可謂「全人診斷」，不是出自內在赤誠的人道關懷很難做到，因而表面上「生意興隆」，卻因盛名之累，被國稅局的不肖官員盯上，導致每年報稅，不管填具多詳實，「國稅局」總是不滿意，氣得他拜託國稅局派人來站崗，自行計算每天患者有幾人。事實上誰都清楚，只要對負責人送紅包，一切都OK，但是這是節操與原則問題，玉樹先生無論如何不願妥協。受盡長年無止盡的干擾後，他採取「任憑宰割法」，把稅單丟給稅務人員：「你看我該繳多少，你自己寫好了！」，如此，總算才相安無事。儘管這樣，每年國稅局都派一個不同的人來要錢。這是他行醫二、三十年最大的折磨。

1970年代，玉樹先生投入獅子會做社會工作之後，能看診的數量銳減，但國稅局一樣死咬著他，要求申報同額的稅款，明明簡單紅包即可打發的「人情世故」，他硬是不幹，逼得他50來歲就乾脆關掉診所。此間，藥商、捐客等等，都會來送禮、送回扣，他不抽菸、不喝酒、不做無謂但有用的社交，他一毛不取，只要求藥價扣除掉那

些「公關費用」，將實質成本的降低，用來嘉惠患者。

　　如此耿介的性格，從醫療行業很難撈到什麼油水。淑蓮女士說：「我爸的故事很有趣。我認爲一個人一生的成就，或人與人之間的事務，不是說你有能力就行，也得要有時機或運會，而有智慧地去應命。笨笨地去做，有事時就會有貴人跑出來相助，而且意想不到。我爸跟我都是如此。」

　　玉樹先生之所以會賺大錢，可以說是善行感動人天，從天上掉下來的，無人知道是寶的結果。有次，有位患者來看病，玉樹先生判斷必須儘快開刀，否則恐將喪命。於是他將患者轉診大醫院，大醫院也確定得立即動刀，但患者繳不出保證金(現金)，逼得患者緊急回頭向玉樹先生求援。玉樹先生很難過，因他自己也沒什麼錢，可是救急啊！不得已之下，立刻將家中所有，傾囊相助。開刀結果，證實了原先他的診斷，他高興地說：「哈！我診斷對了，救了那個人」

　　這句簡單的話，背後代表的價值、意義，我在歷來口訪約莫80歲以上的不同行業的人士中，頻常碰到。他們共同反映了日治台灣人的某面向特徵，也就是在其專業技術上殫精竭慮後，印證了他的判斷時，一種無以倫比的快樂，相當於「只求一個答案」明白之後的智性光輝。爲此，可以不顧絕大部分的現實！我偶而會去思考，究竟是何等教育的內涵，最容易形塑如是人格與價值觀？

　　該病人出院復原後來找玉樹先生，很坦白地向他說：

「我沒錢還你，可不可以給您一塊田地？」沒錢就是沒錢，他只能勉為其難地說好。那塊地很大，位於今之南京東路4～5段的精華區。

一段時日後，玉樹先生還是很窮，沒現金是養活不了家人的。於是，他開始動腦筋，如何將「不動產」轉變成「動產」。恰好，他恭逢台灣社會轉型時期，政府正在推動小家庭國宅政策，他想蓋國宅，但蓋了國宅後誰人來買？必也生活機能齊全吧，所以他也蓋市場，藉此吸引小家庭購屋。本著實證精神，加上對照兩大政權的不同文化風格，他事必躬親，他不敢輕易信任別人，他開始研究建築市場，學習一磚一瓦如何搭建、設計。他挑選材料，自己跑去中壢看磚仔窯。他要求好質地、好材料，自己下訂單。他了知灌了水泥得21天才乾固，他漸漸學會系統經營。他賣國宅，且從此展開人生第二事業的房地產。

從此，財源滾滾而來，他變得很富有。然而，相對於貧困卻恆體面的母親，他從來勤儉樸素，對待自己一分錢也得打上四個結，穿著雖不能說破破爛爛，但他出門沒人能看出他是富豪。他搭公車，再忙再趕也不肯搭計程車，即令在倒下、往生前，還是搭公車。他曾經被公車門夾傷了腿。淑蓮女士幾次拿錢拜託他搭計程車，虧得同是醫生的女婿提醒淑蓮：盯著跳動中的計費錶，對心臟、身體更不好！家人才打消阻止他搭公車的行為。

這樣的「鐵公雞」，卻在中華民國退出聯合國的1971年前後，開始投入他人生的第三事業，也就是回饋

社會，而且，他的投入是百分之百、死而後已，彷彿他一生所有的價值與意義，只是衝著這項任務而來。他加入一個國際社團，代表行使時代公義、道德典範的同時，兼顧一種社會地位與身份象徵的國際獅子會。

獅子會

有很多台灣人對獅子會的看法，傾向於「到處立碑；行善唯恐天下人不知；要花很多錢才能當什麼長或特定職位；有錢有閒的好名之徒團體；名牌與奢華權貴的代名詞……」的「誤解」，而我從1995～1997年該會「國際理事」許玉樹先生的資料，以及對淑蓮女士的訪談，感受到該會是種國際視野、高度理念與人道觀念的特殊組織，或說係以美國為首的資本主義社會中，一種強烈要求認證(中心主義)的NGO，旨在發揚博愛精神，促進基督宗教背景下的世界大同，創會伊始，殆屬名流社團。而許玉樹先生正可代表台灣身體力行，極致的一種典範。

1917年美國伊利諾州有群資本家、名流，經常聚餐、交誼、砌磋事業心得，其中，茂文・鍾士(Melvin Jones)提議組織一個團會，每週固定時間聚餐，除了先前的交誼之外，進而計劃服務社會。這個名流團體就叫做「獅子會」。顧名思義，任君聯想。

獅子會成立後，旋即在美國各城紛紛設立，且傳到加拿大。1917年10月8日在美國德州達拉斯城舉行第一屆

年會；1920年3月12日在加拿大熱心人士推動下，正名爲
「國際獅子會(Lions International)」；1921年12月31日，其
國際理事會通過正式標誌，並取得國際商標專利註冊在
案。

要知，1917年第一次世界大戰尚未結束，且之前，
1915年初，德國宣佈無限制潛艇攻擊，5月，美國朝野爲
「露西塔尼亞號事件」反德；1917年3月12日俄國發生大
革命，4月6日美國對德宣戰；1918年4月5日，日本、英
國出兵西伯利亞；11月9日，德國革命；11月11日第一次
世界大戰結束，而俄國內戰至1920年才底定。

在這樣的世界背景下，1919年，科羅拉多的一個年
輕律師哈士特・立德(Halsled Ritter)別出心裁，針對1917
年以來，獅友對會名的不滿或爭議，提出新詮釋。他說
LIONS(獅群)的L字即Liberty(自由)的縮寫；I是Inteligence(智
能)的代表；O是Ours(我們的)意思；N即Nation(國家)；S是
Safety(安全)。因而「自由地運用智慧，確保我們國家的安
全」，在當時的社會氛圍中，贏得眾獅友的認同，從而確
定會名，不再論議更名。

換句話說，獅子會開創之初當然是美國豪門、上流社
會，從19世紀末葉的資本社會、國家主義脫胎而出的組
織團體，但經全球推廣與時代變遷之後，隨著國家、地
域、異文化、社會背景等等龐雜差異，甚至個人風格等，
自然會有歧異的本質與表現的差異現象，不過，其現今所
謂五大宗旨：發揚人類博愛互助精神；增進國際友好關

係；尊重自由，啓發智慧；提倡社會福利；促進國家安全，仍然維持創會本意。此外，其下尚有所謂八大目的與八大信條等，當然都是正面或崇高，但不免有些空泛的名詞或概念，若站在草根或弱勢的角度，難免會有紛雜見解。無論如何，其維持某種「階級」的標榜，似乎是別於其他社團的顯著特徵之一。

在人類不同的社會中，普遍存在此類標榜，一點也不足爲奇。就在獅子會創會這一年，日治台灣總督府於該年4月，不也出版《台灣列紳傳》，說是要紀念日本領台以來，「對台灣社會有特殊貢獻者」。日本人在佔據台灣之後，爲利統治，1896年即制定「紳章條規」，「凡士大夫(前清)居鄉而曾經官職科第者，以及文學德行、名族、富豪等，均在頒與勳章之列」，至1916年，已頒發了千餘人，1917年則出版這些台灣菁英、意見領袖、各類權勢代表人物的傳記。

依個人觀點，獅子會從某種角度，或可視爲民間自行組織、認證的「士紳」吧？也就是社會的「成功者」。

台灣係在1953年6月24日，於台北市成立第一個獅子會，即今之台北市中央獅子會，首任會長楊繼曾先生。1958年成立第二個，即以英語開會的台北市南區獅子會。1959年6月，完成6個獅子會的臨時區，7月，經國際總會正式授予300臨時區番號，並指派馬君碩先生爲300臨時區首任監督。1978年成立300複合區，假台北市召開第一次年會。2004年將「中華民國總會」，更名爲「台

灣總會」。(淑蓮女士註:1997年中國收回香港,香港的獅子會隸歸中國
獅子會下,台灣獅子會也面臨危機,中國施壓國際總會,我父親為此事前往
美國總會,商討、爭取用台灣立名。)

　　許玉樹先生約在台灣退出聯合國的1971年加入獅子
會。此後,直到他往生的約30年期間,他徹徹底底投入
打拚、奉獻,他是超級獅友。

　　一開始,他即將「國際獅子會」的宗旨、歷史沿革等
等資料從頭唸到尾,務求徹底瞭解這個組織的內涵,從而
思考、著手他要從台灣推到國際的社會服務工作,並雷厲
風行地展開務實付出的社會公益服務。

許淑蓮女士的父親許玉樹醫師(1923-2001)是超級獅友,也是奠定台灣眼庫的先行者。【許淑蓮女士提供】

　　他30年獅友的經歷及成果無以倫比,得獎受賞30多個,包括最高榮譽的親善大使獎、多次國際總會長賞等等,他在國際(特別是美國)上的知名度,遠比國內高甚多。1980年代初,他首度從斯里蘭卡、南非、美國等境外,進口眼角膜,開創台灣移植手術;並推動眼角膜移植條例之立法成功,解

許玉樹醫師推動反毒運動時所製作的紀念性手錶，迄今還掛在許淑蓮女士的手腕上(2012.1.26；台中市)。

決數十多年來眼科學界的難題；他也設立首座眼庫。他在獅子會的豐功偉績，自有會史上的龐多歷史記錄與定位，他是1995～1997年度的國際理事。他熱心參加獅子會的服務活動，出席率號稱「百分之7百」。他對獅友等的照顧，從其本業的醫療多項，以迄反毒活動的社會代言，積極程度堪稱瘋狂。

　　到了晚年遲暮，他因糖尿病併發症等，導致近乎眼盲，但仍堅持要去獅子會開會。「我扶他去，吃飯時我餵他。惹得獅友竊笑他：戀！已經這樣了，還來幹什麼，還得勞師動眾、惹人麻煩；也有人採正面說：這人實在很有

毅力，令人欽佩……不只如此，長年來良莠不齊的獅友
中，有的跟他借錢、欠錢、倒錢；有人設計陷阱讓他掉；
有直接陷害他的人，不一而足……他前後奉獻數千萬元
……」淑蓮女士說，因而惹惱了太太顏月華女士及家人，
對獅子會產生惡劣的印象，但他仍一秉初衷，不在乎別人
看法。

玉樹先生的這種精神，讓我聯想到台中市的張深儒先
生。

1980、1990年代，我在台中市幫林俊義教授等民進
黨清流選舉時，每逢競選總部成立大會，或重大集會等宣
誓性場合，總會看到一位高齡長者，拄著拐杖、戴著厚片
眼鏡坐在檯上。他太老了，以致於無法演講或表達什麼。
他捐錢給候選人，且無論如何一定到場。我很少看見有人
向他致意，認識他的人也不多，但他始終以篤定、剛毅的
眼神靜坐一旁。充其量我只問出他叫張深儒，此外，一無
所知。儘管如此，他予我一種氣概的強烈感受，他的身體
語言宣誓著：捨我其誰，我就是不缺席。

雖然我與他從不認識，但每次我一定跟他問候致意。
後來，他就不再出現了，聽說或已仙逝。時至於今，從網
路上查得的資料稀少，只說他是早期的黨外勢力之一；
228事件期間，台中市發起市民大會，響應台北起義，謝
雪紅、張深儒等上台演講，激勵人民向國民黨政權抗爭；
他參選過第一屆台中市長；1986年民進黨建黨，「張深
儒等老黨外人士參與指導新生代廣收人才」。

　　我參與或觀察無數次所謂的政治集會舞台，台上人物走馬燈式流走的臉孔中，絕大部份我都忘光。如果想起這種場面，我腦海中第一位浮現的，就是張老先生無言的宣說！

　　精神相似，但許、張前輩的行事方式截然不同。玉樹先生曾經在獅子會於日本福岡的遠東年會上，要求日本主辦單位由稱呼「台灣獅子會」，「矯正其改為中華民國國際獅子會，並且道歉」，成功地「捍衛國格」，也因之而由蔣介石「召見嘉勉」；他也曾獲得「中央黨部蔣經國主席賞」，等等。

　　有趣的是，淑蓮女士說：「小時候我曾聽我媽比較日治時代與國府時代，她說日治時代雖然艱苦，但治安良好，晚上門窗不必關，沒有賊人；土匪據台後，偷、搶、盜，不一而足。她談228。我先生大我8歲，他較清楚台灣政權情事，他跟我媽談起政治就很投機，一講就講不停。我爸可能因為出過事，從未講過什麼……」

　　獅子會的八大目的第7條：熱心討論公益(註：不是公義)，勿涉政教爭議。玉樹先生做到了。然而，重點不在此，他內心或明白結構性問題，他想藉由體制內及社會上層切入，他試圖以身作則，行而不言。他是天真浪漫的，只是高估、也是低估了政治性的善與惡。這些，也可擺在一邊。他最最在乎的，是身體力行中的感受與證悟，他似乎有種天生的良性膚淺？他更受到根源處與台灣歷史悲劇的牽扯，他有些矛盾地游走兩邊。依個人淺見，他具有台

灣人蠻牛的精神，好勝而誤以為可以擺脫台灣政治史上，三、四百年的被詛咒；他以童年的羞辱感而一躍龍門，很自信地想要翻越白恐的壓抑，且從中顛覆。然而，他只能建構個人的典範，卻也難逃共業的天羅地網。他永不認輸，於是，他只剩下要求自己，且只能以己身實證的悲憫，用來安慰自己。

「我爸是台灣第一位引進外國眼角膜的醫師。由於他在獅子會的國際交誼中，以誠信、熱心，贏得國際獅友們的公認與信任。由於我爸想要幫助眼盲的患者重見光明，當時台灣尚未發展出如此技術與案例，國人也無器官捐贈的風氣與法令。後來，他終於取得國外的眼球，但運接到台灣後，許多家醫院都不願施術(沒經驗、怕失敗？)，好不容易找到一家動手術且成功了，各家醫院一改先前的抗拒，搶著來要眼球……」淑蓮女士回憶父親推動台灣眼角膜移植的過程。

「我爸也創下首度勸導台灣死刑犯捐出愛心眼球、救盲復明成功而轟動全國，但這是後來的事。他也曾經帶獅子會團體訪問斯里蘭卡，拜訪該國總理、衛生部長及議員等；同時，他認捐該國眼庫大廈及人體器官銀行大廈的建設基金……然而，我爸在50多歲時，才知道他得了糖尿病。他是個好醫生，卻不是個好病人。他沒有好好接受治療，逞強，以至於晚年併發症提前爆發。我們知道他身體狀況，但他卻堅持一直工作下去……」

「由於斯里蘭卡有位華僑醫生有全權贈予台灣眼球，

他認同我爸理念，對台灣，他只信任我爸一人。因此，每當斯里蘭卡的眼球空運到台，因為得在24小時內做移植手術，他指定必須由我爸親自領收，我爸得去機場接收，再送至醫院手術。他身體愈來愈不堪，我都一直勸他不能再做下去了……我永遠記得爸的那句話：『妳沒當過盲人，不瞭解盲人首度看見光的那種喜悅，那種見光影的樣子，我至死不忘！所以，妳們不要勸我，我會做到我躺下來的一天』……」

的確，玉樹先生在盲人復明的瞬間，看到了上帝創世紀的那道光！他從別人知覺的電光石火中，領悟了自己內心的靈動；他以證悟的悲憫，安頓自己，實踐自己。他再度地，做到完全躺下的一天！

蛻變

母與子、父與女常會有某種特殊的情愫，俗話說成「戀母情結」、「女兒是父親前世的情人」等等，這些大議題從古迄今，從心理學、精神醫學、人類文化學……的討論，多勝濁水溪的沙粒，這裏不談，但淑蓮女士或算是很有父緣的女兒，卻與母親八字相剋，直到母親年老赴美期間，總算化解。母親臨終對淑蓮說：「妳們都是我最好的女兒！」

「我是個很不孝的女兒，對母親而言。因為我從小唸書就很不會背書，無能作長句的記憶，相對的，我姊就是

個死啃活背的人，她什麼都得100分。因此，我就惹媽怨，從小被罵到大。小學時我很調皮，有次自己剪頭髮，剪得亂七八糟不成髮樣，第二天不敢上學，我媽也不甩我，我爸不吭一聲，慢慢幫我梳理、修剪……

我爸很疼我。在我需要時我爸永遠會在我旁邊，替我解圍。我媽樣樣

許淑蓮女士的母親顏月華女士(1924-1999年)。

許玉樹醫師與女兒許淑纓女士。【許淑蓮女士提供】

罵，好像我一無是處。她擺出一副放棄我的姿態，從初中、高中到大學聯考，都不肯帶我去考試，還罵說無效啦！都是我爸帶我去。考完試，爸絕不會問我考得如何，只說吃飯去，或我們去看電影。

　　從小，媽對我的責罵、全然負面的否定，就養成我無所謂的態度。我不唸書，功課不好，但我爸每天晚上看診到11點鐘之後，就幫我做家教。他教我英文、數學……，而我也沒在聽。爸不罵我，只是很有耐心地一直教。我爸從不問我在學校的功課等等任何事。

　　直到晚近，我才被檢查出我有個腦膜瘤1.8公分。我懷疑它是否跟無法進行長句記憶有關。我唸護專時，國文默寫30分我總放棄，差不多每次我都70分。母親從我小到大，連環罵，一直在戕傷我的自尊心，特別是在親友眾人面前……(哭泣！—)，我一直無法釋懷。有了弟弟之後，很是重男輕女的媽媽，讓我更加沮喪。我不斷反彈，反唇相譏，跟弟弟搶食物……直到我自己成為母親，陪伴孩子成長的過程中，我才體會了媽的心理。媽媽並非故意如此對我，她沒唸什麼書，不懂育兒心理學，她不知道她會對我留下嚴重的創傷，幸虧我爸彌補了大半……」

　　而小淑蓮本來就是父親行醫的助手，父女情深。儘管淑蓮女士22歲結婚，婚後3個月之際就出國，但她常回台探視雙親、家人。1970年代，50多歲的玉樹先生得知自己罹患糖尿病，非常不能接受。台美越洋電話中，「生平第一次聽見父親哭泣。他說：『我不知道為什麼我會得這

種病？我又沒做錯事，上天爲何要折磨我！我做那麼多善事，老天這麼不公平！』……」

　　人在人力無能抗拒的打擊下，往往只能往屬靈或超自然面向控訴或祈求奇蹟。值得深思的是，接受西方科技、醫學、理性等訓練、培養的高知識分子，爲何在肉體無助之際，浮現出台灣宗教信仰最主要的價值觀之一，也就是「功過格」的善惡獎懲的對價觀念？

　　台灣宗教哲學研究史上，幾乎是唯一我所肯定、讚嘆、敬佩的前輩思想家李岳勳先生，他在1972年出版的一部奇書：《禪在台灣—媽祖與王爺信仰之宗教哲學及歷史的研究》當中，就有了深度的詮釋。而李先生的著作，數十年來一直得不到相關「學界」的肯定，甚至蓄意忽略他，避開他的論述。我大致瞭解此中弔詭。

　　李先生在其書中，不滿大多數統治者或主流，鄙視台灣的傳統宗教信仰爲低俗的雜神教。他認爲這樣的觀察或否定，不管是存心或無意，都是「該觀察者，對他自己的心所掘進的深度問題，並不影響台灣宗教信仰的實質或其力量……」；而表面雜亂的台灣宗教信仰，其奧底所隱藏的，「卻是獨一的觀音」。由於受到政治及近代以降，唯物論的影響，「從而盲目、蔑視台灣傳承下來的宗教信仰及其價值，這種趨勢令人痛心，但這些知識分子仍然無能抹消傳統，因爲這些傳統，正是爲台灣的知識分子有一天走到日暮途窮的場合時，所預備的最高拯救……」

　　而要理解台灣人的宗教觀，大致上以兩本書即可明白

大半。一為神話世界的《封神演義》；一為袁黃(袁了凡)的
《陰騭錄》，特別是後者，正是玉樹先生控訴老天的觀念
所從出。袁了凡的故事這裏不表，但他的「功過格」，影
響台灣人四百年而根深蒂固。「功過格」就是舉頭三尺有
位神明，祂有本你的「操行成績簿」，每天24小時，任
何你的行為都將被分門別類加分、減分，而且，累積下來
的正分、負分達到各不等程度，就會轉變成福報或惡報。

　　這套操行成績的登錄方式、項目、計算公式等等極為
複雜，甚至於算及三代以上，最高檔的電腦也無法運算，
只靠神腦則可瞬間定奪。左營城隍廟的正殿有副對聯，膾
炙人口已2、3百年矣，也就是1741年該地舉人卓肇昌所
書題的：「為善必昌，為善不昌，祖宗必有餘殃，殃盡必
昌；作惡必亡，作惡不亡，祖宗必有餘德，德盡必亡。」
這副簡單的對聯以「後果論」的角度，濃縮了這套福報觀
或懲惡獎善的恐怖計算內容，只以善、惡、獎、懲的結果
來說教。

　　也就是說，來自土地、傳統、三代以上的文化現象，
彷彿血脈似地，潛存在台灣人底層的價值系統之內。這套
價值觀幾乎是人類普世性的共同心理，就連曾經被尊奉為
西方史上最聰明的哲學家伏爾泰，到了晚年都認為「只有
上帝的信仰，對於通俗的道德論並沒有太大的價值，必須
在上帝的信仰之外，加上賞善罰惡、因果報應的信念，而
後道德的價值才會更為提高」；「賞善罰惡的上帝是非常
需要的」。然而，全世界所有類似的思想，很可能以台灣

這套「功過格」的細膩清算方式爲最，我正在研究台灣民間複雜的功過格計算法，當然我也認爲其中存有許多荒謬的想像。

但是，我必須強調台灣最大宗的宗教信仰，也就是觀音入理法門，以及其應現出來的龐多雜神、媽祖、王爺等等，其更深層的底蘊，則在超越這套價值系統，我寫淑蓮女士的用意，刻正以其三代的行爲模式及內在屬靈的展現，彰顯這層精神，因爲從「得姆啊」，經玉樹先生，到了淑蓮女士，雖經完全台灣土生土長，到跨國際頻頻交流，乃至於成爲美國人，但也直到第三代美國人也是完全台灣人的淑蓮女士，才將泛觀音信仰的居士禪，無形應現。因爲，到了第三代的捨與放，始告逼近於無形，而無關於她在台灣或美國。

就在玉樹先生忙於房地產投資、販售、再投資；獅子會繁多服務活動、開會、國際交流；幫助盲人、糖尿病患者、各種疑難雜症的防治或手術；數不清的工作或勞務的狀況下，他忽略了自己的軀體，沒控制好自身的糖尿病，因而引發了併發症提早出現，於是，他常常被送往急診室。有次，進醫院後就出不來了。

後來，他無法呼吸，只好氣切。氣切後腎臟出問題，開始水腫。他的同事、學生、自己的兒子，各科醫師來回診斷，開了一大堆不同的藥方，一切但只束手無策、愛莫能助。他渾身非常痛苦，又眼瞎、不能言語。淑蓮想盡點子安慰他，幫他翻身，只見他一線線淚水垂掉。

　　父女連心的淑蓮女士，眼睜睜地看著痛苦不堪的父親，而自己什麼也不能做。她在無助、絕望中，心念突然翻轉。她起身，摒除雜思，向老天發大願：上蒼啊！我祈求祢，如果我的父親陽壽已盡，請祢趕快帶走他，不要再折磨他了；如果我父命尚不該絕，懇求祢至少讓他的水腫消退。我願以我60歲以後的生命，折抵我父親的苦痛，而且，我會繼續我長年來做義工，幫助需要被幫助的人，將我許家勤儉、幫助別人、做善事等等精神遺產持續發揚，我也希望能將這些美德傳承下去，或至少，做到我這代，我會做到我死的那天！

　　隔天，真的是奇蹟，玉樹先生的水腫竟然消退始盡，人頓時輕鬆許多！他穩定地再活了幾個月，直到2001年3月22日，玉樹先生靜悄悄地走了！

　　辦完父親的後事之後，淑蓮女士回到美中堪薩斯州的家。湊巧也好奇蹟也罷，是幸或不幸？反正她發願就這樣兌現了。她之前沒有什麼鬼神概念，沒有任何形式的宗教信仰，之後，也沒有。然而，什麼是人生？何謂意義？活著有無為了些什麼？父親走了，有段時期淑蓮女士很沮喪，很痛苦而欲哭無淚，是一種說不出所以然、何以然的苦。於是，每天清晨，先生去醫院上班後，她到先前常去的高爾夫球場，她直接到第九洞之後散步，因而沒有其他人會干擾。她忽然哭，忽然笑，她仰望蒼穹、俯視茵茵青草地。她沒有叩天問地，抒解胸中鬱壘。有天，忽然間她破涕莞爾，大塊天地好似與自己完全融合。啊！原來父親

並沒有死，「只要我動心起念，他永遠活存在我的世界！我心開了！」她這段時間以來的苦痛消逝無蹤，朗朗然進入處處閃亮、遍地花香的平常世界。

隨著淑蓮女士的語言，我也瞬間飄入「一念萬年」的概念，我寫過的〈千風之歌〉不也如是?!生死不必多餘的詮釋，本來即自在。

後來，淑蓮女士還是一樣回台、回美。回台她也參加若干一日遊之類的賞玩故鄉山水。她看風景，偶會流下平靜或快樂的眼淚，她很清楚她與父母、阿嬤同在，一齊出遊，而沒有所謂空虛。她自言自語：因為妳得到太多愛，妳才會如此痛苦，但妳沒有得到愛，妳就不知失去愛的痛苦。雖然阿嬤一輩子很窮，其實她無限富有，她在沒有的時候卻可以一直施給。阿嬤一直給，卻從來沒有失去，因為無條件的愛與付出，內心永遠飽潤。從阿嬤到父親，到身旁的人，比妳大的人就當是妳父母，把妳的愛給出去；比妳小的人，就當是妳小孩、妳兄妹，把愛給出去！「這些話都是老生常談，但只在那靈動的時候，好像觸電般，忽然癒合了，醒過來了。這就是機緣成熟了！」；「沒有微妙的機緣湊合在一起，就沒有善與愛最眞實無私的洋溢，乃至於自然而然的行動，而沒有原因、理由、動機、或念頭地去做自自然然的人間事。施捨？給出自己不用的、多餘的財物？不是這樣啦，這只是分享。得給出妳所最愛！沒有什麼東西不可付出，必要時整個軀殼、生命都一樣。在那樣的機緣中，妳只有

感恩！……」

　　我想到《本生經》許多的神話故事。古印度大乘時代的天才，為了讓世人理解「空」的實義，以及「緣起」的真諦，創造出許多血淋淋的小說，直逼五官、六識、七意、八靈的震盪，包括尸毗王為了救一隻鴿子，割自己的肉餵鷹，不料，生命個個等值，尸毗王割盡全身的肉的重量，還比一隻鴿子輕，最後必須以全身剩下的全數，撲上天秤的一端，才能與鴿子等重。到了《封神演義》這部時空大錯亂的神怪(話)小說，哪吒三太子的「析骨還父，析肉還母」的悲壯或血腥畫面，如出一轍。事實上，這些故事都只在隱喻屬靈的真面目上作文章。其實，在我們生活的大小事例上，都可以有最平凡的寓意，根本不需創造這麼誇張、極端的刺激。如淑蓮女士淡如清水的事例，一樣可彰顯同一道理，問題是，常人恆執著在意識、意志、感官知覺之中，平常話難以令人領悟罷了！我想，沒有必要去計較淑蓮女士為何在父親病篤之際，發願只及於60歲以後的生命用來折抵父親的痛苦，為何她不以當下生命的全部去發大願？或也因為如此，她回到美國後，才會有一段沮喪期，也得經過種種苦痛、掙扎與自我責難，才可能產生她自己未必清楚的證悟。直到後來，她其實已在述說「無緣大慈、同體大悲」的內涵，她只是不曾聽聞、尚未使用佛教的諸多名詞或名相而已。

　　一個人若常領悟愛的真諦，談生死實屬多餘。

社區文化

淑蓮女士成長於血腥鎮壓、戒嚴白恐最是囂張的時代。其父親醫生的職業，屬於相對性的中性，這是20世紀台灣菁英免於外來政權迫害的最佳職業之一，一流的人才都擠向醫科。淑蓮在單純的生活中，對政治無感，雖然她曾聽過母親提過228，「但我只覺得與我何干？」；「我是台北囝仔，因KMT的教育，渾然不知台灣事。我22歲離開台灣之前，關於社會、政治的印象，大概只因為宣傳車聽過高玉樹、郭國基的名字，前者特別記得是因為跟我爸同名。當時台北市人都說「外黨」不好！我也沒有投過票。後來在美，參加台灣同鄉會，聽過一些演講，也聽我先生跟他們討論的內容，我才稍稍得知台灣事。後來可能因為人飄流在外，比較會想家，想故鄉土地吧……」

她是從白紙一張，或說在台灣的年代，被天下大刷「立可白」，消除了台灣歷史、人民的記憶體之後，出生、成長，而且很年輕就離開故土，一開始忙於適應新奇的異環境、異文化，不可能對原生鄉土有何瞭解，而只限於自己的家庭、學校或生活圈而已。及至在美國的自由天地中，與海外台灣人的斷續接觸下，才發現自己對台灣幾近一無所知，而可從容、客觀地去省思種種。而2012年返台投票後，還很熱心地召集一些人物，說是要給民進黨

建言，依我看來，她的政治心智仍然清純可愛。她只是不斷依個人能力所及，腳踏實地去做些對台灣的公益事務而已，且其方式，仍然依循其父過往的反毒、反家暴、提升世代認知世界異文化的教育工作等等。

淑蓮女士一生做公益的起始，是在其家庭。在家庭怎麼進行公益？這得從她如何走向美國的社區文化談起。

淑蓮只生一個小孩，但她合計撫養了5個，4個是親友的小孩。並不是說她愛一堆小孩，自己主動去找，而是台灣人說的：「她真有量」。台灣有段時期盛行綁架有錢人家的小孩，用以勒索其父母，逼得許多家長將兒女移民境外。淑蓮的大伯也是如此，還有，離婚姊姊的10歲女兒，都到淑蓮家來。這4個空降小孩事實上形成淑蓮很大的負擔，但她自始至終視同己出，「我很驕傲地說，4個小孩跟我感情都很好！」也因小孩的關係，假期夏令營，她去當義工，她儲備了後來做教育工作的先期自我基礎訓練。

關於美國的社區文化，基本上是奠基在基督宗教文化之上，在此我不擬給予刻板的定義或介紹，只以2011年6月11日我在加拿大遇見台灣人陳時奮教授的聊天為例，說明之。他說：「我們這代人為什麼所受到教育、生活習慣等較好？因為我們的媽媽都沒有上班，都是家庭主婦的關係。」最近台北有個研究，在探討住在什麼樣的地區，孩子的升學、教育會比較好？有位教授說不用研究啦，只要媽媽沒上班的，就較好。因為一個人的行為，3～5歲

即已決定了，一生的習慣、生活態度都已經養成了。美國前總統克林頓講得好：「要把一個孩子教好，整個村莊、社區都有關係，而不只是父母而已。」而像台灣今天，什麼檳榔西施、網咖、聲色場所等等，竟然可以出現在住宅區，這在美國必遭全社區人的譴責與唾棄，這樣的環境正在戕害我們的小孩或下一代。任何人不該、不得逃避社區生活的責任與權力，必得面對問題解決之。

KMT到台灣以後，台灣人養成逃避的慣習，教育不好、治安不好、政治不好……，台灣人也被養成過客心態，無能深層探討問題根源，不願思考如何為下一代，創造更好的遊戲規則、社會生活規則與好典範……

美國的許多企業提供大量工讀時程給小孩，這就是嘉惠下一代。寒、暑假小孩可以接受好的社區教育，社區也對這些企業產生好印象。社區小孩、高中生、大學生，經由不見得有工資的工讀訓練，出社會之後的態度通常也不一樣，而社區也得要有如此價值觀的認知。

許多美國小孩在假期，家長會給小孩幾十塊美金當資金，讓小孩去思考如何經營、做些甚麼可以賺錢。有些小孩去買檸檬粉，沖泡成冰水，在社區擺個小攤賣，要去體會創業精神。而大人們路過，明明他並不口渴，但他就是會停下來買杯2毛5的冰水喝，同時，讚美、肯定該小孩。我們對待別人的小孩好，別人也對我們的小孩好。我們開車經過小學校，我們得放慢車速，如同自己的小孩就在這間學校唸書般！

　　為何我們的政治人物都沒有社區思惟？在台灣，媽媽脫離職場再進入職場的障礙度很高，這是不對的。美國律師育嬰假5年，之後，回去再任職，職位一樣可銜接。要讓台灣人、台灣社會認知這是個問題啊！如何培育健康、善良的下一代，這是社會能否進步的關鍵呀！

　　誠然，這是特定角度看美國的社區文化。

　　淑蓮女士真正踏入美國的社區文化，也是爸爸的鼓勵。之前，「因為照顧4、5個小孩，忙得連學英文的時間都沒有。在家裏，由於曾聽過李鴻禧的台語演講，也因漸漸反省為什麼我們台灣人都不知台灣的歷史、地理等，而只知道中國？才想起我在台灣時在幹什麼？為何我對台灣一無所知，所以我開始自修。而為了讓小孩可以跟祖父母溝通，在家跟小孩講台語，我也去學校當義工……」

　　「後來，我爸當1995～1997年度獅子會的國際理事，也就是代表台灣或自己的國家的職位，必須前往各個會員國家參訪、交流。由國際獅子總會安排，第一個去參訪當時總會長的國家巴西。我陪我爸去巴西。去時，我才瞭解到國際上的獅子會大家都很溫暖。不管語言溝通如何，他們都很認真開會，討論如何為社會做事，如何有助於世界和平的方案。當然，各個地區團體有強勢、有弱勢。巴西回來後，我爸說：妳為什麼不去參加獅子會，順便學英文？所以我就參加。一去到我住家近鄰的獅子會，才知道他們都認識我爸……」

　　「一開始我去的是較大的獅子會，會員都是醫生、律

師等百餘位，這團較有錢，但實際做工的，才3～4位。我再去堪薩斯另一個較小的獅子會，成員才20餘位，多為公務人員階層，也有3、4位盲人，他們來開會、參加活動時，都由導盲犬牽來的。這團是百分之百做事做工的，我比較喜歡。我只是個家庭主婦，突然參加社團我會擔心，何況我語言溝通不順。但他們從每個小細節教我，我也用心學、認真做。而且，在加入前我先聲明，我要知道你們在做些什麼，是不是我想參加的團體⋯⋯」

　　我打斷她的敘述問：「妳所認知的獅子會是何？是不是台灣一般人所認為的出錢、吃大餐、愛立一堆雕像、看板⋯⋯逐名利等等的？」「也是啦，他們做事比較注重宣傳，這點我比較不喜歡，但也有許多真正做事的人。就我所知，獅子會是不分種族、不分宗教、不管政治，為人民做社會工作的，較側重在糖尿病、防毒、盲人救助等，因為盲人海倫凱勒曾挑戰獅子會，刺激獅子會投入相關服務。而美國的獅子會以真正實際工作者較多，有錢出錢，有力出力。我現今在台灣埔里合作的對象是女獅會，會員得兼顧家庭及社會，她們比較喜歡做大型活動，我則比較喜歡做小型的⋯⋯」

　　「我在堪薩斯州參加的獅子會從語言不通，什麼都不會開始的。很多美國人很有愛心地幫助我，一一示範讓我學。我第一次參加的義工工作是上公路撿垃圾，服務無貴賤、事務無大小，應該做就去做。起初，他們覺得奇怪，整個堪薩斯州，就我一個東方女性在參與獅子會的社服工

作，但我做得很認眞，不輸他們。

　　我也參與另一個專門幫人家蓋房子的義工團體，我懼高，但得上屋頂。由於大家同心協力，沒人爲自己，是眞正的付出，在那樣的氛圍下，我上到屋頂釘木板。我一不小心，榔頭敲到自己的指頭，有人跟我說：You punch the wrong nail(註：nail是鐵釘，也有手指甲及腳指甲的意思)！大家和悅地笑了。」

　　「幫人蓋房舍的策劃者是個8、90歲的老義工，他的手指斷了一隻。他分配工作讓我做，而各人做義工都依據自己合宜的時段去的。我到現場，他都把工具排得整整齊齊等我，到了煮飯時間他就會提醒我該回家了。他自己每天從早上7點鐘到下午5點鐘，比高薪的工作還認眞而負責到底。

　　到了耶誕節，斷指老義工做了張卡片給我，還有其他義工們的祝福。卡片上有句話：Simple、Sincenity、Love and Service，單純、誠懇、愛與服務，這四個字就變成我往後人生的座右銘。

　　我去這個團體，所有人都是平等的、互助、互相學習的。做義工是我最好的成長。你付出，做好、做不好，沒人嫌你，做得夠不夠也無妨。當有人悲傷時，身體語言會自然流露，慰問不用講半句話，擁抱一下就足夠，眞誠的關切不用語言，人家感受得到。」

　　「後來，獅子會要我當會長，我拒絕，因爲我看到我爸被『名』黏住，我很害怕。我說來此非爲名利，不當會

長。他們回我一句，我無話可說：『會長是爲會員服務的呀！』我接會長。對啊，眞誠服務那有什麼名不名……

我在任時不斷推動一些與台灣交流的服務，對口單位即埔里女獅會，例如讓台灣小孩到美國來，住美國人家庭，學習英文與異文化的相互對待；例如921大震後，我們一箱箱英文書寄埔里，在重建圖書館之後，用來幫小孩學英文，等等，此間發生一些感人的故事，重點在於心靈的啓發，打開天窗……」

「我在美國參加的獅子會裏，結交了許許多多眞正在做義工的朋友。大家相互學習的過程中，讓我體會何謂百分百把心付出來！我從完全不懂團體，到了知道如何當個領導人才，也讓我徹底瞭解『人要縮小自己(我)』，他們讓我體會何謂沒有任何目地的愛心與實踐……」

其實，任何團體都一樣，重點不在什麼樣的團體，而繫乎什麼人。淑蓮女士在年輕、童年時期，由阿嬤身教所印記下的「居士禪」，經由父親的媒介，開花結果於美國中部，或更恰當的說，禪無中心，無方位，超越時空與一切，不需形式宗教，不分種族與國界。事實上，淑蓮女士過的是眞正宗教的生活，但她顯然渡過層層的蛻變。

她到處當義工。基督教徒或神職人員要她受洗，跟她說：「妳早就是個教徒了，只要再受個形式洗就可以了」她拒絕。她不想當個淺薄、麻痹，只在脆弱的時候，尋求慰藉的形式宗教徒。她在多面向，放下社會結構、心理幻象，她只是去察覺天地萬物，專注且單純地去看、聽、欣

賞、感受，保持她和一切事物之間的空間，這空間是種真空，有種無可言傳的自由與奇妙的孤獨感。

　　就習性或表象來說，她比較接近佛教，或台灣人一般家庭的拿香拜拜的。她在台灣的1950、60年代，台灣「沒有像現在這麼蓬勃發展的佛教、道場，沒有一大堆大師」，但人民淳樸、善良。「我最愛看《金剛經》，因為一看，感覺很好啊！至於其他如《無量壽經》等，我讀不下去……何必受洗或皈依呢？領悟人生、生命就夠了。我看山、看雲、看一片樹葉，每個時刻都可感可悟。年老、年輕是種心境嗎？我不以為然，何必到老年才有老年的心境？再老還是可悟童真啊！」

　　「我常帶需要被幫助的人上醫院，等候的時間我看一些雜誌、善書。我看到某宗教大師的開示：這世界上沒有不能愛的人；沒有不能信任的人；沒有不能原諒的人。真偉大，然而，有人做到嗎？」

　　她並沒有否定宗教，她只是不需要教堂、寺廟、大師……。

　　我想到新近訪問過的，一位出家十幾年又還俗的修行者。他說：

　　「我因為相信、信仰才出家。出家是很大的捨棄，捨棄一切去追求更高的某種東西。出家後，明確地瞭解宗教團體是個次社會，大社會有的，次社會一樣不缺；次社會減掉大社會，剩下來的東西就是人創造出來的。反之亦然。任何宗教信仰你得體會出來，且付諸實踐……從佛法

三法印來看，宗教本身也是無常的，然而，很多人進入佛教之後，佛教(大師的佛教)就不能挑戰。大師都要求別人無我，但自己卻是唯我；他要別人體悟無常，而我這個東西不能無常，務必常常，要一直常……」

　　這些現象或反諷全球皆然。1694年出生於法國巴黎的哲學家伏爾泰，年輕時早就將之批判得體無完膚了，例如他的詼諧性虛構故事《天真的人》，描寫一個印第安人跟著法國探險家回到法國，他遭逢的第一個問題，即被要求成為一個基督徒。長老來了，給他一本《新約》。他讀了很高興，立刻要求受洗且願意接受割禮，因為在《新約》中「找不到一個不受割禮的人」被割過後，長老要他懺悔，他問根據何在？長老翻出聖詹姆士使徒書的一段：「你們之間，應當互相悔罪」，他就懺悔告白。他一懺悔完畢，立刻將主持的長老從懺悔椅上拖下來，他自己坐上去，命令長老向他悔罪，因為經上明明記載應當相互悔罪……

　　依法不依人？是嗎？我看到絕大部分依人不依法。唉！不需什麼偉大的檢驗，任何人只要以他講的話、他的主張見解等等，回過頭去檢驗他自己，一切就看得很清楚了。

盡蛻蟬殼

　　父親往生前後發願的淑蓮，殆即所謂證悟的第三層

次。她在童年所印記的「得姆啊」，其實就是她整個人格努力的形上目標；她在美國的社服經驗，則打掉前半生人世間的執著相，相當於「凡所見色，皆是見心」；但她得經歷父親往生之後，在莫名所以的苦厄中，證悟「心不自心，因色故有心」，她見山又是山了。

然而，她在第三次蛻變之前，必先化解她一生的鬱結，也就是來自童年、青年期與母親的「誤解」。這段化解的過程沒有戲劇化的曲折情節，不必高潮迭起，而只有淡淡的陪伴與相處。

淑蓮女士在堪薩斯州住了30年，後期她為父母申請綠卡，力邀父母退休後到美享清福。然而，玉樹先生的使命感太大，美國的住宅區又地廣人稀，他住不到一星期就受不了耳根清淨而回台。媽媽顏月華女士不同，她一輩子早就過慣了幕後生活。在男性沙文世代裏，通常她是台前無聲，台後三從四德，再大的委屈只有往肚裏吞。她，耐得住寂寞，而且，從嫁入許家一開始，雙方也曾因嫁粧問題鬧過不愉快。這點，可能不是人饑己饑、人溺己溺的「得姆啊」的問題，較可能是玉樹先生渴望早日開張診所之所致，月華女士只得自己拚命做西裝、裁縫來幫助小家庭。坦白說，20世紀上半葉的台灣女性，沒被壓抑者幾希！

古典台灣女性，既被欺凌、被壓迫、沒地位，更被教養得幫助男性沙文來欺負下一代的女性，所謂「媳婦熬成婆」的惡性慣習，一直是造成輪迴悲劇的標準模式。即令

現今，表面上台灣兩性平權的法令規章，早就躍居全球最尖端，事實上平均而言，女性依然是弱勢。然而月華女士並非這樣的人，即令她免不了多少也是重男輕女，但她只是在希望兒女上進的方法上出了問題。她的知識略嫌不足，不懂得一樣米養百種人，同是父母生，不同小孩的個性卻可以是天差地別。她以功課成就為唯一指標，但小淑蓮可能因腦瘤關係不善記憶，因而在填鴨教育的時代，淪為家中的弱勢，而月華女士承襲的是打罵、高壓的策略，從而適得其反。

　　月華女士旅美期間，恰好提供淑蓮女士自行化解22歲之前對母親的「怨」。一來，淑蓮女士經由大半輩子的人母體會，加上人生事理已然洞開，很容易以同理心觀照人世；二來，事實上月華女士從沒有不疼愛淑蓮。淑蓮小時候以迄所謂「teen age」的叛逆時期，由於吃軟不吃硬的倔性，導致表面上母女的水火不容。因此，老年與中年的母女，一有相處較長時段的機會，古老冰山也就迅速融化矣！

　　「美中沒幾個東方人，一住幾個月的母親，出門得由我開車載，有了相處對話的時段，我才瞭解我媽母愛的偉大，以及她那時代，女人所背負的痛苦……我體會到了她的苦衷……我爸是個好爸爸，但不是個好先生……媽晚年時，我們母女非常要好，我回台都陪著她，去古亭國小做運動，到菜市場逛逛，看看電視……年紀大的人只要你陪她(他)，不用花什麼錢，也無須多說些什麼，她(他)就滿足

了……我媽走得滿足、安詳。」

1999年，「媽媽出殯後的第二天發生9‧21大地震」，「我聽到喀擦一聲響後，伴隨以嘩瀝瀝碎聲，我爸收集的古玉船砸個粉碎了。我起身，去安慰我爸……」921之後，淑蓮女士投入埔里地區賑災，也協助中輟生等等關懷。再不到2年後，父親往生，賦予她的蛻變，也就是說，21世紀的淑蓮女士大致脫盡蟬殼矣。

2002年3月，全美台灣同鄉會與我所開創的台灣生態學研究所、學系合辦「台灣生態之旅」，淑蓮女士參與其間而知道我，但我以旅美鄉親眾多，無緣認識她。後來，因我募款籌建生態館的款項不足，她與先生先後兩次，贊助了鉅款，且在贊助前先來生態館參觀，瞭解我們在做什麼之後慷慨義助。

她贊助金錢的工作類型，屬於她本身無法自己做者，而她數十年做義工、公益事，皆是身體力行。2011年12月13日，她來台中舍下，算是我首度與她談話。之前我對她一無所知。而話匣子一開，我始知其健談與理念等等。

「教育是根本。我們對待下一代的內涵，決定下世代社會的水準。至於大人們都很執著，你很難改變他們什麼，所以我做小孩的議題。我做家暴、反毒、建立人生觀等等。而孩子的獎助金等，通常側重在救急……」

「讓小孩講出心中的話，且從中體會最有正面意義的切入方式；依循小孩最想聽什麼，且設法感受小孩的情

境，再將你想導引的宗旨啓發之。

　　所謂做教育，You should touch people's heart，做任何事皆然。你做基層的工作，就是最好的機會；你做愈上游的工作，就愈是行政的工作了。你做，你無對別人的期望，你無所得失。無條件的付出，無心插柳柳成蔭。讓小孩的心扉打開，願意接納別人，接納世界，這就是最大的回報……」

　　「我61歲生日那天，上蒼沒取走我的生命，但我相當於重生，從此，做得更沒煩惱。我做的時候，感恩上蒼賜予我做的機會，我也懂得把某些機會讓給別人。

　　做的感觸，不同於知，不同於讀書、閱讀所獲致的知。實做才有實觸與實知。我不再多想。對生命、對一切都無所求。

　　我很感恩我先生，他讓我可以做我想做……」

　　記得2010年8月23日，我去拜訪一位很有名望的超級大師，一堆人晤談了約2個小時。回來後我整理錄音帶，並撰寫訪談實錄。這篇訪談錄以及訪談的過程中，我最大的感受之一：「當一個人內心充滿慈悲、正義或諸如美德之類的思惟之際，有可能是個恐怖的人，因爲他的內心滿滿的是『善念』，再也容納不下其他的東西」，而淑蓮女士只給我平平凡凡的印象，她已經接近沒有「善念」的層次。

　　淑蓮女士不只平凡，更是典型的雞婆成性。

　　「我去印度一位富有人家的住處，經過貧民窟，我在

想，這富人及其家人每天穿越貧民區時，他們的內心在想什麼？這些窮人又在想什麼？他們可以極端傾斜地維持和諧，是認命也罷、仰望來世也罷，他們告訴我是宗教、信仰使然。這樣的東西叫做宗教？叫做信仰？」

「台灣人很奇怪，爲何到處都是負面的人生觀？有些人有些行爲我覺得很棒，我讚美他，他笑笑地或靦腆地，至少他是承認的，但若我進一步請他一齊來發揚這些好行爲，則我所遇見的，百分之百拒絕，也不知道在怕什麼？

台灣人普遍有種怪怪的恐懼感，有形、無形地讓人感受到他在惶恐。這顯然是從小教育的失敗嘛！我們的文化有問題⋯⋯」

豈只有問題，根本是外來政權刻意、無意間建構出來的深層統治法所造成的啊！這不是教育的問題，這是特定教化的大成功！超過一甲子歲月以來，執政者就是利用「恐懼」在控制人民，讓台灣人在小平、小安、小利、小益、小是、小非、小公、小義的存亡邊界苟活，讓人在心靈禁錮中施予小小的平反，同時不斷污名化你的精神、內在，從表層的恐懼，滲透到深層的主體淪喪。2012年大選之後，統媒乘勝追擊，透過司法，經由惡毒的嘴臉、邪惡的技倆，不斷塑造台灣人過往敢於反對者，是污穢不堪的，是貪腐的，是下流的⋯⋯，同時，以小利、小惠，不斷餵養一批批軟骨症的文筆奴，讓台灣人永遠仰人鼻息、啃肉屑、搖尾乞憐，也讓一些台灣人稍微有點成就，立即趾高氣昂、不可一世、得意忘形而三代都可出賣！然後，

利益、名位稍受挫折時，則急於妥協，不惜一而再、再而三地，踐踏早已空虛的破碎理念而自甘下賤，再經由妖道加持、沐猴而冠⋯⋯

淑蓮女士，或許多在全球各地心懷台灣的台灣人，一旦回台立即可以感受到的現象，卻難以碰觸底層的關鍵。因為這好比「兩極冰塊、高山冰河」，得靠「全球暖化」才能破解啊！如此比喻正是台灣弔詭的雙重反諷。台灣人的痛楚，需要百個、千個、萬個、萬萬個淑蓮女士之類的人來共同創建新局，破除四百年的被咀咒！

牽手入世與出世

孕育淑蓮女士的，誠然是台灣優良傳統二、三代的傳承、創造與發揚，但成就其現實的，還得憨厚的支持與助力。

陳德明醫師，彰化田中人，年長淑蓮8歲。我見過一面，一位很有修養的忠厚人，氣質勝於一切。他與淑蓮於1971年結褵。

陳醫師畢業於中國醫藥學院醫科第四屆。他原本唸海洋學院的化工系，因父親希望他學醫，當時的環境氛圍台灣人學醫比較不用看人臉色。他唸了化工2年半，從父命才考醫，所以他唸大學前後長達10年，他很認命。

婚後，小倆口不想跟家裏拿錢創業，恰好當時美國衛生署需要醫生孔急，向台灣等地發訊息徵人，內科醫師的

德明先生應聘之。然而，當時台灣當局對出國的政策採取需要人質留台，也需兩位保證人，因而淑蓮申請不出去。陳醫師先出去，再由美國相關單位，循聘請淑蓮的方式，讓她可以出國，也因此，淑蓮本來無冠夫姓，因美國慣習，在申請書上得冠上夫姓。

當時他們的想法是，應聘合同簽一年，薪水2萬美金，一年至少即可存個台幣40萬元回台開診所。出去前，美方即已替他們申辦好綠卡。他們就職地在加勒比海的美國屬地「處女島」，該地風景幽美。

他們出去後的第2年，台灣退出聯合國，國人內心惶惶。他們想回台灣，雙方父母則說人家拚命要出去，你們卻渴望回來，還是留在美國好了。但若要留在美國，美方並不承認台灣的醫療訓練，當初出來只是臨時性任務而已。留在美國，得從實習醫師從頭幹起，然後住院醫師等等。陳醫師申請到維吉尼亞州去，一年後，申請X光科及麻醉科，兩者都通過，他很認真地接受訓練，麻醉科是到芝加哥2千個病床的市立醫院完成的。他的老闆是當時最先進的麻醉科權威，很嚴格，但非常照顧自己的得意門生，陳醫師在他門下盡得真傳，也在那裏當上總醫師。然而，該州氣候寒冷，陳醫師及淑蓮不想久留，且回台灣還是第一優先的選項。當陳醫師向他老闆麻醉科主任說想回台灣，院方(主任)表示，若再回美，位置還是優先給他。

美國社會唯才是用。你有能力，不用人情、不須關係。當他們要你時，各種條件都可開給你；當你不被重視

時，隨時隨地一腳踢開。美方很需要像陳醫師這種人才。
該時代，美國的麻醉科剛成正統，而且換心手術正需要特
別的麻醉醫師，陳醫師恰好是心臟麻醉強項的頂尖。

　　他們於1976年回台。然而，台灣當時似乎只有台大
有個麻醉科主任，他跟陳醫師系出同門。他告訴陳醫師：
「在台灣，你沒頭路啦！」他們只好又回美國。

　　也是恰好，美中堪薩斯州為換心臟，亟需陳醫師這種
人才。透過同學告知，陳醫師簽了一年合約到堪薩斯州。
該州是農業大州，全美的麥子需求，靠它一州就夠吃，也
就是說，大環境是農業文明，而且少有東方人足跡，種族
歧視的現象也較顯著。然而，是人才到處有人要。陳醫師
到該州一個麻醉醫師的團體就職，半年就升為合夥人。他
任勞任怨、克盡職責，很快地，該有的，什麼都得到。

　　這對樸素實在的台灣菁英，不久也愛上了中部美國人
的淳厚。美中人講話算話，夠信用，不須簽合同。這一
待，過了30年，直到陳醫師65歲退休。2006年，他們搬
遷到夏威夷。

　　就我個人聆聽淑蓮女士流水帳般地敘述陳醫師的簡
歷，直覺上他們是二合一的同一人，只是陳醫師更像是
「天地有大美而不言，四時有明法而不議，萬物有成理而
不說」的調調，不過，我尚未接觸陳醫師，不宜妄加推
測。

　　當我請淑蓮女士做自評時，她說：「我很感恩從出世
到如今，上蒼賜給我的任何際遇、環境；感恩上蒼賜予我

與母親之間的隨順因緣、自然癒合；感恩我發願之後，做什麼都有冥冥之中的巧妙安排，當我想做什麼，就會出現一條路讓我走下去；我不認識什麼人，沒刻意去找，但在適當的時機，就出現適當的人，讓我把事情順利地推展。我是常常碰見『對的人』，或台灣話說的『貴人』啊！而我一輩子遇見最對的人，就是我先生。」

「在我先生最辛苦的在美受訓練期間，我們一年365天沒有任何一天有一句話衝突⋯⋯」然而，親如齒舌，還是會有咬傷的意外發生，誰人能免？而他們最劇烈的爭執，倒不是夫妻間的情事，而是對台灣鄉下人，同輩份男性沙文主義的生活習慣，若依台灣人現今的平均概況而言，實在也算不上吵架吧?!「⋯⋯婚姻走這麼久了，難免會有摩擦，獨立的人總是會有意見、看法的差異。無論如何都不礙事⋯⋯」

2012年1月26日我二度訪談淑蓮女士，她以充滿童稚純真的語氣敘述：「老天給我60歲以後的生命，我的人生要從一張白紙開始。從我跨進61歲的第一天迄今，我做到這張白紙沒有汙點！這次我去尼泊爾看山、看景、看人，也看見同團的一對夫婦，在同行的9天當中，他們隨時都牽著手走。當然不是說牽手就代表好婚姻，但他們愜意的優雅提醒了我，我告訴自己，2月2日回到夏威夷後，我要去牽我先生的手，在我人生的白紙上，我要恢復結婚時兩人的感情，直到終老，讓我們都帶著永世美好的回憶。我們是甜的走進來，我們也將甜的走出去！」

呀！執子之手，與之偕老！祝福他(她)們！祝福台灣！

2012年3月25日，淑蓮女士自美來電校對本文的些許錯字，認為我寫她自評的段落，不盡抓住她那感恩的心，無法將她那種時時刻刻、許多際遇下，內心處在美感、喜樂的感恩狀態的某種氛圍表達！的確，依她言語之外給我的感受，她所謂的「感恩」，相當於「法喜」，洋溢著直覺式，或某種神祕主義的內在能動，請原諒我的筆拙，無法傳達禪悟啊！

隔天，淑蓮女士又傳來一封短信如下，我想，很快地她連「害怕喜悅感」、「沾名」的念頭也會完全消失！

陳老師：我不想再寫了，因為我本來是一顆單純的心，但為了配合老師寫書之事，我的心境開始有喜悅感，這是不對的，似乎有被名沾上了。抱歉我要停止了。人實在太軟弱了，這是我第二次有這種不該有的感覺。(第一次是在做獅子會會長時，好心幫一位找工作的同鄉寫介紹信時，在寫完簽名及掛上〇〇獅子會會長時，也是突然有一股喜悅感)

附錄：微妙人生

許淑蓮

莎士比亞曾說過：「人生如舞台，每個人都是演員，只是每個人演的角色如何罷了」，當然我也不例外，曾扮演過嬰兒、子女、學生、情人、妻子……，在不同階段中，也嚐到不同的甘甜苦樂。但是，對我人生影響最大的是義工生涯。

三十年前，不知那來的傻膽量，收下四個親友們的小孩。在沒有ESL班(英文第二語言)及補習班的地區，自己每天翻譯、複習……，教導小孩們。加上他們也挺認真，在短短的六個月後，就能適應校內的功課。另外一方面，校方老師的愛心及耐性，個個小孩都表現的挺好。替學校爭不少光。自此例後，每當校方遇到不會英文的孩子，則打電話要我協助，雞婆的我當然是義不容辭的答應。有一天突然要聘我做老師，害我心驚肉跳，一邊是喜悅及感恩，因義工得來的福氣，但另一邊又因常出外旅行恐無法盡責。最後是介紹給念ESL正統的台灣留學生去工作，真是一舉兩得。

另有一個機緣是陪同父親參加國際獅子會理事會議兩年，遇到一些來自不同國家的有心人，不因為語言上的障礙，大家也都十分的投入在研討世界服務項目及愛心的對待。有如溫暖的大家庭，出錢又出力，頗另人欽佩。自己

也趁小孩上大學的空巢之際加入獅子會。記得第一次的服務項目是做高速公路的清潔，穿著橘紅色背心撿垃圾。當時心境不知不覺地把自己的身段縮小到最小，再也沒想到自己是醫師娘或溫室中花朵，反而越做越起勁。服侍流浪人、煮食物……，均以快樂之心，服務得不亦樂乎。在獅友們鼓勵及指導之下，也做了會長。雖我是唯一的一位東方女性，但也做了一些不同的服務。第一個是和台灣南投埔里水秀女獅會結盟成姊妹會。收集英文書籍，協助9.21被毀掉的暨南圖書館做整頓重建的工作。第二個是協助災童獎助金及暑期文化交流活動。暑期文化交流活動也就是在暑假期間，讓台灣學生來Kansas學習英文及美國的習俗。由我的義工老師們教學，獅友們做Host Family。在短短的4-6星期內，自筆手劃腳到學會e-mail通信連絡。獅友們愛心地將自己小孩的臥房讓給台灣學生住，而自己小孩住在地下室。台灣的家長感動的告訴我「他們也想做Host Family了」，這些美國獅友們付出的苦心，終於募到台灣人的心了。

　　另一個服務項目是和我做義工許多年的另一個團體──Habitat for Humanity──合建房子給殘障家庭。有一位獅友好心想用噴漆方法漆屋。只要三小時就可完工。當我高興的向Habitat for Humanity的負責人轉答時，他回答說" NO THANK YOU"。我十分驚訝的問為什麼？他說，他們不求工作的快速，他們寧可有十個有心人，用手慢慢地將愛心漆入房子內。當時我才領悟到愛心的可

貴，也學到了簡單，誠意、愛心及服務的眞意。

自我退休後回台做服務，除9.21外，88水災也協助恆春基督教醫院擁有一輛山地服務醫療車供殘障、年老者服務。在這期間，我發現也有道教團體來支援，讓我感覺到台灣的進步。台灣人已越過宗教的界線，互相幫忙。我目前正想在校內推廣家庭暴力教育。當我有機會上台表達自己感恩台灣人讓我有機會爲自己的故鄉服務的心意後，居然有幾位人士來告訴我，將來我若想做任何服務時，他們都想加入。所以，現在我是以友爲家。每當我一回去Kansas或台灣時，就有義工朋友們相邀，共樂、探災情，以及討論其他的服務項目。我的心永遠是快樂的，也絕不會孤單，我的工作永遠是不停的。

●觀音佛祖——側說台灣宗教信仰●台灣的宗教信仰、台灣精神或人格及其文化底蘊——圖片解說輯●一九三〇年代日本人對台灣宗教慣習的見解簡介——讀李岳勳前輩《禪在台灣》的提註●從《吠陀》到佛教的旁註●佛傳與佛陀●十二有支與無支●跑江湖

輯二

台灣精神價值的底蘊

側說台灣宗教信仰

觀音佛祖

■1982年4月14日，台灣首度出現持槍搶劫土銀古亭分行的案件，5月7日偵破，嫌犯李師科被捕，交付軍事審判機關審判。多年後，台灣卻出現奉祀李師科的廟宇，為什麼？

■1975年4月5日，蔣介石總統去逝，一段時間後，有王爺廟也加添奉祀蔣介石，則其信仰法理依據是何？

一、前言

台灣的廟寺祠堂或宗教信仰，表面上萬教齊鳴、雜神共處，甚至於被宗教學界或一般觀察者歸類為「低俗的雜神教」，事實上其底蘊並非如此。筆者經由土生土長約60年的感受與體會，並學習宗教哲學多年後，贊同並推崇李岳勳(1972)先生的見解。李氏明揭台灣傳統宗教雜亂的表象底下，其實是獨一的「觀音」，即令跟佛教無關的城隍廟，其內殿也奉祀觀音，而繁多表象所謂的雜神，幾

乎都是爲了誘掖台灣人，進入觀音入理法門所廣設的方便。

　　李氏解析，大凡台灣較具規模的寺廟都有前、後殿，前殿祀奉的是形形色色的神明、菩薩等等，後殿則奉祀「觀音佛祖」。而前、後殿的關係並非主與副或主與從，而是「應現觀音」與「本體觀音」的關係。後殿奉祀的即是「本體觀音」，故而必須稱爲「觀音佛祖」；相對的，前殿奉祀的，乃是應物現形的「應現觀音」，其乃「觀世音菩薩格」。這是根據《首楞嚴經》的禪宗的宇宙觀或世界觀，以及淨土系將觀世音菩薩作爲阿彌陀佛的兩位補儲之一的分析法，兩者內容雖同，名稱卻異之所致。也就是說，凡是後殿奉祀「觀音佛祖」的寺廟庵觀，都是由禪徒所開創，即令前殿是道教、佛教、儒教或其他宗教派系的神明或菩薩，也都是被禪宗的世界觀所認爲的應現觀音。

　　台灣在國府治台之前，寺廟庵觀後殿的觀音都叫做「觀音佛祖」，南鯤鯓王爺廟(台灣王爺信仰總本山)的後殿一樣奉祀「觀音佛祖」，說明王爺信仰立教的大本皆然(法脈乃白雲宗，大抵與居士禪門一致)。國府治台以後，有些寺廟的觀音佛祖被誤改爲菩薩，此乃重大的誤解或無知。

　　台灣宗教的大本既是由閩南禪宗、禪徒所教化，其所承繼的，乃是自唐宋以降，馬祖道一、龜洋無了、慧忠、雪峯義存、曹山本寂等等禪風。而自來中國禪宗似有遠離政治、避忌權力中心的傾向，不只如此，禪自6世紀初葉東傳中國以來，初祖菩提達摩死於佛教僧侶所設置的毒杯

(達摩欣仰第六次的毒杯而死)；二祖慧可(478-593年)死於佛教僧侶
的誣告；三祖僧粲(?-606年)欠缺資料；四祖道信(580-651年)
「未詳何人」(《續僧傳》)；五祖弘忍(602-675年)似也遠離權
勢；六祖慧能(638-713年)尚得流亡16年，之後才得公開弘
法。他傳兩系五家，乃至後世龐多法脈延展。

　　換句話說，禪的提倡者自始即處於八面受敵的窘境，
似乎不斷受制於政治上的被取締，或在中國佛教其他各宗
之間被排擠的不安之中。一般而言，禪宗指的是六祖開創
「頓悟」法門之後的「祖師禪」(陳玉峯，2010，194頁)，是徹
底本土化的佛教。

　　除了「政治性格」之外，禪宗徹底宗教性的主張，以
自力聖道逼近屬靈的終極理想，貼近心音的求眞性格，反
求諸己的徹底，無我大慈悲的淋漓盡致，加上六祖「不識
文字」之以「不立文字」爲宗旨，相當於「不留蹤跡」，
導致其「純度較高」的禪徒，不僅反特權、反階級化(例如
白雲宗宛如清教徒的自食其力、白蓮宗等「教匪」等等)，甚至於「禪
除所宗」，連其本身的宗教形式、教義內涵等，都忘得一
乾二淨，只願在山野海隅，作牛作馬地實踐其無所求報的
「無功用行」(相當於老子的「功成而弗居」)。這些禪徒到了數
百年來以降，形成閩南以迄台灣，難以計數或廣大無邊的
普羅、草根文化，他們實踐了「觀音佛祖」本無形相而應
物現形，只以其生活行爲的全部，爲眾生說法，而無禪、
無佛、無宗、無教。

　　筆者出生於應現觀音信仰濃厚的雲林縣北港鎮內，成

長過程乃至投入漫長的環境運動、保育運動、泛弱勢運動，深切觀察、理解、體悟台灣基層的精神與人格，而一直無法釐清許多台灣人為什麼是「他媽的好！」(好得不可理喻、荒謬；陳玉峯，2006，11-15頁)？其文化性格根源何在？2007年中，筆者「放下」一切「名、位」物質等，辭離一手開創的生態研究所、系，重新學習佛法等宗教哲學，且直到2010年底，在台南妙心寺傳道法師建立的圖書館內，看到李岳勳(1972)的大作《禪在台灣—媽祖與王爺信仰之宗教哲學及歷史的研究》，經年餘的閱讀、揣摩，逐一翻閱童年以來的生活體悟，總算豁然貫通何為台灣精神、台灣人格的底蘊，何為台灣「人格者」的典範，雖然十步之內必有芳草的台灣「禪徒」毫不自知自己正是觀音入理法門的實踐者，也免不了有氣短、武斷的缺點，更不明白其缺點正是菩提達摩《二入四行論》及其「附錄」所提醒的，所謂「行入」，也就是從日常生活所有行為，朝宗教方向的策勵，「……從事上得解者氣力壯；從事中見法者即處處不失念」，但因欠缺先驗者的提示，只日用而不知，且易陷入武斷、剛愎自用的缺失。雖然他們不像許多學界中人之「從文字中解者逢事即眼闇(眼花手亂)」。

　　許多台灣人也因其生活禪已臻「無功用行」，卻乏進一步運用「分別知性」，去開啟「無分別意識」的靈性感悟，包括格局的拓展與決決的自在，殊為可惜。因而在近世以降，唯物主義盛行下，難免放棄「自力聖道」的自信，流於「他力主義」，而不願傾聽屬靈的心音，以致於

演變成對「雜神」的「有求必應」型的唯物傾向、唯功用行，必然的，加深了人們苟安的氣質。

此面向，李氏認爲禪宗經由五代時代的分歧，乃至宋朝成立時，已漸由自力聖道走向他力本願的傾向，或許是整個中國當時命運或社會氛圍使然，更可以說是禪宗自身的墮落，而數量上的浮濫是其致命傷，加上往哲學論理的玩弄又不成氣候。李氏在解析北宋南遷時代形成了「媽祖信仰」時，強調對他力主義的傾斜，強化了南宋偏安、苟安，乃至滅亡的必然。這也是台灣現今人心浮動的寫照。

李氏認爲中國禪宗的頹廢與特權階級化，萌長於五代至北宋之間，助長此頹風即所謂「文字禪」的發生，一大堆禪徒只知玩弄概念與論理，脫離了平實的生活，靠著皇權賞賜的免稅寺廟田產，形成地主階級，更因職業宗教家的執照一度牒，免除了他們作爲公民應盡的一切義務，所以說，中國禪宗的墮落並非因爲朝廷的彈壓，反而是喪亡於歷朝政府的優遇，特別是在元朝時代。因此，唐、宋間曾經輝煌的文化創意，在中原淪亡，法脈出走日本，以及朝向閩南等「化外之地」延續。20世紀中葉，靠藉如鈴木大拙博士等人引介，推廣至歐美。

禪宗的本質與性格，好似極值道德的神隱，特別適合於苦難時代頑強的發展，尤其在元、清對宋、明的「外族侵略」過程中，撐起民族大義者多禪徒。李氏大作揭露了近千年來民族主義革命的奧底，實乃「無功用行」禪徒的精神所承擔；李氏在禪的宗教哲學、意識底蘊的剖析，其

功力之深，就四百年在台華人史上，筆者認為無人出其右。而筆者以生物學、生態或演化學的認知角度，旁側思考為何禪之亡命於中國中原，乃至東傳日本延續其法脈，卻可在閩南，終而在台灣產生草根無宗無教、無禪的無功用行，根本關鍵在於人種的新混血。來自中原的河南王潮軍隊中，有所謂「唐部人」，他們在9～10世紀進掠福州，盡殺原住民「無諸族」(註：史記「東越列傳」描寫無諸人殆即無智的福建原住民)的男人，從而與「無諸」女人婚配，產生接近自然人的新後代，且由於原住民母親的教化，結合禪徒禪風的男性文化，從而產生無禪禪徒的新生代。

　　約4～1百年前，閩南泉州、漳州人等，越台灣海峽，「有唐山公，無唐山媽」，再度地，閩南禪族結合台灣原住民族，產生中國移民史上，最年輕的新住民，最是接近自然人，從而發生無禪禪風，也就是迄今舉世最熱情、最率直、行善而忘記何謂善的無功用行台灣人的文化暨生物學上的成因。

　　這種與原住民母性母體文化的混血現象，同樣發生在雅利安人與南亞原住民之間，從而產生婆羅門教、佛教，以及其他宗教派系等(陳玉峯，2010)。

　　此一看法殆即筆者與李前輩意見相左之處，其他，李氏大作的論述、精髓，除了細節一、二之外，筆者感佩之至，誠心私淑，且推崇李氏為台灣宗教哲學第一人。

　　另一方面，筆者於1980年代，乃至往後在台灣生態保育及泛弱勢運動的投入中，依生物學角度將台灣文化分

成顯性及隱性兩大系統，也因閱讀李氏智慧，略加重組，打破李氏寫作時白色恐怖的禁忌或避諱，直接將政治結構的問題端上檯面。筆者認爲禪宗正是中國專制政權下的隱性文化，特別是在元朝及清朝期間，至於台灣，390年來換了至少6大政權，隱性文化從而特別發達，而無禪之禪撐起台灣大善、至善，也形成台灣人奴性的悲劇。

筆者所謂隱性文化的定義及特徵(陳玉峯，2012，《玉峯觀止──台灣自然、宗教與教育之我見》，前衛出版社)如下：

隱性文化起源於任何專制強權支配下，被支配者所生活出來的，有別於強權主流(特別是外來政權)的地下文化；隱性文化的主體性、靈性的本質或元素並未消失，只是轉變爲地下化、模糊化，甚或無意識化，但其至高的價值依歸或主體，依然健在且代代傳承，而且，必須寄託在特定的象徵之上；隱性文化的第三個特徵即特定象徵的「應現」或存在，通常存在於宗教或某種信仰之上，以台灣而言，大抵是「反異族的民族情結」所「應化」、「應現」出的「媽祖信仰」、「王爺信仰」或「禪宗信仰」；隱性文化的自身歷史、文化的解釋權，從來操弄在外來政權手中；隱性文化的第五個特徵即其土地倫理、人地關係、自然情操等等主體性的根源，不斷遭受否定、剷除或隔離。

而禪的文化之以本體與應現的模式，恰可提供隱性文化各式各樣的應變或方便法門，導致如媽祖與王爺信仰，集撲朔迷離之大成，故而今人無從捉摸或覷破其奧蘊，加上外來政權不斷汙名化台灣本土文化，以致於形成台灣宗

教但只低俗雜神的汙蔑或汙名。

筆者認為，台灣迄今尚保全有全球「無功用行」文化，故而隨時、到處存有「捧著16萬元，冒雨到國稅局捐給國庫的老農(2012年5月2日傳媒報導)」、龐多陳樹菊女士等等，更在種種弱勢運動中挺身而出，功成而消聲匿跡，好讓一些當權者、文筆奴、餓鬼格之類的人「割稻尾」、坐享其成，也在社會、國家有難時，徹底犧牲而不著痕跡，正是標準的「無所求行」。

而台灣人無形宗教的情操足以兼容並蓄，涵容世界各種異文化、異宗教的融合或對話。時下如土耳其當代伊斯蘭大師費拉乎拉・菊廉(M. Fethullan Gülen)的「Hizmet運動」，試圖經由無宗教教派傾向的教育體制，建構一種和諧文化與永續和平，鼓勵不同宗教、族群的對話與互解，相當於打造世界性大宗教的努力，筆者認為，台灣最大宗的無形式襌的宗教文化，正可在此運動方向著力，並提供對全球人類未來發展的理念、行為或方法論上的貢獻。而其接軌的困難度在於，此一台灣文化散漫於草根基層，在當今學界、主流或顯性文化群中較罕見及，或可由民間NGO、寺廟、各種組織中，找尋合宜對口單位及人物交流。

為闡釋此一隱藏久遠、蟄伏草根的台灣文化，筆者擬由李岳勳(1972)前輩的大作中，擇錄或改寫其洞見，或略予畫蛇添足，試圖將台灣宗教總根源的「觀音佛祖」的內涵明揭，作為台灣宗教文化的概說，從而詮釋台灣人的精

神與人格的典範，附帶說明台灣人的禪文化，也略提前瞻。

筆者即將邁向老年之際，有幸欣賞李前輩的智慧，研讀之間彷如聆聽祖母、母親的款款密語，溫馨感懷之餘，渴望與朋友、讀者分享並推薦李氏大作。本文除了註明筆者見解的部分之外，大部分均是李氏著作之改寫或引用，但李氏精華獨到的剖析媽祖與王爺信仰等內容，本文未予觸及。

感念李氏之餘，本節最後，引用李氏(1972)274、275頁全文，其乃附帶對台灣人被外來政權汙蔑為好作亂(三年一小反、五年一大反等等)的「劣根性」等，作一有力的平反。李氏全書到處散見如此筆調，幾乎寫盡筆者30年大惑之釋懷，也為過往中了外來政權散佈的毒素，扭曲台灣人的本質、天性而道歉，同時，下列引文也清楚交代台灣人格的底蘊。

「清廷自從收台灣為其領土的一部分以後，每一位皇帝都曾嚐到台民叛亂的苦頭，現在我們先按年代的次序，歷數滿清治下台灣規模比較大的叛亂，以觀其概略。收奪台灣的聖祖治下，有康熙三十五年(一六九六)的吳球之亂，康熙四十年(一七○一)發生了劉卻之亂，而康熙六十年(一七二一)又有朱一貴之亂。繼位的世宗，其治世雖比較短，雍正十年(一七三二)也有吳福生之亂可數。再下來就是高宗的治世，乾隆三十四年(一七六九)有黃教之亂，乾隆五十一年(一七八六)有林爽文之亂，而乾隆六十年(一七九五)又

發生了陳周全之亂。繼高宗之後的仁宗時代，嘉慶五年
(一八〇〇)所發生的海賊蔡牽，竟然從台灣人之中牽出了一
位太子太保、伯爵、福建水師提督的王得祿出來。其次
乃是宣宗，道光四年(一八二四)有許尚、楊良斌之亂，道光
十二年(一八三二)又發生了張丙之亂。次爲文宗，咸豐三年
(一八五三)有李石之亂。其次的穆宗同治元年(一八六二)也發生
戴萬生之亂。這只不過是就規模幾乎遍及全台灣的武力革
命規模而算出，至於規模大，而訴之於武力的成分比較少
的，有宣宗的道光二十三年(一八四三)發生的郭光侯、劉取
的案件，及德宗的光緒十五年(一八八九)鹿港所發生的施猴
斷的案件，而地方性的小革命案件就繁不勝舉了。清廷的
所謂仁政，實際上對這個海島有其難達的困難，但是即使
是達了，在民族自決的目標未能實現以前，他們的武力革
命還是繼起不絕，他們的民族精神無法在唯物論下的仁政
受到痲痺，如以現代的眼光看來，他們沒有盱衡天下形勢
的智慧，也沒有統率革命集團的高度的領導能力，以致其
起也全台歸心，卻一貫無法奠定一個與清廷長期對抗的獨
立的地位，但是我仍認爲他們是了不起的，因爲有清一代
中國人的民族主義，端賴台灣這一群無智的水牯牛來紹
隆，以無數的血淚，把民族主義拖上了洪秀全太平天國的
全國性運動，再把它推至近代的國民革命，因此，如果台
灣人的心痲痺於唯物論的仁政，中國還有沒有民族主義運
動，那就不得而知了。

　　關於台灣二百多年繼起不絕的革命史，那是作爲一個

台灣人，甚至是作爲一個中國人都不可不知的很重要的史
實，但是，因爲次數之多、內容之雜，在這裡不容我們涉
及其詳，不過無妨以共通點來一概其全，並在其中，擇出
兩三實例，用以說明其與媽祖信仰史的關連即足。如同前
面所略說，唐宋以後的中國歷次革命運動，都一貫以白蓮
宗或白雲宗的宗教團體來蘊育，而這個宗教團體雖是革命
的母胎，它卻不但未受它所培養而成功的革命家對它的任
何報答，而且有反而受成功者加以『妖教』而取締的不少
場合。史家對這種傾向都會大打不平，但是，那是不知這
個革命母胎的基本精神所作的論調，假使成功的革命家要
給它以報答，它也會拒之於門外，更徹底的，可能在革命
成功的時候就銷聲匿跡地轉移陣地。爲甚麼會這樣呢？無
他，這個無我的精神格調，在老子是『功成而弗居』，禪
宗把它說成『無所求行』或『無功用行』。媽祖信仰是媽
祖透經龐蘊所弘傳的居士禪，而居士禪的革命精神，可歸
之於居士門的原典—《維摩詰所說經》香積佛品第十末段
所說『菩薩成就八法』：『維摩詰言：菩薩成就八法，於
此世界行無瘡疣，生於淨土。何等爲八？饒益眾生而不望
報。代一切眾生受諸苦惱。所作功德盡以施之。等心眾
生，謙下無礙，於諸菩薩視之如佛。所未聞經，聞之不
疑。不與聲聞而相違背。不嫉彼供，不高己利，而於其中
調伏其心。常省己過，不訟彼短，恆以一心求諸功德。是
爲八法』。《維摩詰所說經》是自盛唐以後，一貫風靡於
全國上下各界的經典，而上引『八法』之中的『饒益眾生

而不望報』，『代一切眾生受諸苦惱』，和『所作功德盡以施之』這三項，可以說是中國宗教革命思想的基本精神。這個革命的傳統思想，在明末清初為媽祖信仰所紹隆，後因祖廟淪陷於清朝的勢力範圍，才產生清廷藉尊崇媽祖信仰的方式企圖懷柔反清的思想及行動，但是反清陣營卻很巧妙地，反用清廷所尊崇的媽祖信仰，來掩護洪門天地會的反清運動，直至其發展為太平天國，他們又代清末全國眾生負起對日本戰敗的賠償之責，國民革命成功，他們還是以奴隸的狀態在這孤島償債，而大陸淪陷，政府播遷台灣，他們似乎安了，在這個過程上，除開少部分逸脫台灣精神的『餓鬼格』的人們爭奪權利以外，絕大多數的台灣人都善守饒益眾生而不望報、代一切眾生受諸苦惱、所作功德盡以施之的居士禪之根本精神。他們不是要厭離世間，而是勇敢地活在這個穢惡充滿的世間，默默無言地為掃除穢惡而盡其無所求報的清道夫的工作。他們沒有學問，不造標語，不弄動人的口舌，更不若我叨叨擾擾地、掘出他們的精神而求某些意味上的利己，書至此，我慚愧得幾乎難抑斷筆毀稿的衝動。」

二、觀音的原型

　　坊間一般追溯觀世音菩薩的始源或原型，大抵溯至西元前1,500年前後，口傳背誦的《梨俱吠陀》。《梨俱》中記載的這位神明似乎是位青年，他行動比思想還要快；

他救苦救難、大慈大悲；他令盲者復明、殘障者復全、母牛多乳、閹人生子、老女得夫、沈船獲救，等等，幾乎成了有求必應。這是古印度婆羅門教的自然神「雙馬童」。

到了印度大乘佛教盛行期間，或約在2～5(6)世紀，或更早，他們將婆羅門教的這位善神收編，改造成爲一位菩薩(理想人格的稱呼)，其威力幾乎與原雙馬童一致，且號爲「馬頭觀音」或「馬頭明王」。

2～7世紀間，中國譯經師至少將觀音譯成7種以上的名號，而且，一般人都誤以爲是因玄奘爲避諱唐太宗李「世」民的世字，才改成「觀自在」或只簡稱「觀音」，事實上不然。

唐、宋時代，觀音徹底中國本土化；在淨土宗，觀音被視爲阿彌陀佛的左脇侍，右脇侍即大勢至菩薩，三者合稱爲「西方三聖」。也就是說，觀音與大勢至協助阿彌陀佛，接引眾生往生西方極樂世界云云。

還有，包括觀音的生日、成道日、涅槃日、三大道場、變男變女相的原因或傳說、千手千眼的傳說……(可參考陳玉峯，2010，印土苦旅，前衛出版社，279-281頁。)

然而，上述這些「傳說」，基本上是「世俗諦」的方便說辭，提供予素人或不識字的常民的理解。在此，有必要從宗教哲學的深度，略加闡釋之。

高楠順次郎、木村泰賢(高觀盧譯，1971；1995)的《印度哲學宗教史》書中分析，觀音原型的「耦生神(阿須雲)」(Asvin)，是雅利安人入侵南亞五河地區時才產生的印度特

產神三位之一。《梨俱》中出現神名頻率的統計，阿須雲竟然是第二級的，比第三級的黎明女神烏莎還多！由於五河地區的破曉景觀優美，《梨俱》的詩人作者力保烏莎的自然天光，「人格化」的程度幾乎是《梨俱》諸神當中最輕的一位。也就是說，大部分自然現象在《梨俱》中都有其主宰神，且這些神都已擬人化、人格化，只有烏莎，「像人」的程度最低，而維持其黎明的自然樣相(請參看拙文「從《吠陀》到佛教的旁註」)。

　　為什麼得提到烏莎？因為不管叫耦生神、雙馬童或阿須雲，這個「神」在自然界的根源、出處、基礎是何，迄今似乎無人確定，他的字義是「有馬者」，但《梨俱》中並未說他騎或乘馬，而只說是由快馬引領著他，像思想那般迅速。他的形相說是「具有光輝，金色、美麗，頭戴蓮花冠，有多形變化」。他出現在尚處黑暗中而帶有紅色雲彩的時分，他乘車追趕烏莎女神。

　　換句話說，阿須雲或觀音的最初原型，乃是黎明時的光芒、光明現象或趨向光明的神格化？而原字義的「雙生、併生、耦生」象徵什麼？天、地？晝、夜？明、暗？日、月？二元對立之合一？則無人可予確定。

　　依據筆者長年在自然野地對唯物自然的觀察、感受與體會，自然世界或其現象，並無二元對立的判然可分，特別是轉換的過程悉盡漸層細微遞變，是人類加以抽象化、觀念化時，才有二元觀的產生。而阿須雲或觀音原型給予筆者的領會，較傾向於事物或心念處於「似已分而實未

分；似未分而實已分」的一種無法分類的狀態，可以是起心動念的那瞬間，可以是彌留中陰那期間，可以是緣起未起、無明緣行與未行之間的一、二狀態，包括所有唯心、唯物之轉變或心物之間的過渡，皆可引之爲象徵。

筆者視觀音的原型即一元、二元的轉化。

至於此原型(自然神轉化爲抽象神)誕生將近2千數百年後，印度大乘佛教乃至東傳中國的龐多本土化蛻變，雖然發生繁雜的方便或權宜的轉化，但根本究竟義並無消失或質變，而且，幾乎是所有宗教、宗派共通的法門。觀音其實正是人性起心動念或反向歸寂的瓶頸處，不管正、反方向，都是人類、人性希望之所在。

三、佛教傳進中國之前，
古中國文化中觀音的內涵或背景

觀音既是一種普世人性，則佛教傳進中國之前，中國古文化中自有觀音的近似概念，或宗教上相當的背景。然而，農業文化與遊牧文化的神話構成自是不同，就中國古神話如《山海經》找出的「西王母」，似乎僅有性別莫辨相似，而戰國時代《穆天子傳》的「王母」、《漢武帝內傳》的「王母」、《列仙全傳》的「西王母」、黃帝大戰蚩尤時代的西王母(《歷世眞仙體道通鑑》)等等，乃至後世道教諸多神話故事 (趙弘雅，2010)，中國實無阿須雲的觀音原型內涵，而是在哲學、抽象概念上，特別是屬靈的宗教意味

上，才有豐富的觀音性質。

當梵語Avalokiteśvara傳入中國之初，佛典中可找到的音譯如「阿縛盧枳低濕伐羅」等至少有7種；而當此字眼可以意譯時，代表此外來語的觀念或象徵意義，已經在新殖民地找到同屬性或同類者，或說，新殖民地的文化已經產生同等或相當的內涵。

因此，以下列出一些Avalokiteśvara的意譯：

年代	意譯	譯者	出典	朝代
西元185年	觀音	支曜	《成具光明定意經》	後漢中平二年
223～253年	闚音	支謙	《維摩詰經》	吳國黃武二年到建興二年
252年	觀世音	康僧鎧	《郁伽長者所問經》《無量壽經》	曹魏嘉平四年
286年	光世音	竺法護	《正法華經》	西晉太康七年
291年	現音聲	無羅叉	《放光般若經》	西晉元康元年
508年	觀世自在	菩提流支	《法華經論》	後魏正始五年
663年	觀自在	玄奘	《大般若波羅密多經》	唐龍朔三年

也就是說，觀音初傳進中國就是「觀音」了；觀音並非觀世音的簡寫。「觀」並非五官視覺的「看」，而是可以包括視覺的任一面向的「觀察」，更且，「音」不是「聲」，因此，「觀者」絕非以眼睛、視覺去觀看聽覺的聲音！使用這樣的字眼是擺明讓一般理性、知性碰壁。

　　所謂「觀音」乃是要超越一般知覺、理性認知範疇，進入到超自然、屬靈的宗教世界，去諦聽、察覺人人本具的心音、心靈之音。所謂「音」，可由多面向詮釋。

　　《中庸》敘述：「喜怒哀樂之未發，謂之中；發而皆中節，謂之和。中也者，天下之大本也；和也者，天下之達道也。致中和，天地位焉，萬物育焉。」這小段文字依現代人理性認知來說，幾乎是無解或不通的，因為它是宗教性的，這裏所謂的「中和」，相當於老子所說的「道德」，「中」與「道」都不是物質、現象界的東西，它們表達、表現出來的，叫做「和」與「德」的某些狀態。基本上，「觀音」要觀的就是「中」、「道」或「心音」之類的某種本體。可惜的是儒家走向了現世、現實主義，或實學、用世的學問去了，而不願探究現象界的背後。

　　先從文字上來感受「觀音」的弦外之音。「音」顯然是「中」、「道」、「靈」的某種狀態，一旦發出來，可以成為「聲」，但它能表現的，遠多於「聲」，且當「聲」波撲到物質等而反射回來叫做「響」；又，光學上的光碰到某些物體，則留下其痕跡叫做「影」或「像」。於是，「心音」不只會發出「聲」波而產生迴「響」，也能發出「光」波而造成「影像」，從而合起來叫做造成「影響」。也就是說，「影響」這詞已經包涵多種感官能識、能合成轉化的某種、某堆效應。觀音至少包括視覺、聽覺、物質、抽象等等綜合性的察覺作用，目的在於喚起人們跨越感官、知覺的圍限，試圖直覺直逼心靈體的狀

況。因此，「音」並非五官、六感的單獨作用，更非這些感官所能觸及的。我們的感官、理性思考所能觸及的，只不過是「心音」所能表現的作用而已。

試看西元16年《列子》一書及其劉向的序文。

《列子》的「湯問篇」：「瓠巴鼓琴，而鳥舞魚躍。鄭師文聞之，棄家從師襄游。柱指鈎弦，三年不成章。師襄曰：子可以歸矣。師文舍其琴歎曰：文非弦之不能鈎，非章之不能成，文所存者不在弦，所志者不在聲，內不得於心，外不應於器，故不敢發手而動弦，且小假之以觀其後。無幾何，復見師襄。師襄曰：子之琴何如？師文曰：得之矣，請嘗試之。於是，當春而扣商弦，以召南呂，涼風忽至，草木成實；乃秋而叩角弦，以激夾鍾，溫風徐迴，草木發榮；當夏而叩羽弦，以召黃鍾，霜雪交下，川池暴沍；及多而叩徵弦，以激蕤賓，陽光熾烈，堅冰立散；將終命宮而總四弦，則景風翔、慶雲浮、甘露降、澧泉涌……」接下來的兩段即餘音「繞樑三日」、「伯牙與鍾子期的知音」典故所從出。

《列子》描寫的，已經不是琴聲、歌聲或伯牙的崩山之聲，而是進入「內得於心」的某些東西。因為現實中、常識世界裏是不可能有這些「超自然」的現象或能力，相當於佛教的「神通」之類的「神話」。鄭師文「得之於心」後的彈琴，竟然可以顛倒四季，顛覆常態，如同《老子》的「天地相合，以降甘霖」(等於《列子》的「內得於心」)，都是宗教語言，也就是「超自然力」、「神祕經

驗」的見證。

　而「觀音」的意譯就是直接要表達這樣的宗教語言。這樣的語言在佛教正是「佛以一音演說法」；基督宗教是謂「福音」。不幸的是，我們幾乎所有教育、被教育的內容都只環繞在「意」與「識」的層面打轉，而不是去開發、感受我們的心或靈，因爲「心」是個抽象、無形、摸不著邊際的某種不是東西的東西，卻是靈之所在。一般而言，我們甚難認識自己的心的構造、心的調整或控制，而觀音的精義，正是要向內觀見終極的靈界之音；觀見我們或任何生命、一切所來自；觀見梵我本合一；觀見阿拉的眞理；觀見道德原理或中和原鄉。

　中國文字的「音」根本就是宗教、信仰語言。與「音」有關的字也很有意思。例如「竟」字，靜態的「人」若採動態即「儿」；「音」經由人的動作或動態就成「竟」。所以二祖慧可向達摩求助「安心」，達摩要他「把心拿來幫你安」，然後說出：「我與汝安心竟」！使用的正是「竟」字。也就是說，靈界或「音」被人的心敏銳或靈現地接受到了，且透過那個人的個性或特性，發生創造活動的狀態是謂「竟」。

　「竟」字延伸出「境」、「鏡」。「境界」原指神明的勢力範圍，「鏡」則強調心象的反照體。又，音是靈性抽象界；意則指天，是謂天意；識則對應地，或現實現象界。「意與識」對應「天與地」，也就是我們生存的「環境」的世界。而這個世界正是我們「意、識」的心象的反

照體，有如鏡子一般，反射出我們的心象。所以「大圓鏡智」指的是洞悉「音」的「竟」(覺悟的人)，將「環境」視為整體、立體的心象的反射鏡，如此智慧是謂「大圓鏡智」。其先決條件當然是已經「觀音」矣！

如此敘述恐怕讓今人摸不著邊際，簡單地說，所有宗教教育、教化的唯一目的，在於開啟接收來自靈界(內心)的「音」，也就是「觀音」。而在大乘佛教般若系統的終極目的正是觀音(大乘佛教除了佛陀之外的最高理想人格為菩薩)。

四、觀音法理或原理

全球不同人種、族群自有其天演及歷史歧異的境遇，從而產生天差地別的宗教、信仰的不同形式與內涵。然而，所有宗教的修行，可以說無一不是要成為「觀音」為其究竟目標，只因形式、方法有別，根器有異，而有龐多宗教、宗派、法門等等分歧。

而印度自紀元前後以降的大乘佛教，乃至東傳中國在地化、本土化之後，所謂「般若門」的終極目標，客觀地說，乃濃縮在《般若波羅蜜多心經》所敘述的項目之實踐，從而「究竟涅槃」，也就是將人心所有「分別意識」的作用，完全停息下來，且在這樣的場合中，我們感受、接收靈界心音的「收音機構」就會啟動收音作用，同樣地，也可發出傳輸作用。相對的，就主觀而論，即《金剛經》中的兩大義理，也就是「我相、人相、眾生相、壽者

相」所謂四相的否定，加上「即非」詭辭(paradox)的否定
與肯定，或矛盾的再否定。同樣地，《金剛經》只是從主
觀角度去消除人心的「分別意識」，從而打開自心的「收
音機」罷了。

所謂學佛、禪修，正是舉修行的人的全部心靈活動，
集中在此一「觀音」的究竟目標，要求自己與靈界妙音打
成一片，完全密合且創化之謂。依筆者個人感受，所謂觀
音，正是消除二元對立的分別意識，又有辦法切入人們的
分別意識，從而誘發其自覺(消除分別意識)的法門之一。

然而，《心經》與《金剛經》等對一般人來說「太冷
峻」，世間沒幾個六祖慧能一聽就悟；世人需要溫暖、簡
單些的方便法門，而觀音法理可以提供不等通俗程度的版
本，因而蔚爲草根、俗民所歡迎。以下，先由深往淺簡
介。

觀音法理大抵以《法華經》及《楞嚴經》爲依歸。

《法華經(妙法蓮華經)》的「妙音菩薩品」及「觀世音
菩薩普門品」是重點。

「觀世音菩薩普門品」記載：「……善男子！若有無
量百千萬億眾生受諸苦惱，聞是觀世音菩薩，一心稱名，
觀世音菩薩即時觀其音聲，皆得解脫……應以長者、居
士、宰官、婆羅門婦女身得度者，即現婦女身而爲說法；
應以童男、童女身得度者，即現童男、童女身而爲說法
……」

而「妙音」指的就是上述靈界之音。當「妙音」被某

個人感受到，而此人對其「環境」發生「轉播」、「反映」的作用時，這個人就變成「觀世音菩薩」。要成為「觀世音菩薩」的修養方法或訓練方法，就寫在「妙音菩薩品」當中。

《楞嚴經》卷六則藉觀世音菩薩的體驗談的形式，解說觀世音的修養或訓練法，是以「觀世音佛」與「觀世音菩薩」的關係來說明的。反正究竟目標都是要消除分別意識、締聽靈界妙音。

無論《法華經》的三十三應現，或《楞嚴經》的三十二應現，都是提出「妙音波動」在人類社會作用的象徵性說明。其等，最最重大的「應現的論理」，正是「觀音」的核心「理論」或「論理」：

「若有國土眾生，應以佛身得度者，觀世音菩薩即現佛身而為說法。」（《法華經》）

「若有藥叉，樂度本倫，我於彼前，現藥叉身而為說法，令其成就。」（《楞嚴經》）

以現在的話語來說明：「一個人內心的狀態，不論處於什麼樣的情況，妙音的作用，會使那個人在『環境』中看出他自己的心象的反照，用以糾正自己的心，使其逐漸接近感受最高級的『妙音』。」

例如，我認為有朋友對我不忠，也就是我的意識中藏有對朋友不忠的經驗記憶，這個心象投映於「對我不忠的朋友」，而以具體對我不忠的行為，來對我「說法」，要我懺悔掉這個心象，如此才能接近於感受福音、妙音。像這

樣的繁多例子，無論處境好壞，都是無形的妙音之作用。

就筆者而言，「觀音論理」避開討論或思考「空無自性」的直接議題，藉諸所有心象活動，包括正負緣，反求諸己，要求自己在內心消失掉任何差別、分別意識，是心性實修的絕佳途徑。任何起心動念，「胡來胡現、漢來漢現」，直逼根本處的清朗。筆者視觀音即般若法門在宗教哲學面向的本質，也幾乎是台灣常民性格的基本特徵。

然而，宗教之所以爲宗教，有別於科學、哲學、任何學科或學問者，在於其超自然的面向，或神祕主義式的特殊經驗。因此，佛教之能在中國本土化，形成常民的宗教，應現觀音的出現才是重點指標之一。

何謂「應現觀音」？如前述，求道者想要「觀音」，只有到達他發生感受「妙音」的狀況或能力，或得以跟妙音打成一片之際，這個求道者就變成「應現觀音」，而且，常民通常並無思考到什麼妙不妙音，而只在乎超自然現象的「出現」。以下介紹幾個「應現觀音」的例子：

1. 延命觀音

北魏天平年間(534～537年)，有位叫做高皇(或高王)的軍人，他信仰觀音。當他被行刑前，觀音在夢中傳授他十句話(《延命十句觀音經》)，讓他把定信心，以致於在劊子手刀下，竟然發生刀斬不了頸的奇蹟，救他於九死一生，從而傳誦開來。2012年5月20日聯合報半版大廣告以「高王觀

世音眞經」爲題，還在招募信眾做「超度大法會」！

2. 蛤蜊觀音

　　唐文宗(827～840年在位)喜歡吃蛤蜊，因而沿海的官吏必須老遠運送海產到內陸，可謂勞民傷財。有天，文宗要吃的蛤蜊有一粒始終打不開，文宗覺得很奇怪，於是燃香祭禱。突然，蛤蜊變身爲菩薩形出現，從而諫止了文宗的勞民傷財。

3. 馬郎婦觀音

　　發生在817年陝西省金沙灘的故事。女主角聰明貌美，追求者不計其數。女主角訂出競賽第一關：一夜之間能夠背誦「普門品」的人，結果有20人合格；第二關：一夜間可以背誦出《金剛經》，仍有10個人通過考試；第三關則要求3晝夜背出《法華經》，只有一個姓馬的青年及格。然而，女主角卻在被迎娶到馬家時猝死。隔幾天出現了一位老僧來指示，開棺一看，屍體已變成一具黃金的鎖骨。這故事是說，爲了要教化金沙灘的人，觀音應現爲美女，且藉此方便，讓該地年輕人從誦經而入理。

　　其實這故事實乃脫胎自《佛說月上女經》，只是方法略有不同而已。

4. 媽祖林默娘──身穿道袍的應現觀音

　　媽祖之爲應現觀音的故事最是曲折離奇。這個神話無

疑是禪師們的創作，時程歷經約千年，且明確地係受到
1119年宋徽宗(宣和元年)詔令天下改佛爲道的政令影響，應
現觀音媽祖的神話遂在形式上改編爲道教，且在隨後漫長
的時代變遷中，並沒將道袍、道冠脫下而還原，更因鄭成
功據台抗清，其叛將施琅平台，祭起媽祖信仰以教佐政、
監視台灣，因而盛行迄今，形成台灣宗教哲思的隱藏性寄
蘊，或台灣最大宗的隱性文化。

　　總的說，台灣媽祖信仰中，媽祖《天妃誕降本傳》的
結構，乃「藉儒教崇祖的手筆，披上道教民間信仰的外
衣，包藏禪的居士門的法脈，再加以鄉土出身者嫻雅、文
靜、幽怨的故事，合糅創作出來的宗教藝術。」換句話
說，媽祖信仰即居士門的在家禪、生活禪，以普門、普
遍、普通、普現於家家戶戶的觀音來呈現。其若干重點辨
明容後引述，但其底蘊或法脈先引如下：

　　台灣宗教哲思的脈流及其創發人，「可上溯至唐朝
元和年間(約806-820年)龜洋無了禪師所傳下的馬祖道一禪門
風。而馬祖禪之在福建，首因無了的繼承者慧忠禪師得法
於青原系的石頭禪，以及遭遇唐武宗『會昌廢佛』的壓
迫，繼之有雪峯義存一派的活耀，以及曹山本寂的影響，
種下了趨向於傳統玄學的因素」。

5. 大甲貞節媽林春娘─台灣應現觀音之一

　　台中大安中庄村的貧農林光輝的女兒林春娘，1788
年生，七歲時被以「童養媳」身份送給大甲鎮余家，而林

家、余家皆是媽祖信仰的虔誠信徒。阿春自幼遭逢「生離」之苦，而由媽祖故事啓發，且從事「紡績」工作。不料，她12歲之際，未來的夫君卻溺死，她，集結了生離死別的「無常」苦，從而產生堅定的信仰。

阿春的生父以家庭經濟已改善，且未來女婿已亡故，想接阿春回家，阿春卻以養父臥病爲由拒絕；養父逝世後，則以奉侍養母爲由，再度拒回生父家，生、養雙家及鄰居稍加勸解，她就手執剪刀作勢自戕。自此，她不婚，與養母相依爲命。

養母患了眼疾而兩眼失明，阿春去媽祖廟祈禱「爐丹」作藥，以她的舌頭，舐拭養母雙眼的汙膏，竟然治癒了養母的眼疾。在治療養母的過程中，因三餐不繼，她節縮自己的食量，使養母足餐。事被養母知悉，婆媳相擁痛哭。然而，信仰的力量讓阿春渡過各式各樣的災厄、難關，終於生活漸有餘裕。因此，爲了後嗣，婆媳自余氏族中領養一男孩，且在其長大後迎娶巫氏爲媳。

後來養母又患了「拘攣」之疾，臥倒床褥。阿春爲其「沐浴浣濯飲食」全副照料。及其死後，阿春「哀毀逾禮」。更悲慘的是，養子又短命夭折。阿春遂與媳婦相依爲命。

阿春的媽祖信仰讓她在歷經人世折磨中，腳踏實地工作，且以同理心樂善助人而不求任何回報。1833年（道光13年），地方官署以阿春「聖女」行徑，報請上司在大甲城南門外建立石坊予以表揚，此時阿春55歲。

1862年戴萬生反清，大甲水源被切斷，城中居民斷水。近85歲的阿春走進媽祖廟祈雨。在旱季裏，城內竟然降了場大雨，救了居民。在戴萬生圍攻大甲期間，阿春祈雨三次，三次全然應驗。1864年2月，阿春以86歲高齡，無病端坐床上而逝。

大甲居民感念阿春德性與靈驗，雕塑了一尊「貞節媽」奉祀於媽祖廟。若有天旱，則請出「貞節媽」替他們乞雨。據說迄今無不應驗。

6. 當今應現媽祖或觀音

筆者所要強調者，四百年來台灣到處都有大大小小的應現媽祖或觀音，她們都是台灣二次、三次、多次的應現者，而且，絕大部分都是名不見經傳，沒有「語錄」、沒有「奇跡」，最是平凡與單純樸素，現今亦然。

如上舉例，或可略見印度佛教如何中國化、閩南化，乃至台灣在地化。因為，宗教信仰的本質或精義，乃在信仰者將他全副身心或其全部的存在，朝向他所信仰的對象同化，例如他信仰的若是基督宗教，也就是他做為一個人的全部，以朝向基督的精神、人格(神格)、行為或內涵逼近，期能成為基督本身為依歸。簡單地說，他信仰媽祖，等同於他以成為媽祖為其終極目標，等等。更且，一個宗教之在特定人種族群或地區在地化，或真正落地生根，其判斷的標準，或該宗教信仰的成果，端視該族群、地區等有無產生該宗教「應現的人格」而定。講句俗話，某宗教

進入某地區，有沒有產生該宗教在該地的神明，或神格化的人，或該地人格化的神？若有且眾多，代表該宗教在該地(族群)愈發成功。

上述應現觀音，在中國先是產生夢幻式的應現，例如「延命觀音」、「蛤蜊觀音」等，也就是對人發生超自然現象的靈驗，接著，由特定人士編撰出各地人的靈驗故事，用來表述觀音之教化人心；而媽祖林默娘的宋代以降的神話故事，應現觀音已完成人格化，甚至後世人相信真有林默娘其人；乃至於台灣大甲的林春娘，以聖潔或童貞村姑的真人實事，彰顯出《維摩詰所說經》所述：「饒益眾生而不望報；代一切眾生受諸苦惱；所作功德盡以施之」的居士禪菁華精神，但她連阿彌陀佛似都不曾稱念，只以恆不退轉的「水牯牛」、「山下去」，或投身十丈紅塵而了無蹤跡，示現了無我、大愛的人格；她的生活整體，就是「現身說法」，禪除掉「自我」，而不需披剃、袈裟，不用戴冠穿袍。至於現今台灣到處存在的小小尊應現觀音，已經「禪除掉」宗教形式，例如陳樹菊等千千萬萬草根人士，陳樹菊只是很不幸地被人彰顯出來而已！近來筆者書寫《台灣素人》，如許淑蓮女士等，正是無禪、無宗、無派、無形、無式的水牛典範之一。

總而言之，台灣由古迄今，以媽祖(應現觀音)、觀音佛祖(本體觀音)為底蘊的宗教信仰，由神蹟、靈驗，到近代以降無形無式、無奇蹟的活生生今人，真正磨頂放踵、衣被群生，卻無花俏的宗教語言或無宗無教，只在言行、呼吸之

間利益眾生，殆即筆者心目中眞眞正正的台灣文化、精神與
人格的特徵，而且，其乃如假包換的，禪門的應現觀音。

五、台灣文化散見的禪語、禪意及其相關

台語是閩南語的一支，是閩南語在台灣本土傳播、消
滅、變形、新增等等演化出來的活體語言，且隨時都在變
遷。在此只籠統界定爲當今台灣常民溝通使用的語言之
一，它尚保有許多閩南各地方音。

閩南音有重唇而無輕唇音，有舌前音而無翹(捲)舌
音，有m、ng韻，故知保存古音，且是唐朝之前的古音。
按漳、泉、廈一帶，晉朝之後才與中原人接觸。《龍溪縣
志》敘述：六朝戍閩者，多屯兵龍溪。五胡亂華、晉室東
渡，一批批「衣冠士族」才與「荒赤的」閩南人融合。到
了唐代，河南光州固始人陳元光於垂拱二年(686年)「替他
父親陳政顛綏安，襲閩關地，奏置漳洲，昭以元光知州
事。後來，元光子　是一個『臺院秀儒』，曾在這裡『主
鄉校，與士民講習』」陳元光以下四代皆當州刺史，從而
形成閩南文化(葉國慶，轉引李岳勳，1972，12、13頁)，台灣今人
陳姓拜的「開漳聖王」就是陳元光。

然而，這類型敘述乃「中國」本位的敘述，基本上是
中原人以武力入侵閩南，殺盡反抗的原住民族，特別是兵
士皆獨身，殺掉原住民的男性，掠奪原住民女性混血之，
且是以中原文化改造原住民文化的過程。而「漳州人」的

「教化」，由是而偏向於儒教。

另一方面，與陳元光近乎同時代，676年(唐高宗儀鳳元年)春，六祖慧能在廣東廣州法性寺開演「東山法門」，也就是說，當時廣州禪風已盛，但禪的教化並沒有向福建傳入，反而經由迂迴路線向泉州人教化。

唐朝末年黃巢之亂，王緒攻佔河南光州，他任命光州固始人王潮爲「軍正」，王潮卻反過來殺掉王緒，並歸順於入蜀的唐僖宗(874-888年在位)。王潮被任命爲「福建觀察使」。他在福建「勤政興學，薄賦勤農，地方得以蘇息」，乃再度被任命爲「威武軍節度使」。王潮死於897年底，其職務由其弟王審知取代。907年唐朝滅亡，王審知建立了五代時代的「閩王朝」。閩王朝的王、后、妃、貴族們的禪文化水準頗高。

李岳勳認爲(16、17頁)泉州一帶深受禪文化的教化，相對於漳州的儒教之風，其民風自有地理、教化根源的差異。

然而，羅香林(轉引李岳勳，1972，14-17頁)考據台灣人稱男性爲「查脯」、女性爲「查某」，當是從福州稱男人爲「唐部人」，稱女人爲「無諸人」，多重訛變而來。傳說，五代時，王緒率眾渡江，佔據福建。而王潮的部隊中有所謂「唐部人」，「進掠福州，盡殺土著無諸族的男子，將其女子收爲各唐部士卒的妻子」，因爲男、女的種族不同，故以「唐部」爲男子的通稱；女子則通稱爲「無諸」。

李岳勳可能以禪的「情結」，認爲王潮部隊之屠殺福州原住民爲「似乎不太可能」，但筆者不以爲然，因爲全球各種所謂「文明」與「未開化」自然人之間，有史以來罄竹難書，盡是此類悲劇啊！荷蘭之於郭懷一事件；明鄭來到台灣之於左營地區，劉國軒之屠盡沙鹿原住民(陳玉峯，2011)；清朝期間之於台灣原住民，例如郭百年事件等等，亡種滅族的慘劇何者能免？禪的教化誠爲事實，屠族滅種、有唐山公沒有唐山媽也是事實。

而「閩」字不是指「蛇」的一種？五祖見六祖不是直接說你這「獦獠」(註：短喙犬)嗎？「粵」字不也帶有「未開化」的歧視？閩南人來到台灣，稱呼原住民爲熟番、生番、傀儡等，如出一轍吧！

不僅「文明人」與「自然人」(原住民)的征服與被「融合」，不同族群之間更是傾軋不已，光是福建的漳、泉人來到台灣，有清一代的漳泉械鬥，加上閩粵紛爭，史上血跡斑斑。而且，人鬥，其所信仰的神明，自也無法和平共處，例如：

福建神醫吳夲經民間神化之後，發展出「大道公」的信仰。這個信仰可以說是「福建省儒道傳統思想的象徵，具有與媽祖信仰相對抗的傾向，而其起源，即在漳洲……」。《台灣外記》描寫鄭成功艦隊要前往羊山卻遭遇狂浪，船難折損3個兒子及兵士數千人的「羊山遇睡龍」的神話故事中，那條水中的獨眼龍，傳說即孫真人(大道公)醫治好的，但鄭成功不信邪，遂遭難。這故事可能暗寓著

漳洲派與泉州派衝突的事件之一。

　　漳泉本就水火不容。漳州人與泉州人在氣質、行事風格或處世態度大有差別，亦可上溯教化根源上的差別，不只是山地與海岸等自然環境上的差異而已。漳洲係由儒家系統的陳元光所開拓，泉州則由禪者所教化，自古在思想、價值觀上不同。「泉州人積極，難免有衝動性武斷的偏向；漳州人溫和而彬彬有禮，但具有保守退縮的缺點」，漳泉卻是台灣人的主要成分，歷來漳、泉的衝突、械鬥罄竹難書，說明氣質互異而難以相處的敵對性，連帶的，漳洲人奉祀的大道公與泉州人信仰的媽祖，迄今不可置於同一神桌上。

　　然而，以筆者對台灣史的學習、認知，上述原因毋寧是較屬細節，根本關鍵(指台灣史上)或應以鄭成功的跟隨者多泉民；其叛將施琅的兵民則以漳人為主，複次，移民史上地盤的爭奪，自易燃起新仇舊恨使然。進一步說，歷來統治者的偏見與態度或道德水準亦必然有關。粗略或表象言之，泉先來、漳後到；泉沿海、漳在山；泉反清、漳擁清，但亦有不盡然者，或互為因、果者亦有之，畢竟台灣之走入文明史，基本上是中國動盪不安、鼎革時期，乃至東、西強權利益爭奪之際。而台灣地土、自然生態體系，以及原住民族，從來承受外來禍患與傷殘，卻恆以天地寬容承擔之。

　　台灣以其地理位置、氣候變遷，乃至世界歷史的邊際效應，成為中國異種族、族群，最後、最年輕的混血大融

爐，而以最自然、最原始的生界，稀釋文明的機巧與罪惡，由是而禪風可以走向生活與無形，此即筆者補充李氏的畫蛇添足。再者，台灣特殊的頻換外來政權的事實，正是隱形文化的溫床，配合禪的特徵與性格，終於蘊育出台灣人性格在現今全球人群中，允爲最特殊的無善之善，但今只以所謂「熱情」形容之。

筆者刻正採訪、撰述《台灣素人》系列，嘗試側寫台灣人無禪形的禪文化(例如郭自得先生、黃文龍醫師、楊博名先生、許淑蓮女士等，陳玉峯，即本書)。

至於何謂禪？梵語dhyāna的音譯如「駄衍那」，意譯如「禪那」、「禪」「禪定」、「靜慮」、「思惟修」、「止觀」、「三昧」等等，李岳勳(1972：第一章)析論爲何中文一定要選擇「禪」，他巧妙地解釋被禹帝終結掉的「禪讓制度」與「封禪」，說明後世的禪徒，以神話故事，暗寓「禪宗」之所以一定要用「禪」字，取源、取義於中國禹之前的「禪讓制度」及其代表所有部落、小國的共主，向天地祭祀，也就是所謂「聚土爲封，除地曰禪」，要禪除掉各部落、各小國的地域差異、氣候差異、文化差異、經濟差異、利益差異……，種種差異，由共主代表全部生命與各國，來與天、地交流，延展出象徵意義：禪宗即要禪除掉任何人的性格差異、生理差異、出身差異、聰明程度差異、好惡差異……，也就是眼、耳、鼻、舌、身、意或任何差異意識，進臻支持人的意識的背後，或許可以叫做「禪」、「靈」、「心」、「音」等等的某種東

西或狀態。這個「靈」也就是古中國的「中」、「道」、「終極心音」等，殆爲所有宗教的理想或究竟目標。

問題是，這個究竟目標超越時空，超越任何分別意識或文字、語言等等，根本無法用任何意識思惟、推理去解釋。所有解釋都是「指月之指」，「說是一物便不中」，一說明就當場死在句下，不可能比喻、表達，只能暗示、示唆，甚至於再怎麼教育、理解、分析、綜合，通通註定要失敗的。

而台語或台灣話，將任何理性、意識的方式要逼近禪，卻通通沒用的狀況，叫做「蚊子釘牛角」—無效啦！

《景德傳燈錄》卷十五有段小故事：投子感溫禪師，遊山見蟬脫殼。侍者問曰：殼在這裡，蟬子向什麼處去也？師拈殼就耳畔搖三五下作蟬響聲，其僧於是開悟。

這段文字的「蟬」，原文都寫作「禪」，筆者改回蟬鳴之動物蟬。禪師寫的是同字双關，但筆者認爲回到眞實蟬也足以双關。蟬脫殼，比喻人從五感六識等分別意識脫離，而「蟬殼在這裡」正是你我肉身、感官、意識當然就在這裡啊，不然誰在問、答？蟬子(即禪)去哪裡了？所以感溫禪師只能拿起蟬殼在耳邊搖晃幾下，並作蟬叫，暗示問的人。這位侍僧也不是省油燈，一點就亮了。他看、聽見這些示唆，當下感悟禪當然鑽到內在心音中去了！

歷來的文字禪多如牛毛，也不知道有誰悟出了什麼東西。事實上，龐多禪言禪語都是在特定時空或場域，或說天差地別的世間人之處於特定情境下，彼此心思靈性牽扯

下講出來的話或行為，脫離那場域或狀況，很難了知或感悟當事人當下的靈動。因此，禪言禪語或一大堆公案只是糟粕、蟬殼或用過的垃圾、死東西，通常「觀不到音」。禪似乎是不可能有教科書的！

另一故事，有位姓宣的，出家當了僧人。他去參見石頭禪師時很狂傲。他向石頭說：談得來我就住下，不然我就離開。石頭坐著不說話，他掉頭就走。石頭跟在他身後追到門外叫他。他聽見叫聲一回頭，石頭說：從生到老就是這個，你回頭轉腦幹什麼！他突然怔住了，於是將柱杖踩斷，回頭服侍石頭，一住二十年。

是啊！從生到老只在究竟這個可以讓你思考、感受的心，你還要迴轉去哪裏啊！你看，筆者還是在講些廢話啊！真是蚊子釘牛角。

不管漳、泉、客或往後全中國流離移民，也不論何等境遇，來到台灣之後，即令絕大部分人無從得知台灣文化的禪風底蘊，至少，或多或少，都可感受到草根素樸中的溫暖。無論廟寺、戲劇、雜神或怪力亂神的影響之下，諸多台灣人流露無以計數的善良與義行，會令初來乍到或外國人感受奇異，更且，這些言行，台灣人自身也莫名所以，而一些台灣話所隱藏的禪門教化，台灣人也全然不知，而且，這些教化的由來，都不是經由現今的教育系統，而是鄙俗講古、歌謠戲曲、廟會參拜、晨昏謁祖、庭訓叮嚀、草根行徑、稗官野史……潛移默化而來。筆者撰寫《台灣素人》的故事中，「醫療美學家黃文龍醫師」的

父親黃伯珍醫師，一生濟助無數患者，當患者在無法預測的某些情境，也會做出義行義舉而不求回報。這類無功用行的德行，像無性繁殖的芽體，隨風雨四處傳播，而在山巔海隅茁長新芽、增添大地綠意；「泛觀音信仰的許淑蓮女士」的「得姆啊」，同樣忘情忘我地履行饒益眾生不求回報，等等。他(她)們不會去思考他(她)們的行為有何目的或動機，如同郭自得先生每天打掃公廁，只是因為看起來舒服，別人使用也會舒適。

至於他(她)們身體力行的忘了德性的德性，有天引發出龐大的效應，他(她)們只會說「無疑悟」會這樣。

台語「無疑悟」是形容自己就像「無意識」的動、植物，十分謙卑地「無疑也無悟」，今人使用「無疑悟」約等於「萬萬想不到」的意思。這也是道地的禪語。因為人在興起意識分別事物時，立即會「起疑」，禪門有「無疑無悟」、「小疑小悟」、「大疑大悟」的說法，且禪門的疑與悟是要栽進人生、生命的終極究竟的疑與悟。

雖然筆者撰寫「陽光、淨土的文化企業家楊博名先生」，以淨土經文來旁註他，事實上他的助人也是徹底的無功用行。筆者問及接受楊先生幫助的人之與楊先生的關係，通常得到的答案是他本來都「不識」受助人。

「不識」即「不認識」的台語。菩提達摩初見梁武帝時，梁武帝問：「對朕者誰？」，達摩回答：「不識」，也就是「不屬於識的分別矛盾相對的存在」，武帝當然聽不懂。然後，就是有名的「功德」說。試問整部中國帝制

史上，哪個人敢向皇帝說你無功無德？禪入中國一開頭就「眞」得令權勢或既得利益者難堪、頭痛，禪終究得向莊子的戲泥烏龜游去，還得忍受同是「佛門」者不斷的追殺、迫害！

這「不識(um-Bat或um-Pat)」等同於另句台語，也就是更柔軟的「不知影」或「不栽影」，更是徹底的禪意語。「不知影」或「知影」可以當成台灣人的「認識論」，台灣人認爲我們的主體，意識到自體之外的事物，或認知，這個知或所知，不過是「影子」而已，並非事物的實體。相對於北京話，台語實在是過分謙虛。北京話隨便就可說「知道」或「不知道」，台灣人卻篤信我們充其量只能知影，而無能知道，畢竟「道可道非常道」。台語清晰表明「不可以知知，不可以識識」，知識所能探及的一切都是「影子」。

台語說「知影」，象徵著「萬法唯心所現」。將那個「影子」栽向自己內心，就可找到放映那個「影子」出來的「心理上的底片」。這個底片有三層，也就是最底層的「靈體」、後天記憶(庫)的「意體」，以及現世生活習慣或感官知覺的「識體」，這三層陰影套疊所形成。所以，「影」即由此三層放映出來的。禪宗說「迴光返照」，相當於台語的「栽影」！然而，單只栽影，也可能栽出幻影，距離「觀音」還很遙遠。

而李氏舉台語最難聽的「幹你X」爲例，將之說成是外來強權鄙視台灣人所加以改造出的惡劣語詞，他認爲，

這句罵人話的語源是十足神聖的，出典在《六祖壇經》，也就是慧能得衣缽之後逃向南方，後面追逐衣缽的有幾百人，其中陳慧明最先追到慧能。慧能將衣缽放在石頭上，自己躲進草叢中。陳慧明看到衣缽就去拿，不料提不起，只好向慧能喊話，說他是爲法而來。於是慧能出現，慧明向他求法。慧能告訴慧明說：你既然爲法而來，請你將內心的念頭、雜想全部停掉放空，我再爲你說法。慧明沉澱下來許久。慧能說：「不思善不思惡，正與麼時，那箇是明上座本來面目」，慧明一聽瞬間大悟。

　　慧能提醒的這句，也就是止息，消滅意識活動時，你的本來眞面目是什麼東西？當然只剩你的「靈體、心音」，後來，禪門中將之改寫成「父母未生以前(你)的本來面目」、「娘生以前的眞面目」，乃至台語「揀你娘生以前的眞面目」，李氏認爲，由「揀你娘生」竟然被汙蠛爲髒話「幹你X」！然而，筆者持保留態度。

　　李氏另舉台灣的土地公、土地婆；台灣神主牌的意義之與靈的關係；台灣特有的觀音神話故事，等等，乃至王爺信仰之爲禪的應現，也就是由台灣人日常用語、風俗、表面的宗教信仰等等，說明台灣文化正是禪文化，而且，最大宗的禪文化即媽祖信仰。其中，王爺乃觀音佛祖的應現(前述)，而王爺信仰中最受台灣年輕人喜愛的「中壇元帥」哪吒三太子，近年來現代化成「電音三太子」，甚至還走紅國際，卻是「最最佛教的」、「最禪化」、「最屬靈性」的神。

　　《五燈會元卷第二(附篇)》敘述；「哪吒太子，析肉還母，析骨還父，然後現本身，運大神力，爲父母說法。」三太子的「說法」，正是釋迦佛超越二元論而大覺的一種宗教藝術的表現，而且還是中國本土化的象徵。禪除肉身一切，直逼靈性或「父母未生以前的眞面目」，所以，三太子象徵「靈」。臨濟將哪吒太子說作「無位眞人」，後來更有一堆稱呼：「無衣眞人」、「無依道人」、「獅子兒」、「金毛獅子」、「獨坐大雄峯」等等。

　　王爺信仰之所以產生繁多或亂七八糟的神話，根本的原因在於它得應付清朝統治者的迫害；王爺信仰根本就是明末最後的民族意識的寄託，從而形成台灣獨特的宗教隱藏藝術，或筆者界定下的隱性文化。而台灣許許多多的「雜神」，在在皆是應付不同朝代的政治迫害，才產生的方便、權宜。台灣民族在歷經「每隔二、三年就換個爸爸或媽媽」(筆者形容台灣歷史的最重大特徵)，連屬靈的宗教信仰也只能面目全非、張冠李戴。或許因爲如此，許多台灣人務本而不在乎形式、體制或表象。

　　然而，外來政權總有辦法滲透入裏，讓台灣始終墮入亡台在台的悲劇。這種統治的技巧、毒辣的手段與分化的伎倆與時俱進。

　　台灣禪的墮落，以清治及國府時代特別嚴重，日治時代當然也難改習氣，但至少禪風強烈的日本文化，尚有提澌的效應。台灣禪的優點已如前述的無形化或神隱，缺點則因草根鄙俗欠缺有力的鼓揚，很容易由自力聖道迷失成

他力救濟的唯功用行。台灣二度、三度、多度應現觀音的雜神(當然不是全部)，包括媽祖信仰，表面上只成為私利的祈求拜拜，於是，求神問卜似乎淪為「期約賄選」，明明自己的小孩子能力不足於上大學，拜媽祖卻要求讓小孩考上台大，若如願則殺豬公來酬謝，欲陷媽祖於不義還理直氣壯。絕大部分的祭拜者口中念念有辭，要的是免除病痛、升官發財、功名順遂、生意興隆、生兒育女、富貴榮華、長命百歲……，一有「靈驗」則酬神謝戲、大添油香、金牌奉掛、翻新廟宇……不一而足。於是，應現觀音、本體觀音搖身一變成為「有應公」似的！

　　唯功用行不全然不好，有求必應也是宗教的招牌，但支撐起台灣社會善良面者，仍然是無功用行的自力聖道。筆者發心，要明揭應現觀音的本質或精義，不斷宣說台灣宗教文化的奧蘊，破除隱性文化的迷障，還原禪之本來；筆者相信，接軌全球宗教最適合的途徑，還是應現觀音的途徑最具包容性；筆者相信，玉山即臥佛(陳玉峯，2010)，無形無式、無宗無教仍然是台灣最高形式的禪教，但台灣人可以信奉回教，可以入籍基督宗教，可以篤信一貫道、天地教、任何宗教派，一樣可以是應現觀音。筆者關切台灣草根佛教。

六、媽祖即應現觀音的註記

　　李岳勳(1972)的鉅作，最大篇幅與最高價值乃在釐析

媽祖信仰即應現觀音，乃至王爺信仰的方便禪之與政治的糾結。李氏的功力不僅在於為台灣宗教找出禪門理論的根本依據，更在於藉題發揮，陳述其對禪境的造詣。筆者還是推薦讀者逕自閱讀其原著，而本節只摘錄媽祖即應現觀音的若干重點。

李氏解讀媽祖信仰的源流時，先從「天妃誕降本傳」明揭它並非「人物傳記」，而是將特定宗教信仰予以擬人化的敘述。佚名的作者將媽祖「祖先」的起點，擺放在唐憲宗(806-821年在位)治下前後的年代，也是中國禪宗史傳播到福建的年代。李氏沿「本傳」字句，對照史實，一一點破禪宗史之如何隱藏在「本傳」之中。而主角林默娘的誕生(960年)，被設定在宋王朝創建的同時，乃象徵欲將分化的禪宗史歸一、歸源的念頭。

李氏剖悉禪史與編撰媽祖故事的相關，令人讚嘆，他很像福爾摩斯敏銳地追蹤可能的訊息，也以破解《達文西密碼》的姿態，解開隱形的象徵或寓意，不時高潮迭起，而令人拍案叫絕。

媽祖「本傳」的結構，至少可以釐析出下列源頭：

1. 在印度即維摩詰及可變男變女的天女，也就是《維摩詰所說經》的居士禪；在中國則相對應於龐蘊及靈照女。相當於直接點出媽祖信仰正是居士門的法脈，且女性當然可以成佛。又，「維摩一默」可謂林「默」娘的終極來源。

2. 《天妃誕降本傳》描寫林默娘誕生的場面，即脫

胎於《佛說月上女經》。月上女是維摩詰與其妻「無垢」所生的女兒，該經從月上女的誕生開始，敘述她如何被王子公孫求愛，如何斷卻愛慾，乃至被引進於佛陀跟前，如何深悟佛法，最後變成男子，號爲月上菩薩的過程。

月上女誕生之時，「有大光明，照其家內，處處充滿。如是生時，大地震動，其家門外所有樹木，竝出酥油，自然流溢……其女當生，不曾啼哭，即便舉手合十指掌，而說偈言……說此偈已，默然而住……」

而媽祖誕生之時，「見一道紅光從西北射室中，晶輝奪目，異香氤氳不散……自始生至彌月，不聞啼聲，因命名曰默……」

月上女說偈的一部分，成爲林默娘與老道士玄通的關係，一部分成爲林默娘的本生譚(即來自觀音)，也有一部分變成林默娘騰雲渡海的法術。

3. 加上唐代閩南歷史故事，包括梅妃江采蘋，以及具有道術、能行水上的梅姑等。

如上引據，夥同李氏渾厚的禪解，下達前述四—4之媽祖乃應現觀音的定論。

李氏後依《天妃顯聖錄》的每則神話故事，發揮他在台灣宗教哲學、禪史、禪悟、中國暨閩南歷史及文化的非凡造詣，詳加詮釋媽祖信仰(應現觀音)的奧蘊。而如千里眼指「觀世」、順風耳之「聽音」等，則是最表層的象徵。

至於媽祖爲何非得穿上道袍、戴上道冠？這得從半統江山的宋王朝談起。

　　依本位或名正言順的國族道統的繼承而論，宋朝皇帝對「外來宗教」自不免有貶抑的態度，最主要的敵視原因，恐怕是唐末、五代以來，各個分裂的地方政權競相崇佛而發展，就統一全國的立場看來，未免礙眼或欲去之而後快。然而，佛教在全中國的勢力早已坐大，外患頻繁的宋王朝不可能排佛或廢佛。

　　這種芥蒂或心態，在趙匡胤尚未黃袍加身的後周時代即已顯現。西元955年，後周世宗下令廢止「無額寺」，且禁止私度僧尼，隨後將沒收的佛像、佛具改鑄為硬幣，此一政策至少是權勢者趙匡胤的默許或支持。當趙奪得政權之後，雖然表面上「屢建佛寺，歲度增八千」，但也只是迫於形勢的作態而已。及至「皇權」與「神權」對上時，也正是「王」見「王」的圖窮匕現時分，態勢立顯。

　　歐陽修《歸田錄卷一》記載：「太祖黃帝，初幸相國寺，至佛像前燒香，問當拜與不拜？僧錄贊寧奏曰不拜。問其何故？對曰：見在佛不拜過去佛。贊寧者，頗知書、有口辯，其語雖類俳優，然適會上意，故微笑而頷之。遂以為定制，至今行幸焚香，皆不拜者也，議者以為得禮。」

　　也就是說「人王」絕不能比「神王」矮一截，事實上，古往今來，人王多大於神王，否則很難維持專制統治。然而，由字面上可合理推測，趙匡胤還是有所顧忌，所以還是得問一問下人，好讓佞臣可以承擔責任，從而「定制」下來。

　　宋太祖建朝(960年)之後，據《遼史卷七十二宗世列傳》記載，太祖曾問朝臣「以何為國教？」大部分臣子都主張奉佛，只有太子倍力主祀孔，因而建孔子廟。繼宋太祖皇位的，是他的弟弟趙光義。這位「太宗皇帝」對佛教教團、僧人的態度更加傲慢與刻薄，《五燈會元》中記載多則太宗對僧侶的挑釁與不屑。

　　然而，傳統國族、民族本位的學界固然充滿排佛氣氛，但已徹底本土化的佛教，實質上已滲入中國人的生活中。到了宋真宗時代(998-1021年)，皇帝著作《崇釋論》，代表佛教與現實主義的儒教已經和解。

　　而佛教之得以本土化，有一部分成因乃是與老莊哲學的結合，佛教與道教的關係到了宋仁宗(1022年繼承真宗帝位)時代，卻有了戲劇化的變化。按《佛祖統記》卷45的記載，宋仁宗「常頂玉冠上琢觀音像」，卻依照道家之法，實行一年49次的營齋建醮，道、佛似乎滲揉在一起了。1114年4月，宋徽宗在玉清昭陽宮安置道像，任命道士徐知常進行王宮中的道教化。1116年宋徽宗自稱為「教主道君皇帝」，此即道教大獲全盛的時代。

　　1119年(宣和)的正月，宋徽宗詔令天下的「佛剎為宮觀，釋迦為天尊，菩薩為大士，僧稱德士，行稱德童，而冠服之。以寺院為觀，改女冠為女道士，尼為女德。」當時道士坐領高薪，每一宮觀擁有田產數百千頃，道士們擁有妻妾無數而美衣玉食。宋徽宗曾有詩：「捻土為香事有因，世間宜假不宜真，洞賓識得林靈素，靈素如何識洞

賓。」而當時人文殊心道禪師針對皇帝改佛爲道的前後爲題，其所作的「上堂說法」，或可代表禪在此時代的發言或立場：

「……宣和改元，下詔改僧爲德士。上堂：祖意西來事，今朝特地新，昔爲比丘相，今作老君形，鶴氅披銀褐，頭包蕉葉巾，林泉無事客，兩度受君恩，所以道，欲識佛性義，當觀時節因緣，且道，即今是甚麼時節？毘盧遮那頂戴寶冠，爲顯眞中有俗，文殊老叟身披鶴氅，且要俯順時宜，一人既爾，眾人亦然，大家成立叢林，喜得群仙聚會，共酌迷仙酌，同唱步虛詞，或看靈寶度人經，或說長生不死藥，琴彈月下，指端發太古之音，某布軒前，妙著出神機之後，進一步便到大羅天上，退一步卻入九幽城中，袛如不進不退，一句又作麼生道？直饒羽化三清路，終是輪迴一幻身。二年九月，復僧，上堂：不掛田衣著羽衣，老君形相頗相宜，一年半內閑思想，大底興衰各有時，我佛如來，預讖法之有難，教中明載，無不委知，較量年代，正在于茲，魔得其便，惑亂正宗，僧改俗形，佛更名字，妄生邪解，刪削經文，鐃拔停音，敧盂添足，多般矯詐，欺罔聖君，賴我皇帝陛下聖德聖明……仍許僧尼重新披削，實謂寒灰再焰，枯木重榮，不離俗形而作僧形……秋風也解嫌狼藉，吹盡當年道教灰……《五燈會元》卷十九。」

如上，有了宋徽宗「荒謬」的改佛爲道，才有迄今民間尚有人稱呼「觀音大士」的結果。而《天妃顯聖錄》關

頭登錄的「歷朝顯聖褒封共二十四命」的第一則：「宋徽宗宣和四年(1122年)，給事中允迪路公使高麗，感神功，奏上，賜『順濟』廟額。」幾乎是說，這部《天妃顯聖錄》乃是宣和改佛為道時，「把媽祖所提示的觀音入理法門，按照政府的命令，依道教的表現形式改編起來的，可以當作這樣的『序說』來解釋。後周世宗的廢佛是對於『無額寺』，所以『賜額』就是等於頒發『執照』，改為道教形式的媽祖廟，重新領到『順濟』的許可執照……」而且，有意思的是，此「序說」即已點出媽祖信仰之必然走向海洋文化。

　　然而890餘年來，閩南媽祖究竟有無還原為應現觀音的時段尚待考證，從來積弱的宋朝，乃至其後兩次外來政權的君臨，恐怕也是原因之一，何況明朝又出了一個狂信道教的世宗(1521-1566年在位)。不重視形式，高度善巧方便的禪門，就讓媽祖的道教打扮延續至今。

　　明世宗於1522年改元嘉靖，革新政治，重用王陽明。但他在1524年就在宮中建醮，1525年迎道士邵元節為真人，且後來由陶仲文繼任，兼任禮部尚書，大力推廣道教，從而壓迫儒教與佛教。1529年王陽明及楊廷和相繼逝世後，世宗更加狂信道教。1536年5月，他下令焚毀宮中佛殿，對儒教也加以貶抑。

　　儒、釋在感受壓力之下，將南宋暨之前曾倡導的儒、道、釋三教一致觀，重新改裝，倡議一種或可謂「萬教歸一」的宗教理論，試圖避免遭受政治迫害。流風所及，佛

教本身如袾宏、德清、智旭等名僧也鼓吹「混融佛教」，試圖將禪宗與淨土混合爲一，形成所謂的「唸佛禪」。

而對常民影響最大的，也就是由大環境或朝廷氛圍，直接、間接催生出來的神仙小說《封神演義》，以及袁黃（袁了凡）的「功過格」思想。由許仲琳撰寫的《封神演義》打破常理，將當時中國各地凡是成爲信仰對象的神仙佛菩薩，超越時空，一律還元爲人物，讓他們出現在滅紂興周的歷史舞台幻想劇，且讓雙方陣亡的魂魄全部集合於「封神臺」，讓姜子牙分別加封神靈界的職位。

這部荒誕不經的奇幻小說構想奇拔、氣派雄偉，雖荒謬不堪，卻超級流行與暢銷，形成廣大不識字俗民篤信的神、佛、靈界的總根據。明朝普羅民間在這部超現實的神仙小說推廣下，形成萬教歸一的宗教主流觀，更延展到台灣迄今的雜神信仰。同理，自此各類章回小說、神話人物一一走上信仰舞台而見怪不怪矣！

在這萬教歸一觀之下，常民的宗教生活實踐，則由袁黃的《陰騭錄》來概括。於是，常民價值系統中根深蒂固地鉻印下「福禍無門，惟人自召，善惡之報，如影隨形」。普羅大眾幾乎無人在意什麼嚴格宗教、法脈、教義等等，且隨著歷史舞台移轉，形成台灣人民的宗教信仰最普遍的內容。

於是，自明末以降，大混雜的宗教信仰簡直是超級大雜燴，再怎麼荒唐的神怪都有人信奉，但應現觀音的媽祖、王爺，以及觀音佛祖的禪門系統，仍然是台灣人宗教

信仰的最大宗，只不過法水愈來愈稀薄，或說正處於世代變遷之中。

　　如上簡註，媽祖的觀音本質雖未改變，但形相上再也回不去了，只能往靈性方面提升，更有待吾輩台灣人今後全方位的自覺與正面的教化，而自覺與正面教化首重根本法脈、原理，且必須擺脫過往政治壓迫下，地下式、隱藏型的隱性文化模式，邁向磊磊落落、大大方方的自尊與自信，全面揭櫫開來，更要切入現代化、當下議題與前瞻思惟的發展。

七、前瞻與代結語

　　本文摘取李岳勳前輩對台灣宗教信仰深度解讀的若干片段，揭露台灣宗教、信仰的本質或本體，乃禪門觀音入理法門，因應政治、社會變遷之下，權宜應變為種種方便雜神，從而延續法脈、法燈於不墜，更重要的，擊出龐多「無功用行」的俗民無禪的生活禪，只以生活的全部，示視了「饒益眾生不望報；代眾生受諸苦惱；所做功德盡以施之」，安定台灣基層，創造台灣精神與人格典範，卻多無宗、無教、無形、無式。

　　筆者補充李氏觀點，認為閩南及台灣之得以發揚生活禪，「文明人」之與「自然人」的混血實為關鍵之一，而台灣以中國邊陲最後一波的混血，保有相對純真、自然的天性，適為求真、求靈的居士禪的溫床，由是而無功用行

特別發達。更且，禪門觀音本體與應現的善巧方便，提供
宋元、明清，以及台灣高度、頻繁更替外來強權的困境
下，保存、延續民族意識、屬靈信仰、道德及價值系統等
等命脈、法脈於不墮，相當於筆者所界定的隱性文化。

為闡揚這套禪門觀音原理，筆者溯及印度「阿須雲」
原型，並以個人畢生山林自然的體會，認為觀音概念或為
人類一元、二元論，或唯心、唯物之間的橋樑或心念轉換
的象徵。另一方面，由李氏之以古中國宗教概念，交代觀
音在古中國文化的相應，正是致中和、窮道德、溯靈界、
得之於心的同義辭。

而觀音法理以《法華經》、《楞嚴經》的本體與應
現，究竟目標皆在禪悟靈界心音，卻可以提供從深沉的，
到世俗的救贖或引渡，同時，應現觀音的出現，代表佛教
在中國、閩南，乃至台灣真正的本土化、草根化，可提供
全球不同宗教派系融通的管道，或方法論的啟發途徑之
一。

筆者側重在台灣草根文化的形成，或其無功用行產生
的過程，故而從台灣人實際生活，也就是訪談、觀察個別
臺灣人一生行徑，從而釐出人格及價值的特徵，如實呈現
其生活禪的內涵及本質，從而書寫《台灣素人》系列，而
本文第五節即勾勒此等文化的輪廓。另則在第六節中，以
李氏戳破媽祖信仰的結構，再度佐證台灣的無形式禪文化
的應物現形。

台灣從來承擔中國苦難、鼎革或割讓的犧牲品，島上

生民無論歷經何等劫難、屈辱、踐踏，從來以水牯牛的精神默默承受，更以無功用行大慈悲相濡以沫、扶持相助，善良得不忍卒睹，而且，凡此無德之德、無善之善，無論遭受東、西方、中國外來強權何等的扭曲、污名，也未曾失卻其純度，但多偏向無地位、沒名聲、貧苦基層或草根，筆者認為，這等禪文化固然在困苦環境中益發晶瑩剔透，卻有可能在資本唯物主義的誘惑、形式民主自由的散漫、科技工具的虛擬實境、商業利益功利的流行、特定政治目的的分化、挑撥與腐化之下，隔代衰退。千禧年前後，筆者由環境與弱勢運動的氛圍及變化，曾感嘆台灣由戒嚴到解嚴，由解嚴到解放，由解放到解體，也就是無功用行、社會正當性與公義性的實踐、對大是大非的分辨能力等等，確實有衰退的現象。

　　1990年代，筆者調查研究社會種種現象中，就連檳榔的興起也與政治有關(陳玉峯、張和明、賴青松，1994)。1980年底高雄的美麗島事件爆發，殆為終戰、228事變之後，台灣第一次民間力量與官方的正面衝突。而官方、傳媒一面倒，極盡抹黑之能事，將參與衝突的人民，描述成口嚼檳榔、腳穿拖鞋、蓄意滋事的暴民形象，但官方鎮壓無效，自此接二連三的社會運動蓬勃發展，檳榔也在官方抹黑之下暴紅，形成草根心目中反壓迫的象徵。1987年政府宣布解嚴，檳榔產量達到另一高峯。後來本土運動至千禧年之後力竭，社會氛圍丕變，檳榔也在醫療警告、宣導下衰退。

　　物質性的檳榔當然只是微不足道的表象，但國民政府也在社運、政治運動的經驗中，統治技巧「日益精進」。在「濟俗為治」、「民調機制」的策略下，殆自1980年代末葉以降，宗教涉及選舉或政治、統戰等，益發明目張膽，如同施琅藉媽祖佐政的歷史技倆赤裸裸再現，甚至出現捧著媽祖神像買票的囂張行徑。統、獨戰場上，媽祖、佛祖再度被逼走上是非地。

　　在非常複雜的交纏中，政客使出混身解數，搭配種種手段與權謀、利誘，特定集團等，更懂得如何收割台灣人的善良，自力聖道的修為亦強烈偏向他力主義的迷信與酬庸。約30年變遷，台灣政治主流從仇台、鄙台，走向「很台」的不得不然，乃至統治強權全然滲透宗教社團等。而電音三太子的走紅，卻不見禪宗本質的解說；媽祖蔚為現代一窩蜂流行狂潮中，獨不見應現觀音的善巧方便法門；王爺王船豪華，煙火鞭炮狂炸的灰硝中，台灣民族情操似亦蕩然不存。

　　筆者在高中時代初讀《六祖壇經》，但有滿心歡喜與自然，而一生遊走山林土地及草根文化，不信青史俱成灰。在個人山林運動的困頓中，甚至還有「等待天啓」的妄想，但無禪的禪文化讓筆者一生都堅信，宗教是活體的文化創造，宗教必須創造這個世界尚未存在的美德、善良與典範。佛教所謂的末法時代，必也是新正法時代的開揭。

　　現今台灣人早已具足自信與自尊，社會條件更已熟

透，有必要打破四百年隱性文化的禁忌與恐懼，重新倡導觀音法理的精義。過往佛教與生態界殆由表象，偏重在淨土與環境議題的思考，而頻在「心淨則國土淨」或「國土淨則心淨」之間打轉，事實上凡他力傾向的途徑，不可能真正解決問題，而禪門觀音以自力聖道的應現技術，毋寧可以切入生態禪、災難禪、暖化禪、核變禪、土石流禪……，因應現代生態環境、心理疾病、萬般現代問題，示現妙音。

　　觀音入理法門早就該走入土地文化、鄉土認知與認同。而自然文化的區塊，正可透過觀音來應現，台灣可以產生筆筒樹觀音、冷杉觀音、山黃麻觀音……，重拾自然生界的自力聖道，同時，觀音的內涵，也該不斷現代化、科學化、知識化、理性化，兼俱心、物並存，科學與宗教共爐，讓一切發展可以銜接靈界妙音，從而產生新倫理、新價值體系。

　　再則，台灣的無形式宗教、無功用行，正可提供全球各宗教、派門的橋樑，以應物現形的善巧，化解不同宗教之間的圍牆。筆者認為，Hizmet運動與觀音法理不謀而合，如果台灣民間可以投入「應現倫理」信仰的培育，很可能讓Hizmet運動加倍其效應。

　　　～若有藥叉，樂度本倫，我於彼前，
　　　　現藥叉身而為說法，令其成就～

八、引用文獻

1. 江日昇，1704，台灣外記(十卷)，台灣文獻叢刊第60種，台灣
   銀行經濟研究室編印，台北市，台灣。
2. 李岳勳，1972，禪在台灣—媽祖與王爺信仰之宗教哲學及歷
   史的研究，國際佛教文化出版社，台中市，台灣。
3. 高楠順次郎、木村泰賢(高觀盧譯)，1935(中譯本，1995七刷)，印
   度哲學宗教史，台灣商務印書館，台北市，台灣。
4. 趙弘雅，2010，揭開漢人天界之謎，前衛出版社，台北市，
   台灣。
5. 陳玉峯，2006，根—題獻給我的母親 許秋菊女士；收錄在
   陳玉峯，2007，台灣植被誌(第六卷)：闊葉林(二)、(上冊)，
   11-15頁，前衛出版社，台北市，台灣。
6. 陳玉峯(輯·著)，2010，印度苦旅—印度·佛教史筆記，前衛
   出版社，台北市，台灣。
7. 陳玉峯，2011，興隆淨寺(一)：1895年之前，愛智圖書公司出
   版，高雄市，台灣。
8. 陳玉峯，2012，報馬仔—談台灣的隱性文化，收錄在《玉峯
   觀止》，前衛出版社，台北市，台灣。
9. 陳玉峯，未發表，從《吠陀》到佛教的旁註。
10. 陳玉峯，未發表，郭自得先生—自在自得的無禪禪師。
11. 陳玉峯，未發表，醫療美學剪影—黃文龍醫師。
12. 陳玉峯，未發表，側寫陽光、淨土的文化企業家—楊博名先
    生。
13. 陳玉峯，未發表，泛觀音信仰的蓮花化身—許淑蓮女士。

14. 陳玉峯、張和明、賴青松，1994，台中市檳榔研究系列之一：台中市檳榔攤數量及名稱調查報告，台灣生態研究中心印行，台中市，台灣。

15. 釋照乘(發行)，？，天妃顯聖錄，台灣文獻叢刊第77種，台灣銀行經濟研究室編印，台北市，台灣。

※註：9-13即本書輯文。

06

台灣的宗教信仰、台灣精神或人格及其文化底蘊

一、前言

> ～誠心敬吾 無拜無妨；
>
> 行爲不正 百拜無用！～

台3約100K，鎮賢宮對聯

2011年某天，行經台3線約100K附近，瞥見一座鐵門深鎖的小廟，我停車小憩。當我看見廟口上述一副對聯時，不禁莞爾失笑。爲什麼？自認爲是好人而誠心敬神的人，看了右聯以後很受用地走了；其他心裏有鬼的，看到左聯，也就悻悻然逃之夭夭。難怪這廟關著大門！

教化立意甚佳，且夠眞，「眞」得難以生存！這廟是《鎮賢宮》，上書「代天巡狩」，也就是全世界獨一無

二，唯台獨有的「王爺廟」。而王爺究竟是什麼樣的信仰？在全面水清無魚的世間，怎可能如此「率眞」還能擁有廣大的信眾？全台廟宇除了「田頭田尾土地公廟」之外，王爺廟的數量全台首冠，存在約千家。[1]

　　台灣現今有人祭拜的神明號稱達約千名(趙弘雅，2010，187頁)；2008年筆者前往印度勘查，印度當局當時正在登錄中的神明已達3萬多(陳玉峯，2010，396頁)；日本的自然神教更誇張，什麼都有其主宰的神，計有8百萬個，故稱「八百萬宗教」。

　　奇怪的是，全世界到處都有萬物有靈論，幾乎有人類就有算不清的、無奇不有的神，爲什麼唯獨台灣的諸神卻要被所謂宗教學者或論者等，鄙斥爲「低俗的雜神教」？什麼神稱雅？什麼神叫俗、叫雜？何況除了一些台灣特有的神明(例如王爺、義愛公、荷蘭公主、開路先鋒爺、李師科廟……)，絕大部分台灣的神與中國、印度、日本等地區都是共有、互

1　王爺信仰的特徵之一：廟宮內設有象徵型的「內五營」，廟宮外村庄內依方位等，設有小型象徵型建物的中、東、西、南、北等「外五營」，然而，有人似乎將之擴大範圍稱之爲「五營信仰」，且溯源於先秦兩漢文獻之「建立中央四方的帝國模型」，而漢晉之際道教建立壇制時，將這套「兵將衛護模型」移用爲護壇。後來道教各地法派吸收之後，成爲護境的兵將群，並推舉哪吒爲中壇元帥，包括四川及西南各省，「移植台灣後，不論五營或單一的張聖者，都形成四境營衛的護境象徵」(李豐楙，2011，道教與民間信仰的交流：道士與禮生的境意識及其實踐，2011台灣宗教學會建國一百年宗教回顧與展望國際學術研討會學者論文輯，55-69頁)。然而，該文是站在「神明的勢力範圍」的空間觀，或所謂「境」的角度在論述，台灣西南部、金門、澎湖等地區最爲盛行，例如雲林地區384個村里就有216個(56.25%)設有五營。然而，筆者在民間的訪調中，鄉民或鄉土研究者卻多謂內、外五營源自鄭成功的軍事佈署。筆者書寫的王爺信仰之內、外五營，在此聲明，專指台灣在民族或國族意識的歷史背景之下的王爺信仰內涵，不及於上述文獻之廣義。

爲重疊或交互相當。[2]

最主要的原因之一，來自台灣之走進文明史，外來政權更替太過頻繁之所致。新的統治強權更替，反覆的否定再否定、鄙視再鄙視，台灣人不僅在語言、文化、價值系統、生活習慣、風俗信仰等，不斷地被迫改變，乃至終極屬靈的內涵也得變色易容、苟延殘存。感懷無數的台灣前輩的犧牲、吞忍、毅力、勇氣以及極高智能，讓我今天可以忠實地講出內心話！

宗教信仰牽涉的，就是自古以來無法以理性、知識解釋究竟的範圍，也常是革命運動的保護色，或逃避政治等迫害的庇蔭所。而且，藉助宗教、信仰的民族主義或團體，其向心或團結力道程度高。雖然論者頻謂佛教出世思

2　Jordan Paper and Chuang, Li (2011)認為，晚明時期中國耶穌會進入中國，他們認為中國的宗教「並非宗教」，長期影響之下，拜拜或祭祖的「中國人」多自以為自己「沒有宗教信仰」。而方濟會、道明會、新教的傳教士認為：標準的中國宗教是「民間宗教(folk religion)」，意即「無知的迷信(the superstitions of the ignorant)」，應該被他們「真正的基督宗教所取代」。兩氏該文認為現今「是該要停止否認或貶低標準中國宗教的時候了」(J. Paper and C. Li, 2011, The Impact of the West on the Understanding of Chinese Religion, in Republic of China Centenary International Conference on Retrospects and Prospects: Religions in Taiwan, Scholars' Paper pp. 71-86)。
本文輯或筆者撰寫的台灣宗教信仰等，沒有上述那些外來強權的「中心主義」偏見，甚至於認為台灣傳統宗教正是以禪宗為法脈，以媽祖、觀音、王爺為主神的三位一體的禪神教(見於「報馬仔—談台灣的隱性文化」，收錄於陳玉峯，2012，玉峰觀止—台灣的自然、宗教與教育，前衛出版社，台北市。)。
「民間宗教」、「雜神信仰」等等汙名化的產生誠乃工業革命之後，西方霸權主義、重商主義向亞洲等等第三世界文化侵略所產生，但在台灣不止於此，台灣高頻度的外來政權，更令此等霸權侵凌的強度惡化數倍以上，而禪門「無形式宗教」的宗教正可提供如是弱勢維持主體傳承的最佳法門之一。簡單的說，中國從明末以降，被西方汙名化為低級的「民間宗教」，台灣人也(被迫)繼續接受此等汙名，但筆者正是要繼李岳勳先生之後，揭發台灣禪神教的本來真面目。

想濃厚，但中國佛教史上各宗，似乎以禪宗寓含最強烈的民族主義或革命運動的教化，而顯著地表露在宋、元與明、清，乃至民國以降的衝突或革命。

　　1127年4月，宋徽宗(1125年底讓位予兒子)及欽宗被金人擄獲到金的首府會寧。1130年5月，岳飛破金兵於靜安，但10月間秦檜卻從金志願遣還回南宋，自此，南宋即展開主戰派與主和派的鬥爭。大約說來，主戰派是以江南官僚為中心，以禪宗楊岐派的克勤、宗杲等人物最積極(浙閩禪徒；李岳勳，1972，102-104頁)，主戰派的禪徒侍郎李彌遜、史部侍郎晏端都因秦檜掌權而丟官。有趣的是秦檜不但學習天台止觀，也捐錢給圓智天台大師「首施五萬緡，以建法堂」(《釋氏稽古略卷第四》)；另如天台慈雲系的草庵道因(1092-1169年)著作《關致論》，向秦檜三次上書，要求改革禪宗的「宿幣」，凡此，提示著政教間的人事鬥爭。

　　從宋朝開國(960年)，「恰好」也是媽祖信仰紀元始年以降，1,052年間的閩南宗教大抵即台灣宗教的母胎，這個母胎的最劇烈遞變過程，如前述，發生在中國歷史上最大的兩個外來政權，元滅宋及清滅明所引發的民族(國族)主義，藉助宗教的隱形斗篷，逃避外來政權的迫害或撲殺，且藉宗教，傳播其革命運動意識，達成其跨世代、跨時代的民族復興。宋、明亡國史的宗教產物，也就是媽祖信仰及王爺信仰，都因明鄭打下台灣，將台灣捲入中國、閩南的政教鬥爭史，且都與禪宗系統相關。直接地說，禪門以應現觀音的方便法門，創造種種隱形公案似的信仰，庇護

民族革命，而這些信仰的形式或外殼，最完整地保存在台
灣，且以幾乎無人知曉的隱性文化，不斷滋長新形式的雜
神信仰，用以躲避政治的迫害。相對的，統治強權也費盡
心機，滲透、分化、利用宗教，打擊反對者或革命運動，
例如明末、清初，姚啓聖看出閩南或福建媽祖信仰的禪徒
反清，他以清廷或統治者的力量介入，收編媽祖信仰來平
定福建；施琅更進一步，以媽祖信仰來監視、安定台灣。

　　而原本民族主義大本營的媽祖信仰，被清廷全面顛覆
之後，明鄭諸葛的陳永華另起爐灶，創設「洪門」、「清
幫」等秘密組織，傳播、滲透中國大陸及南洋地區，且直
到乾隆末年至嘉慶初期，18世紀末或林爽文事件之後，
才以王爺信仰的形態公開於世，從而躲過清廷的追緝。

　　這些政教極為複雜的鬥爭史，以統治強權極度的文字
獄或思想取締，極端地過濾或消滅之後，只能以秘密口
傳、象徵等寄寓，或我所謂的隱形文化方式地下流傳。正
如孫文在《三民主義》所敘述：「在滿清專制之下，保存
民族主義，是不拿文字來傳，拿口頭來傳的。所以我們今
天要把會黨源源本本講起來，很為困難，因為他們只有口
頭傳下來的片斷故事，就是當時有文字傳下來，到了乾
隆時代，也被銷毀了」，換句話說，我們現今所有的文
字史，多如牛毛的方誌、史略，或所謂台灣史，實乃清
朝212年、日治50年，以及國民政府解嚴之前，合計約3
百年間，至少3個不同時代、不同政權的各階段，不同的
「政治正確性」相當周密的過濾之後，還可以留存下來的

資料。試問這樣的台灣史的「史實」程度能有多少？而非理性的宗教語言，又能保有多少「史實」？何況以口傳諸多無厘頭的神話故事，不但在傳誦的過程中加油添醋、閃失誤解、扭曲變形、隨境萬變，加上高度濃縮的寓言寓意的撲朔迷離，則依史學考據的引證，又能抽出何等「史實」？更不幸的，所謂的學術、研究，多依賴當權的贊助、指導方向，只以白色恐怖時代爲例，誰人又敢於探討政教的眞實性問題或議題？

而政教糾葛的鬥爭，基本上是權勢者、知識分子，或上階層複雜的較勁甚或鼎革。鼎革乃至被外來政權統治下，以民族主義、國族意識爲骨幹的運動走入長期的地下化，寺廟及幫會藉助宗教語言而傳播，如上述，台灣即移植且傳承了中國千年來最重大的政教產物：媽祖信仰即南宋亡國史所造成的歷史公案，以及王爺信仰乃明朝亡國史的產物。

而兩大禪殼文化，乃閩南禪師們超級創造力的展現，是我認爲的隱性文化的精髓，乃由知識分子所創發，但奉行者皆是無知的草根、基層。明末反清的「漢留」組織殆由明鄭總收編，1674年由陳永華主香聚會、同盟結義，拆「洪」字爲「三八二十一」，以爲會中暗語，從而演變爲「洪門」（出自《洪文志》第二章第二節，轉引李岳勳，1972，311-317頁。另註：陳永華最活躍的年代爲1656-1681年）。陳永華死後，在中國抗清的洪門，商議起義，假借達摩祖師傳諭的神話等，衍伸出三合會（或謂天地會、三點會），詐投清廷，督辦糧運，廣佈勢力於「船幫」，以謀應變。此社團名爲「糧

幫」，即「安清幫」，亦即今稱「清幫」，此即「清洪一家」的由來。1698年，洪門在重慶興兵反清，卻因知識分子的符四、田七出賣洪門，以致大敗。洪門檢討後，認為知識分子「善於應變」，故而以後禁收知識分子。此即1698年之後，洪門走入下層社會隱避潛伏的主因。這是幫派的說辭，但對「知識分子」也是一大諷刺。

而個人認為禪宗追求「赤眞」的理念及境界，之所以得以在閩南，乃至到台灣的草根文化，形成由居士禪蛻變為生活禪、草根禪，除了歷史、政教的影響之外，最主要得力於河南或中原在中世紀之與閩南原住民的混血，且之後，在台灣發生東北亞最後一次的，與台灣原住民的混血。原住民的自然、土地、母體文化裸眞的本質，賦予禪文化的新生之所致。台灣獨特的政教歷史命運，保全了千餘年禪文化的精髓，且將禪門的應現觀音文化，演化成表面上無禪形的雜神信仰，骨子裡卻將「無功用行」的美德徹底實踐。

台灣的宗教信仰文化以禪門居士或草根禪為本質，也受到禪文化在中國、閩南之受到帝制處理的儒、釋、道衝突與磨合的影響，先是禪師創發的應現觀音林默娘(媽祖)受到1119年宋徽宗「改佛為道」的命令，媽祖戴起道冠、身穿道袍，只藉左、右助手千里眼、順風耳，最表層地暗示「觀音」，以及其本傳之脫胎於佛經來象徵。到了明世宗(1521-1566年在位)，他在1536年拆毀宮中佛殿、重用道士等，更且排斥儒、釋，佛教與儒教中人為恐遭受進一步的迫害，便重倡「三教合一」、「萬教歸一宗」的觀念與行

動，此間，又有許仲琳的超級幻想神仙小說《封神演義》的問世，歷代神、仙、佛、菩薩穿越時空大集結，融合爲集荒誕之大成的怪力亂神，且藉助說書、講古、戲劇、茶餘飯後休閒，流傳於不識字的普羅大眾。而生活無意間的教化，遠遠超越制式的教育系統。從古迄今，得以形成所謂宗教信仰的關鍵，皆視能否普及於普羅俗民爲關鍵。於是，小說反而是傳教最大的載本。

不只《封神演義》，《西遊記》、《三國演義》、《水滸傳》等章回故事，夥同歷代深具戲劇效果的龐雜人物、民間故事，通通絞纏成爲「萬教歸一」的大漩渦。而佛教輪迴、業等觀念，以及緣起性空等等大道理的俗民版，儒家的實學倫理觀，道家或道教的想像力，全部無縫接軌，總成生活型宗教的「大同」觀。

此中，撑起價值系統的中樞者，則以受到雲谷禪師自力聖道啓發的袁黃(字坤儀，號了凡，萬曆年間進士)，以極度虔誠的宗教生活，靠藉任何生活行爲的善惡計分的所謂「功過格」，發展出一套藉生活行爲的去惡趨善，用來創造幸福人生的方法論，迄今幾乎仍然是台灣人的普世價值觀，或行爲的主要準則。

而且，因應時代變遷，新的「雜神」也不斷地被創造出，總成永遠更新中的台灣民間信仰或宗教。此外，閩南移民台灣者，多會攜帶其在原鄉的信仰神，更是台灣諸多神明的來源。另一方面，隨著環境、生活型態的改變，有些廟宇或神明也消逝無蹤，例如左營舊城內的「草蜢仔

公、婆廟」。

2008年4月我前往印度感受其宗教的氛圍，並檢視些微其古蹟。整個過程中的自我要求是，放下過往生活習氣，以及對事物的判斷，只求盡力觀察、理解而不下評論。這也是「宗教現象學」或哲學的現象學中，最基本的「存而不論」原則。對於宗教或宗教現象，大可不必以科學、合理化或唯物觀去看待。

二、圖片輯及簡略說明

這套《台灣的宗教信仰、台灣精神或人格及其文化底蘊》圖片輯，主要依據拙文〈觀音佛祖—側說台灣宗教信仰〉而編，也就是說，只談普羅草根的台灣尋常拜拜式的寺廟信仰，只是個人從李岳勳(1972)前輩得到的啟發，重述其見解罷了。但卻是我所認同的宗教哲學重點。個人沒什麼學問，只想把母親及土地的話傳達下來。

台灣宗教文化的特徵跟自然生界動植物的模式如出一轍，在「冰河時期」跨海而來，並在台灣自由演化。台灣保有東北亞物種珍稀孑遺活化石，且從海隅到高山，各大生態帶保全寒、溫、暖、熱四分之三個北半球乃至赤道的元素。台灣是地球生界及人種文化的諾亞方舟。

與本圖輯相關的生文及人文，拙文另有：
※《自然與宗教簡介》
〈1930年代日本人對台灣宗教慣習的見解簡介—讀

李岳勳前輩《禪在台灣》的提註〉

※《報馬仔─談台灣的隱性文化》及其連鎖文章：

　　※〈神主牌─台灣人與靈界的橋樑〉

　　※〈禪除所宗─台灣精神與人格〉

　　※〈報馬仔或抱馬仔？〉

　　※〈笨港報馬仔─文化的演變〉

　　※〈台灣人的宗教觀─斷章取義引介李岳勳先生的
　　　《禪在台灣》〉

　　※〈台灣人的宗教觀(北美篇)〉

　　※〈《整頓世局》？─如果濟公、天公、媽祖眾神佛
　　　也反核、做環保〉

　　※〈側談人間佛教與生態倫理〉

（※收錄於陳玉峯，2012，《玉峯觀止──台灣自然、宗教與教育之我
見》，前衛出版社，台北市）

　　而台灣宗教文化夥同其他體制外的生活教化，創發、
薰染出1990年之前社會的總體氛圍與道德或價值觀，是台
灣「水牛文化」、「無功用行」、「無所求行」的精神，
是台灣人格、「人格者」的典範。本書中的《台灣素人》
系列，就是要彰顯這樣的草根素樸台灣人，例如：

　　「郭自得先生─自在自得的無禪禪師」

　　「側寫陽光、淨土文化企業家─楊博名先生」

　　「醫療美學剪影─黃文龍醫師」

　　「泛觀音信仰─許淑蓮女士」

　　……

台灣宗教信仰、台灣精神或人格及其文化底蘊

◎本圖輯於2012年6月首度編製，影像資料貧乏，以後將予不斷增加與更新。

南鯤鯓王爺廟 廟前牌樓。此廟是台灣王爺信仰的總本山。

鎮賢宮　台3-100K附近有座王爺小廟「鎮賢宮」，門口對聯率真
(2011.11.24)。

上聯：誠心敬吾 無拜無妨；下聯：行為不正 百拜無用。

嘉義慈濟宮　此一王爺廟傳說在明鄭時代是奉祀鄭成功的廟宇。1683年明鄭滅亡,可能因為逃避清廷官僚的迫害而改名。1843年建造現址的王爺廟,其五府千歲即來自南鯤鯓代天府(註:今之慈濟宮所敘述的年代及王爺的詮釋,許多資料筆者皆存疑!)(2011.1.17)。

「代天巡狩」正是王爺信仰的標誌(2011.1.17)。

今所見之王爺神像 (2011.1.17)。

「五府千歲」是指五位神明或歷史人物,乃台灣史上最大公案之一,集隱性文化隱藏藝術之大成,也是政教鬥爭、民族革命的神隱懸案。筆者認為嘉義慈濟宮藏匿著精彩的歷史大戲,值得深入探究(2011.1.17)。

北港圓環顏思齊紀念碑　17世紀古荷蘭地圖標示Pon Kan(笨港)的地區，即筆者出生地的北港。1621年漳州人顏思齊率眾自北港溪入海口溯溪進入，在今之北港西郊樹腳里「船頭埔」(筆者外祖父的故鄉)登陸，旋建立多個寨。但當時北港約有半數面積屬於「潟湖」，不宜拓墾，顏思齊遂繼續向內陸拓展，最後落腳嘉義(諸羅)地區。顏思齊的古墓位於水上鄉南鄉村牛稠埔。

　　北港地區可謂華人開台建庄的起點，迄今(2012年)391年，或即在台華人開拓史的嚆矢。(註：另有一說，即魍港)

　　1624年8月26日荷蘭人登陸鹿兒門，展開38年台灣第一個外來政權統治，以迄1661年；1661-1683年間，明鄭治台22年；接著清朝212年；日治50年；國府56年；DDP8年；KMT又踵繼……

印度阿占塔的古佛雕之一　所謂台灣民俗信仰的終極來處其實是南亞的佛教。本圖石雕佛像是印度阿占塔(Ajanta)石窟之一窟內的佛雕。阿占塔石窟創作於西元前200年至西元200(650)年間，也就是佛教鼎盛的時期。7世紀末葉，印度佛教衰微，阿占塔石窟內的僧侶散去，石窟漸為泥沙、森林演替所淹沒。1819年，被英國軍官獵虎時無意間發現，今為世界遺產之一。本圖攝於2008年4月10日。

城隍廟　雲林縣土庫興建中的城隍廟(2011.10.24)。

城隍廟　雲林縣土庫興建中的城隍廟,後殿還是「觀音佛祖」(2011.10.24)。

城隍廟　雲林縣土庫興建中的城隍廟的城隍神像(2011.10.24)。

印度靈鷲山的靈鷲岩(2008.4.19攝)　中國佛教所謂的「禪宗」殆指六祖慧能(638-713年)開創「頓悟法門」之後的，非常中國本土化的佛教宗派之一。禪宗的師承法系有所謂的「西天二十八祖」及「東土五祖」(或六祖)。東土即中國，而菩提達摩被列為西天的第二十八祖，也是東土的初祖。但這些「族譜」是六祖以後的人硬編出來的。準此溯祖方式，禪宗的最原始起源地點，可以印度靈鷲山為代表。

靈鷲山(Gridhakuta)位於佛陀時代的王舍城東，傳說佛陀在此山頂講演《法華經》，而「拈花微笑」傳密法給大迦葉的典故在此。

這座靈鷲頭要在登頂前的若干角度才拍得到。傳說佛陀傳法時，靈鷲的鳥嘴還很尖，佛教衰微後，鳥喙尖的那塊石頭掉落成今狀⋯⋯

靈鷲山頂　禪文化發源地？佛陀傳心(密)法處？

阿桑　從小到大，筆者耳濡目染許多北港或鄉野草根的憨厚、樸實或美德，但在年輕時並不懂得欣賞。其實，道德是有不等重量的，美好也有不同的溫度，但許多台灣人的好，是達到不可理喻者。

筆者家斜對面巷子的阿桑，守寡超過一甲子歲月，獨自撫養三個小孩人格健康、人生正常，而阿桑永遠乾淨整潔，待人好得不得了。筆者看她數十年，只能讚嘆地說：「他媽的好！」

走了漫長的5、60年，我才了知台灣善良文化的底蘊來自禪門文化，特別是觀音入理法門。

①**高王經法會廣告**　觀音文化在中國的本土化，相當於佛教的中國化範例。而本土化的過程，先是產生夢幻式的神話故事的創造，例如「延命觀音」、「蛤蜊觀音」等，而後如「馬郎婦觀音」的在地教化人心、編杜「媽祖神話」等，用以傳承馬祖道一的禪門法脈，最後藉諸種種因緣際會，在台灣產生了「無功用行」的無宗無教無形無式的「無宗教的宗教」。圖為西元534-537年間的高王(或高皇)《高王觀世音真經》的現代廣告，2012年5月26日台灣還有人藉此在辦法會。

②**北港果汁攤**　「是你的一分不能少；不是我的，一毛不得取」；「夠用就好」……請參看「郭自得先生—自在自得的無禪禪師」，另如童年故事，參看「側寫陽光、淨土文化企業家—楊博名先生」。

③④**有唐山公沒唐山媽**　混血現象是筆者認為禪文化在台灣可以新生、演化的主因之一。原住民圖片出自岩城龜彥的《台灣之蕃地開發與番人》，244、248頁。

北港朝天宮 1694年，笨港朝天宮的原型落籍，初為茅草小廟，6年後，1700年正式建廟，迎來興化府莆田鎮湄洲嶼的小尊湄洲媽，是為開基媽祖。其後多次改建。

1750年(乾隆15年)北港溪氾濫，河道南移，將北港一切為二，形成北街即今之北港鎮，以及南街，即今之新港鄉。

1784年鹿港開港；1794年艋舺開港。

1786年林爽文反清，1788年林被殺，北港設義民廟。1788年之後，北港形成泉州人天下，原漳州人供奉的開漳聖王廟，因漳州人退出北港而荒廢。之後，泉州人將之改為陳姓宗祠。

筆者祖先陳講，在1780年代入籍北港新街，筆者屬第七代(泉州人)。

1750~1850年代北港商業鼎盛，有許多「郊行」及「車」(糖車、油車)。

1894年嘉雲大地震，北港朝天宮全毀；1897年重建，1901年完工。

1912年日治時代，北港實施都市計畫，一些古街被拓寬。筆者家西勢街維持彎曲小巷道的古街原貌。

①②**北港慈德禪寺**　慈德禪寺在1950、60年代設有幼稚園，筆者在此就讀，很少數的記憶包括早上10點鐘吃餅乾、點心，當時，我們都叫此寺為「菜堂」。

③**慈德禪寺**　正殿；主祭「觀音佛祖」；佛祖下前方奉有釋迦佛(2011.10.24)。

報馬仔 請參閱〈報馬仔—談台灣的隱性文化〉、〈報馬仔或抱馬仔？〉、〈笨港報馬仔—文化的演化〉隱性文化的寄寓。

嘉應廟古香爐 2012.1.10；新塭。

①②**鄒族小孩**　鄒族人的英俊美麗，可能與數百年前之與荷蘭人混血有關，圖為鄒族新世代小孩（2012.5.9；阿里山鄉公所）。文化的演化時而與生物演化如出一轍。

③**高一生的媳婦**　鄒族20世紀菁英被國民黨殺害的高一生、湯守仁等，見證台灣的歷史悲劇之一。而從文明史以降，台灣在高度變換的外來強權壓制下，隱性文化特別發達，更藉由宗教信仰而傳承法脈或意識。圖中人(右一)為高一生的媳婦。

千里眼 順風耳(2010.9.7) 北港朝天宮媽祖出巡時的千里眼、順風耳(2010.9.7)，代表「觀(世)音」。※請注意千里眼是紅色、順風耳是綠色。

千里眼 魍港(蚊港，今之好美里)太聖宮的千里眼與順風耳，因原有神像毀壞後，再依據台南大天后宮(清廷官方版媽祖廟)的形制雕塑者 (2012.6.3)。

太聖宮蔡隆德先生(2012.6.3)告訴筆者，未換新置者之前，千里眼、順風耳的顏色恰好相反，也就是說，原本與北港媽祖廟的一致。

①②**千里眼 順風耳**　鹿港「勒建天后宮」的千里眼、順風耳(2012.2.16)。
※請注意千里眼是綠色、順風耳是紅色。
③**千里眼兵器**　執斧(太聖宮；2012.6.3)，象徵剖開成二元論。
④**順風耳兵器**　操戟(太聖宮；2012.6.3)。

⑤**順風耳**　魍港太聖宮(2012.6.3)。

觀音原型的追溯　日、夜；
黑、白；光明與黑暗……一
元、二元之間，唯心與唯物之
間，是筆者認定為觀音的原型
……

①②**魍港媽祖**　魍港媽祖乃全台唯一沒被清廷「摸頭」的媽祖？其為台灣現存最古老的媽祖雕像。

③**魍港媽祖**　髮髻型乃明末福建婦人模式(2012.6.3；太聖宮)。

④**魍港媽祖**　神像背後下方，鑿洞裝填虎頭蜂及五寶，也就是開光點眼(入神)時的儀式之一 (2012.6.3；太聖宮)。

魍港媽祖　衣飾上的劍帶
(2012.6.3；太聖宮)。

現代香灰　成長段才掉
落，與昔日香灰化學成分
大異(2012.6.3；太聖宮)！

魍港媽祖　割肉治病的故
事(2012.6.3；太聖宮)；
其實，割肉的神像不只媽
祖，王爺亦然。

①**媽祖神像**(2010.10.23)　由興隆淨寺保存的這尊媽祖，據說是清朝施琅帥艦上的守護神，原為金臉，整修時被改成粉紅臉。民間一說，金臉乃官祭者才可塑金臉。另說：黑臉媽祖代表「救苦救難」；平時或尋常媽祖為淡紅或粉紅臉；金色臉代表媽祖得道時的表情。

　　1959年統計，全台有4,220座寺廟，主祭神247種。其中，媽祖廟有383座，約佔9%。媽祖廟當中，約有多於80座，是自北港朝天宮分出香火者(約21%)。

②**鹿港「新祖宮」的媽祖**(9條)(2012.2.16)　頭戴道冠的媽祖，帽子前後的，以絲繩貫穿一些珠玉裝飾品的垂旒究竟該幾條？有人說「天妃」有9條，天后有12條。然而，媽祖廟在明末叫做「天姬宮」，又該幾條？筆者認為清朝暨之前帝制壓制下，垂旒是不可以比皇帝還多吧?!

①**鹿港天后宮前媽祖花燈**　垂旒做成10條 (2012.2.16)。

②**媽祖花燈**　2012年鹿港燈會，現代化的媽祖垂旒竟然高達20多條
(2012.2.16)。

③④**元寶觀音**　應物現形、廣開方便法門的觀音佛祖(2010.7.28；佛陀世
界，原童話世界的塑像)。

⑤⑥**嘉義市仁武宮**　奉祀保生大帝大道公(2011.1.27)。神醫吳夲信仰乃福建儒道傳統思想的象徵，具有抗衡媽祖信仰的傾向，也反映漳、泉水火不容的歷史情結。自古，媽祖與大道公不可並置同一神桌上。

⑦**千手千眼觀音**　台南妙心寺(2010.10.9)。

⑧**嘉義市仁武宮 保生大帝**　大道公神像(2011.1.27)。

公媽牌(神主牌) 台灣人晨昏祭拜的公媽牌象徵多重意義，直逼禪門本質
(2011.10.24；北港蔡氏公廳)。
請參閱：「神主牌—台灣人與靈界的橋樑」
　　　　「禪除所宗—台灣精神與人格」

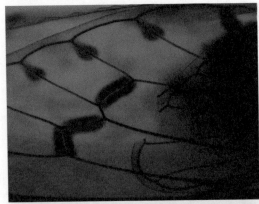

何謂禪？　蟬？禪？
蟬翼(2010.5.11；阿里
山)。

居士禪、草根禪；台
灣人神桌　一般台灣
人家中客廳神桌上主
祭觀音，左側則為祖
宗公媽牌位(已荒廢；
2011.10.24，北港)。

斑駁朽柱　蟬子脫殼何
處去？(2011.10.24；北
港)；禪子奔向無門關。

觀音菩薩 觀音佛祖 媽祖是典型的應現觀音，媽祖廟的後殿一定得稱「觀音佛祖」，因其為本體觀音，這是禪門規矩，典出《首楞嚴經》。

三太子　徹底的禪—哪吒三太子析肉還母、析骨還父，完全禪除眼、耳、鼻、舌、身、意、末那……(2010.10.28；台中民間祠廟)。

現代三太子　高雄左營高鐵站的三太子(2012.4.2)。

中壇元帥　嘉義自強街的「鵬上宮」乃新設小型宮廟，由家庭神明轉型而來(2012.6.10)。

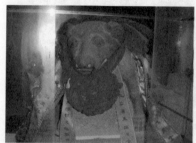

義犬將軍 2010.9.7；北港義民廟。　**齊天大聖** 花蓮海岸。其原型是印度教的神猴哈紐曼。

甘尼許 印度教象神(財神)。2010.9.17；印尼峇里島。　**虎爺** 富安宮(2012.6.3)；副瀨村。

①**土地公、婆**　取神或造神原則之一，依當時民間生活模式，同理心推衍，故而有土地公，也該出現土地婆，然後再造許多相關生活時代版故事。圖為霧社「福壽宮」的土地公婆(2012.6.4)。另如台中大坑民德里的土地公廟，土地婆懷中還抱著一個兒子，創下「最高齡產婦」的「記錄」。這位「土地公婆之子」還因大家樂時代而名聞遐邇！

②**宋江**　宋江也變成王爺(2012.6.3；富安宮)。台灣王爺「取神」原理包括有助維繫、保存國族、民族意識(反元、反清、反共)的精神鼓勵與典範楬櫫，但因「槍桿子出政權」，取神原則退而求取道德原理，總原則乃可資禪宗的靈界追尋或方便法門的應現與示現。

①**汪麗雲女士**　太子爺(中壇元帥)的代言人之一(2012.6.10；鵬上宮)。她接受筆者訪問，並錄製起乩服務的過程。

②**巫(覡)**♀♂　童乩等神秘語言，正是王爺信仰躲避清廷迫害的隱形術。

③④**現代濟公**　普遍台灣民間信仰兩極化，最大宗的走入「他力主義」，背離了「自力聖道」。裝扮成濟公的女士正安慰信徒。

⑤東海「路思義教堂」　2011.1.30；台中。

⑥萬教歸一宗　烏山頭水庫圓壇大樓壁雕(2009.9)。

⑦基督教　聖靈果實的九個屬性：仁愛、喜樂、和平、忍耐、恩惠、良善、信實、溫柔……

⑧磚牆十字架　2011.10.22；北港。

囡仔公　「小兒崇拜」也是台灣
信仰的特徵之一，取神的大原則
當然是「靈驗」，而「上蒼有好
生之德」，靈異世界當然也照顧
社會底層或邊緣人等，因而「有
應公」之照顧賭徒、娼妓、乞
丐、殘障……特別被視為理所當
然，重點不在形式、階級等，而
在大悲心、大慈悲……，凡此等
直逼良知、良心、內靈的大寬容
與大愛，正是佛門禪宗維繫法脈
的教化重點之一。

　　圖為朴子囡仔公(2012.6.3)。這
尊囡仔公之所以「成神立廟」，
完全因為大家樂瘋狂時代，一位
溺死的無名孩童的土塚，被賭
徒膜拜，發出許多中獎明牌，賭
徒回饋建廟而來，甚至於升格為
「小兒千歲囡仔公」，「列位」
「王爺」神格。

三太子 《萬善聖公》守爐神的中壇元帥(2012. 6.3)。

萬善爺公 萬善爺公配有尚方寶劍(龍泉劍)，殆為王爺神格。此「大眾廟」不同於一般「萬善或大眾廟」處，在於它是朴子地方政府的「官有廟」，每年有公祭，土地是朴子鎮公所地(2012.6.3)。

萬二爺、張天師與張天師右腳下的虎爺 此廟除了主神萬大爺之外，配祀有萬二爺、薛府千歲、玄天上帝、註生娘娘、濟公、福德正神、張天師、太子爺、魁公爺、劉海蟾師、財神爺等，後來又增加佛堂。筆者判斷，此廟有可能由古時已廢棄的廟，合併大眾廟而來，並非一般大眾廟。經2012.6.3訪談該廟曾明福主委結果，該廟約匯聚朴子先人遺骸十萬具，而萬大爺靈驗非常，只要廟中有需要，萬大爺就會到處託夢募款，連地方檢署、法院中人皆主動來捐款(註：張天師乃召萬靈、降妖伏魔之神)。

日本王爺 「日本王爺森川清治郎」成神的故事也是典型禪門「應現法門」的範例之一，發生在嘉義縣東石鄉副瀨村。故事時代背景為20世紀初葉。

主角森川清治郎，1861年出生於日本神奈川縣，為人潔身自愛、剛正嚴謹。1892年與挑木千代結婚，隔年獨子森川真一出生，時任職橫濱監獄看守。1897年，36歲的森川清治郎隻身來台，擔任基層巡查，先後調任大林、民雄、新港、鰲鼓派出所。1900年其妻來台。不久，調派至位於當時富安宮小廟左側廂房的「副瀨派出所」。

日本領台初期各地動盪不安、盜匪頻頻出沒，而環境衛生惡劣，傳染病流行，台民普遍教育程度低落。森川維持地方治安之餘，在富安宮內開設教育課程，自費聘雇教師為村民授課，他自己也擔任教師。他亦投入改善部落衛生與農地改良工作。他不但沒有外來統治者不良的嘴臉，更以同理心悲憫、賑濟村民、弱勢，事事躬身實踐，其助民濟弱的義行深深打動人心。

1902年日治台灣總督府實施賦課漁業稅，包括竹筏、漁網也得課稅。副瀨人民原本就窮斃了，1902年1~3月又逢旱災，去年也因洪水摧殘漁具，面對新稅，村民懇求森川氏向上層請求減免。森川先行調查實況，再向上層反映。不料，4月5日東石港支廳長曲解森川煽動村民抗稅，在「定期召集日」當面叱責森川。

4月7日上午約9時，森川氏在慶福宮內(在富安宮南方約1公里處)舉槍(村田槍)自盡，口袋中遺留字跡：「被懷疑而無法辯解，是以有所覺悟」，時年42歲。1905年其妻亦亡故於台南市，得年僅36歲。其子真一後來曾任台南州北門郡七股庄土城子公學校長。

依筆者理解，19世紀末、20世紀初日本人的社會價值典範或時代氛圍，森川氏面臨的正是所謂的「兩難」，一方面他面對上級交代、政府任務與責任，不能抗拒或瀆職，且被「懷疑」的屈辱是不可忍受；另一方面他遭遇的是內在良知、良心或同理心的大義困境，更令他無法苟同政策，在此兩難境遇下，絕無逃避或迂迴空間。該等年代因兩難情境而自盡者甚眾。

1923年初，副瀨等地區爆發疫情，森川氏英魂顯靈，託夢當時保正李九先生，提醒村民防疫等，引發往昔感念者之情，部落議決供奉森川氏為神，並聘請朴子名雕刻師周啓元，精雕高一尺八寸，身著警察制服、制帽的威嚴座像，神稱「義愛公」而合祀於富安宮內。

換句話說，之所以成神，關鍵在於「顯靈」，這是宗教的本質或特徵。

圖為義愛公塑像，以及其生前照片(2012.6.3；富安宮)。

左營城隍廟　開創於1704年。城隍即城市守護神，其神格由傳統的自然神轉變為正直人士死後可當的「社會神」、「人格神」。台灣人視其為陰界的地方宮。

卓肇昌的對聯　1741年舉人卓肇昌書寫的對聯：
「為善必昌，為善不昌，祖宗必有餘殃，殃盡必昌；作惡必亡，作惡不亡，
祖宗必有餘德，德盡必亡。」代表表了凡「功過格」以降，台灣人的普世價
值觀。

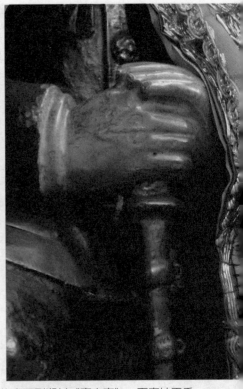

開基義愛公 筆者於2012年6月3日前往東石副瀨村《富安宮》,而宮址正重
建,在宮前左側的寬敞鐵皮屋為「臨時行宮」。拜訪得知,義愛公開基神像
前往嘉義《鵬上宮》作客,得月餘才回來。於是,2012年6月10日際夜,筆
者前往嘉義鵬上宮拜見義愛公本尊,並訪談神明的「公關」儀式等。圖為正
在《鵬上宮》作客的義愛公及其柱劍。

①②**開路先鋒爺**　蘇花公路開路殉職者廟。

③**大榕樹下小廟**　嘉義公園；2011.2.7。

④**榕樹公**　樹大即為神(2011.1.17；嘉義市)。

⑤**峽谷神？**　太魯閣峽谷的怪獸(2010.8.23)。

⑥**準提菩薩**　興隆寺。請參考陳玉峯，2011，興隆淨寺(一)1895年之前，愛智圖書公司印行，92、93頁。

萬善爺 無主孤魂或古老墳墓總整理或種種緣由聚集的遺骸，集體形成大眾廟(萬善同歸)而祭拜，因擁有特定靈驗項目，故而歷久彌新。圖為朴子《萬善聖公》牌樓及廟門(2012.6.3)。

①**三聖佛**　興隆淨寺(2010.10.23)。

②**玉皇大帝**　神像。2012.2.16；鹿港天后宮。

③④**文廟**　嘉義公園內的文廟即典型的儒教廟，平常並不供人們參拜，只在特定日子由官祭參拜(2010.4.1)。

境主公 台灣傳統寺廟都有其特定的空間範圍或管轄範圍之謂「境」。由「境」字即可解讀。「音」即「靈」，靈走動的土地範圍是謂境，亦即人與神的信仰圈。一些廟寺合起來有所謂的「境主」。

萬世師表　儒教開基的孔子，在台灣傳統宗教中時而亦成神為人祭拜，但一般只以雕像，樹立在校園之中。道「冠」古今？

鹿燈　鹿港燈會(2012.2.16)，顯示台灣文化的直接。

夜市馬殺雞　台灣俗民文化的特徵……(直接型)。

夜合花 夜合花朵巨大，吸引蜂類前來採蜜(2012.5.9；阿里山鄉公所)。

價值原理 從猴子到人的故事：價值是賦予的；價值是創造的；價值是感染的……

螳螂捕食蜜蜂 蜜蜂被躲在花朵中的螳螂捕捉、啃食……

倒地蜈蚣 低海拔次生草本倒地蜈蚣的花，其合抱的雄蕊彷彿拜天拜地。凡來自土地的必回歸土地—以花祭神的緣由。

①**綠繡眼**　雛鳥到離巢日的觀察⋯⋯

②**白頭翁雛鳥離巢日**　白頭翁雛鳥離巢日的觀察得知，原則與綠繡眼雷同，離巢日乃該鳥一生最大風險日，推測也是生長曲線的「反曲點日」。

③**鳴叫**　風雨日離巢掉落的小鳥，父母營救的方式即拚命餵食，圖為白頭翁的小鳥鳴叫父母救助。

④**餵食**　鳥爸媽拚命餵食高蛋白的昆蟲(以上，2012.4.27下午，台中雨後)，這是唯一救援方式，小鳥得靠自身快速茁壯、起飛才能存活。

新塭嘉應廟　祭奉九龍三公，即南宋末代忠臣之一的魏天忠。宋瑞宗趙是被元軍逼到末日，元使要求他飲鳩自盡，魏天忠與宋瑞宗易服，代替飲下毒酒殉節。明太祖追諡為「九龍三公」。本廟等同王爺廟。

布袋戲　台灣人的教化……

蘇振輝先生與父親　右為蘇寶慶先生(2012.1.10；新埤)。

蘇振輝先生　2012.1.10；新埤。

單國璽樞機主教 2011.10.1；台中 教育大學。

證嚴法師 2010.8.23；花蓮新城靜 思精舍。

證嚴法師 2010.8.23；花蓮新城靜思精舍。

證嚴出巡 2010.11.13；苗栗環保 站。

傳道法師 2010.10.9；妙心寺。筆 者與佛教的因緣……

1930年代日本人對台灣宗教慣習的見解簡介

2011年11月12日應「聖脈生命教育協會」之邀，前往台北市信義路「聖脈」的道場作演講或獻醜。由現場朋友、微環境等當下氛圍或直覺的感受，以及回來後上「聖脈」網站略加瀏覽，在在令我感動、感觸、感懷、感憂！

「聖脈」這群朋友「真」得夠纖細，「真」得夠令人不忍與不捨，「真」台灣人也！

無可奈何的是，要去形容、描述「真」，必然失真！原因、理由太龐雜，講不清或根本是指月之指而最好沉默。

例如開場時主持人要求所有人靜坐、閉目、觀想自己是株姑婆芋、聽其森林音聲等等，乃至演講結束後用餐期間，彼此的問答，我多因不願失真而失真，以致於違逆了諸多朋友的善意，唉！顯然我尚未擺脫「執著於真」的魔

咒。我書桌上的自評「一無是處、面目可憎」，信然。

久處台灣山林氛圍，例如拙文鳥嘴山的沉默(曾經，我在美得令人癱瘓的鳥嘴山的針闊葉混合林中靜坐，環顧周遭，這株紅檜約1,500年，那株約2千年；這株枯木正蝕解，那棵小苗正茁長。整個林分的結構、色彩、光斑、樣相、音聲、動靜、生之掙扎、死亡的燦爛，我的脈搏四處流竄，定音鼓節奏穩定且安詳，大塊的場域及美感震撼，在在令我窒息而自在。我只能寫下：目力所及的林木，樹齡總和超過萬年，萬年以來他們都沉默，那種美感與力道，只有沉默能解！)，我想所謂「維摩一默」同出一轍啊！(雖然旨趣不同)

老台灣人(或說我自己)一向不大會表達純真的感覺，加上受到舊文化、禮教的扭曲，故而頻常以負面表達正面，以大「罵」替代關愛，其實，骨子裏也是受到禪文化的影響。台灣人的禪不止於居士禪，而是活生生的生活禪，完全忘卻何謂禪，或曾經的禪。我不期待朋友們瞭解，但某種程度或許我們還是可以理解。

而看到朋友們因我書寫的糟粕的引介，竟然大夥兒一下子影印、苦讀、書寫了諸多關於《禪在台灣》的文章，從理性觀點，我也有責任提醒。

其一，我激賞李岳勳前輩的關鍵，在於我認爲他抓到了台灣文明史上的「真相」大脈動，大化流轉的根荄，台灣歷史底層的結構，而非一般他所不屑的「文筆奴」的穿著、化妝、打扮或名牌。

李前輩誠如英國史家湯恩比，了知全球任何一點皆是「中心」，他具備台灣史的靈魂主體與自覺(禪宗的核心議

題）。他之所以不斷寫出「靈性中國」，只是因爲身處白色恐怖時代，他只能靠著「中國」兩個字以免受到構陷、迫害。事實上他書中一再強調此「中國」絕非字面上、地理上、政治或意識形態上的「中國」。南極是中國、墨西哥是中國、外太空是中國、鳥獸山河是中國……

讀《禪在台灣》請先記得李前輩身處隨時可下獄的時空，因而有些字句他必然不能「太眞」。而且，只能抓大結構、大旨趣，李前輩的敘述不是眞理，甚至於他在寫「阿里山」(37頁)，我在書上眉批「胡說八道」；他詮釋「X你娘」所謂的「揀你娘生……」，除非可以證明國府治台之前，全台灣完全聽不見「X你娘」此「國罵」，否則李說也是胡說八道，更且，假設國府治台之前眞的完全沒有此國罵，李的詮釋也只是可能性之一。

還有太多他的敘述都存有甚大爭議，或說，只是他個人的偏好。

我視李前輩的《禪在台灣》爲台灣禪說，不是科學、歷史等的教科書。

其二，直接明白說好了，看《禪在台灣》可以看出所有宗教都是人造的神話，問題重點不在神話或迷信本身，而在活體人心創造性的偏私程度及其實踐的狀況。那一個大宗大派、小宗小派的宗師不是自戀狂、執著得無可救藥？關鍵在於他所開創的內涵，對自己的社群、國家、全球、人種、眾生、有機無機界、世代及未來的影響的總體如何？一項難以估算、預料的難題。

　　我毋寧將李前輩看成正在開創台灣主體性宗教的發端，而不願去「考證」他講的內容是否爲「眞」！要知人心就是所有超自然的總合，六祖聞五祖講授《金剛經》當下的慨嘆「何其自性本自……」也是「性空」啊！你不創發，你還在等什麼?!那有甚麼佛祖、耶穌啊?!只不過要創發何其艱難，一般人寧可躲在祖師爺腐臭不堪的袈裟下乘涼，不負責任地苟且痛快罷了！(不同根器將有不等程度的誤解，請參考拙文〈佛傳與佛陀〉)

　　其三，雖然上述強調「創發」、開創自心，但李前輩並非無中生有、卓然自發，事實上他的諸多見解，或說很大的一部分，承襲自日本人在台灣研究、調查、觀察、學習後的成果。他在這些基礎上，以台灣人的角色產生自覺，從而在日本人離開台灣之後，自行摸索，且加上國府治台後的種種壓力與不義，刺激他撰寫出《禪在台灣》。

　　依個人感受，李前輩相當於台灣宗教信仰史上的陳永華。李前輩誠乃台灣改朝換代的際會中，另一位孤臣孽子的應現。

　　對照現今台灣宗教的流風，不禁令人吁噓扼腕。1949年中共王朝建立後，高楬無神論大纛，對各宗教的迫害實證罄竹難書，相對的，中國來台漢傳佛教得以在海洋山林的寬容沃土之上，根深葉茂、花果鼎盛，且凌駕、主導台灣主流，坐享台灣生活禪的方便，卻在所謂兩岸互通款曲的流風中，競向中國輸誠。李前輩地下、天上有知，該又撰述另部《死蟬在台灣》乎?!

　　更赤裸地說，媽祖根本是清朝假借迷信、宗教，充當監視台灣人的某種體制外機構，現今如何？統治強權何嘗不是以教佐政，甚至於手腕更形惡劣(選舉時背捧著媽祖神像，賄選買票之際，一手送錢給你，另手拉你碰觸神像且要你選某某候選人!)；李前輩也明說：「……媽祖信仰的歷史記載，在凡是具有正義感的人讀來是很不愉快的東西……那實在是極盡隱晦之能事……」(38、39頁)；當今學界中也只有楊惠南教授勇於冒大不韙，直批「媽祖信仰對台灣意識和獨立建國的嚴重威脅性」(詳見陳玉峯，2011，《興隆淨寺(一)：1895年之前》，11頁)，而筆者未見所謂學界敢於承認李前輩的著作！

　　若以公義、無私、純真度來要求，試問現今台灣狀似蓬勃發展的宗教界或宗教學術界存有多少清流？或只能以澤庵和尚的辛辣諷刺來表達：「佛賣法，祖師賣佛，末世之僧賣祖師，有女賣卻四尺色身，消安了一切眾生的煩惱。色即是空，空即是色。柳綠花紅。夜夜明月照清池，心不留亦影不留。」

　　話說回來，要瞭解、理解、洞燭李前輩的思想與用心之所在，最好具備日治時代中、後期，乃至1970年代之前的台灣宗教之全盤觀照。因此，本文擬以1930年代常民之宗教民俗達人的專書，只挑選日治台灣警界研究台語第一人的鈴木清一郎的《台灣舊俗冠婚喪祭與年中行事》一書(鈴木清一郎，1934；高賢治、馮作民編譯，1978，《台灣舊慣習俗信仰》，眾文圖書公司出版，台北市)，摘取一小部分作引介，畢

竟現今一般台灣人對20世紀前、中葉的文化狀況，恐怕少有認識，猛然生啃李前輩的《禪在台灣》，或易滋生誤解。同時，朋友們似亦可將以下本文，當成1930年代日本一般知識分子對台灣表象文化的認知而參考。

鈴木清一郎(警察)在1910～1930年代調查、搜集台灣的風俗習慣與信仰，並出版了專書。他在書前「凡例」的說明中有兩點值得參考：

1. 台灣各寺廟創立的緣起，其內容「最能表現台灣人之迷信性，爲研究台灣之最佳參考資料」。

2. 台灣各寺廟迎神賽會之由來，各該地方的民間傳說等，「……多係來自《封神傳》，或由此書演變而成似亦不在少數。《封神傳》一書，係明代人參考《搜神記》所撰之神怪小說，內容言武王伐紂時諸神齊來助戰事甚詳」。

至於書中前一部分，筆者認爲有相對重大意義或見解者，依書頁順序，或略加個人評註，條列如下。

1. 玉皇大帝統轄幽明兩界，然而，「道教是一種尚未達到單一神教的統一多神教，因此玉皇大帝似乎仍然不能視爲純粹的統一神」，台灣人對媽祖和觀音的信仰強過玉皇大帝。

2. 除了佛教的出家神之外，台灣人信徒會給威靈顯赫的神明加上配偶神，如果某神已經配有夫人，則添增公子等神像。也就是說，神會突然結婚，也會生出子神。此

乃將神的生活人格化的表現。

　　3. 約略來說，明鄭以降的台灣移民，最早爲長於航海的福建泉州人，佔據主要港灣與都市聚落，並漸次組成新城市；稍後爲福建漳州人，佔據港灣都市以外的地區，並逐漸形成許多村落；再後，即廣東惠州和潮州人，他們開墾泉漳人佔剩下的山區，也慢慢拓殖很多村落。故而台灣民性、信仰、風俗慣習與閩粵幾乎完全相同。

　　4. 台灣人重視報本返始的敬天思想，也重視慎終追遠的祖先崇拜，從而建立其家族制度。故無子嗣的人死後，將變成無人祭祀的孤魂。另爲不使祖先的祭祀斷絕，則建立家廟、實行祭祀公業制、組織祖公會等。

　　5. 台灣社會在一般士、農、工、商之外，另有所謂「上九流」及「下九流」的兩大階級。早期並無此等劃分，後來在清朝統治時代，由於科舉制度之規定考科(考試資格)，才將人民硬性劃分爲兩大階級，「下九流」的人，或祖父母以降三代之中，若有一人出身於下九流，則無資格報考。

　　　　上九流：師爺(地方官的顧問)、醫生、畫工、地理師、卜卦、相命、和尚、道士、琴師(琴棋)。

　　　　下九流：娼妓、優(搬戲仔)、巫(覡)、樂人(鼓吹)、牽豬哥、剃頭、僕婢、拿龍(按摩師)、土公。

　　此外，乞丐可以參加科舉考試，但被一般人視爲當然的賤業。

　　6. 台灣人對「神」的概念，包括神(神明)、死靈(祖先、

其他孤魂)、鬼、妖。「這和世界其他國家人心目中的神明概念顯然不同。現在為了敘述上的方便，特把神明分為自然崇拜、人類崇拜、器物崇拜三大類」：

(1) 自然崇拜

　　A. 無機界的自然崇拜：所有日月星辰、空中天象等。例如太陽星君、太陰娘娘、玄天上帝(北極星)、魁星爺或魁斗星君(北斗第一星，即文教守護神)、文昌君(文昌六星)、南斗星君或南斗天神(南極星)、女姑星(即七娘媽，子女守護神。旋轉在金牛星頂部的七顆小星)、五雷元帥(雷神爺或火神爺、火德星君、火王爺，其神像有烈焰，共有三頭六臂，主司有關火的一切事物)、風神爺(28宿中的箕星)等；山神有東嶽大帝、三山國王以及山神；海神有祭祀東、西、南、北等四海的海神廟；為免水災的「水德星君」；土地守護神即土地公；人形或畸形的自然石謂之石頭公。

　　B. 有機界的自然崇拜：草木神，以各種大樹作崇拜，凡樹高百尺以上的大樹一律當作神靈來祭祀，例如榕樹公、松樹公、茄多公、莿桐公等；以動物神祭祀的廟宇中，如祭祀青龍爺的龍王廟、海龍王廟、大龍王等，但係憑空想像出的動物神，另如附屬於福德正神的「虎爺」「蛇聖公」、「龜聖公」等。

(2) 人類崇拜

　　台灣人認為人死而靈不滅，一直逍遙於宇宙間，而且如同大自然的精靈，若其氣力大的，足以決定或左右現世人類的福禍，故特稱之為「人鬼」，台灣人的「人類崇

拜」，是以死靈崇拜爲特徵，並分成「人鬼崇拜」和「幽鬼崇拜」兩大類。

A. 人鬼崇拜：包括祖先崇拜及歷代聖賢偉人的祭祀，後者即神明。「台灣人心目中的眞正神明，必須是神明中的聖賢偉人因有功勳、有善行，或有靈異，而由人帝或天帝勅封爲神的」，人帝即歷代皇帝，天帝即玉皇大帝。普通仙人一律稱爲「野仙」，並非眞正的神明，只有由人帝或天帝勅封的，才是眞正的神明。

B. 幽鬼崇拜：即祭祀無主孤魂及厲鬼，其可對陽世的人類作祟或支配人類的福禍。無人祭祀的無主靈魂會變成厲鬼，因此，農曆七月鬼(中元)節即爲無緣的孤魂作祭拜。

而每家戶都曾存在一個最早的開拓者或開基祖，台灣人特別稱之爲「地基主」，爲恐懼、擔憂此等怨靈、陰魂作祟、搗蛋，人們加以祭祀，「所以各戶在每月初一和十五，都要準備酒菜、香燭、紙錢祭祀，特稱之爲『犒軍』。不過要先祭祀住宅附近的土地公，然後才能祭祀自宅的孤魂地基主，因爲土地公是地基主的地方官」

(註：依據筆者在吾鄉北港鎮拜拜的經驗，從祖母到母親的觀念，乃至鄉人、親戚等，對拜地基主的祭祀並非所謂「犒軍」，「犒軍」台語讀如「課冰」，意即犒賞兵士，也就是犒賞天兵天將、神兵神將，例如媽祖遶境、諸神出巡所跟隨的「軍警」人員等，與祭拜「地基主」

無關，但這沒有對、錯的問題，依個人觀察、理解與瞭解，「犒軍（兵）」的來源最可能與明鄭失敗之後，反清復明走入地下化，從而產生王爺信仰，且將明鄭兵制五營部隊象徵化、神話化的孑遺。而由佛教禪師依道教形式及人間體制、形式所創發。）

　　而集體型畏懼幽鬼從而祭拜的民間信仰象徵，以「大眾爺」或「有應公」或「萬善同歸」之陰廟最為具體與普遍。

　　個別孤魂野鬼而祭祀或靈驗類如水流漂來的屍骨，謂之「水流公」等。

(3) 器物崇拜

　　台灣人認為一些人工所建的建築、器物，也會附有神靈而加以祭祀或崇拜，例如豬圈有「豬稠公」、牛圈有「牛稠公」，視同繁殖六畜的神來祭祀、拜拜。

　　7. 神軍觀念。「神軍」指「負有軍事或警察任務的將士」；「天上有三十六天罡的天兵兇神，地下有七十二地煞的地兵惡煞，兩者都被稱為『神將』，而前者則稱為三十六『軍將』。此外還有相當於雜兵的神兵，統統附屬於主神的王爺或城隍爺。全軍分成東、西、南、北與中央（五營），中營有大將軍中壇元帥坐鎮，指揮全軍五營。

　　筆者認為，從台南到高雄左營地區乃台灣外來移民史的核心領域，既是形塑台灣文化演化的始源地，更是宗教信仰創發的總本山。筆者假說：明鄭潰決之後，反異族或反清復明的意識，在陳永華等人策劃之下，隱入王爺信仰的神話創造，或融入或假借或由禪師等聯手譜寫，將鄭氏

軍隊編制等，寄寓神軍而傳播，從事在專制體制下的意識
形態之鬥爭。而清朝施琅以媽祖神話佐政，派遣閩南禪
師、和尚來台開設媽祖廟監控地方，人神纏鬥較勁之下，
媽祖廟宇亦分裂爲反清與順清兩陣營，但表面上無人可予
以指認、區辨。這股隱性文化潮流，隨著時間、世代嬗遞
而淡化，也形成俗民文化的宗教信仰內涵的蛻變(李岳勳，
1972；陳玉峯，2011；另請參考拙文〈報馬仔—談台灣的隱性文化〉等)。

　　後世之人乃至鈴木清一郎在調查、輯錄王爺信仰過程
中，自難以察究此間曲折、隱晦，鈴木氏在描述王爺神軍
神像及其運作之後，還下達迷信等批判，以台灣今人則更
難瞭解，特將鈴木氏的敘述登錄如下：

　　「各營都有神將，稱爲『五神將軍』，其神像是鎗身
人首。關於五營神將有兩說：一是中營爲中壇元帥、東營
爲羅昆、西營爲羅燦、南營爲文良、北營爲招賢，一說東
營是張公、西營是劉公、南營是蕭公、北營是連公。廟
中的主神位於中央神座，前面置有載有印勅(表示官位官職的
官印與玉皇上帝或天子所授的勅封)的架，左右還有插三角形五方
旗(五色旗)的圓筒，同時又佩帶有令旗(表示神命的旗)及敕令(表
示神命的笏板)與刀劍等。這都是爲使主神指揮神軍所用的東
西，藉以顯示雄壯的神威。每當祭典或主神出巡時，都要
把上面的東西放在神輿中，或安置在主神的前後，以象徵
統帥三軍的神兵。神除了賞善罰惡之外，還要鎮壓驅逐
邪靈疫鬼(散佈瘟疫奪取人命的惡鬼)，所以才要指揮神將神兵。
因而假如現在正在流行瘟疫或有外敵來襲時，作爲神之子

民的信徒，就會感到一種不安，經大家協議之後，就要舉
行消災平安的祭典。在舉行這種祭典時，全體信徒都要虔
誠禱告獻祭，並把神將神兵配置在各地方，以便鎮壓散佈
瘟疫的餓鬼和餓靈。這時乩童等人，就代替主神實行所謂
『放軍』，記下五營神將的大名，把五方旗分別插在村子
的五方(東、南、西、北、中央)，這樣就等於把五營神兵部署好
了。在放軍典禮完畢之後，一般家庭都要在每月的初一和
十五，商家和工廠是在每月的初二和十六兩天，準備上等
酒宴抬到一定場所，以便犒勞五路的神軍；前者就把這叫
做『犒軍』，後者稱為『做牙』。到了年底更要供上盛大
的漢席，來答謝為息災平安而奔波的神軍，同時還要請求
神將神兵撤退，這就是所謂『收軍』。

　　神將天兵的觀念有兩種意義，其一是說神將靠外部授
助以增強自己的力量，其二是自己成為神將天兵篆受萬能
之神的蔽護而生勇氣。

　　就因為一般教民迷信神軍的威力，以致被一些乩童、
法師、巫術師、符法師等神棍所利用，假稱榮獲神的恩召
來愚弄教民，實際上是以此為奇貨而斂財牟利，甚至還有
以此搧動愚民而造反的。因為這些神棍聲稱自己精通咒文
法術，能隨意調動天兵天將，可以在頃刻之間消滅幾萬敵
軍。更有的野心家，聲稱可用符咒使教徒成不死之身，藉
以搧惑愚民發動革命。而愚民也就深信神軍的萬能威力，
並迷信符咒的庇佑力量，於是乃奮勇直前參加作戰。例如
簡大獅的抗日革命，以及一九一五年發生在台南的『西來

庵事件』，在下意識中都是因為有神兵神將的暗中援助。
此外清末有名的義和團事件、大刀會、紅鎗會等，也都是
一些無知的教民，在有神兵神將支援的心理狀態下，就冒
然發起盲目的排外愛國運動。」

　　筆者懷疑，神軍等觀念及祭祀，涉及明鄭以降的政治
意識形態之鬥爭，並混有閩南印度教的影響。依筆者鄉野
經驗，淳樸鄉民特別是婦孺，對王爺神軍等，帶有「敬而
遠之」的莫名畏懼，透露出來自政治的陰影。

　　8. 1930年代前葉，全台寺廟與齋堂總計共有3,682
所，後者有227所，佔全部的6.2%弱。依教義加以分類
時，可分成儒教祠廟、道教祠廟、佛教祠廟及齋教祠廟(齋
堂)等四大類。

(1) 儒教祠廟

　　堪稱純正儒教的寺廟如孔子廟、節孝祠、文昌祠及家
廟。孔子廟全部都是官設、公祭，民間不得隨便設立，平
時緊閉正門，不許一般庶民進入參拜。而民間想要祭拜先
賢，則在各城鎮設立文昌祠，例如清代建立在各地的書院
幾乎都奉祀文昌帝。然而，文昌六星的文昌帝，乃文學的
守護神，已深受道教思想的洗禮，所謂五文昌夫子：文昌
帝、大魁夫子、關帝、呂純陽、朱衣神君等，已完全脫離
儒教的範疇。

　　相對於孔子廟之稱「文廟」，官建的關帝廟為「武
廟」，乃典型的儒教祠廟。然而，民間私設的關帝廟被視
為道教祠廟。1930年代台灣存在的關帝廟被視為儒教者

已經極少。

　　文廟或文昌廟照例都設有「惜字亭」（又稱「敬字亭」、「字紙亭」），深受儒教教化的台灣人，通常不敢隨便糟蹋紙張與文字，不敢拿字紙擤鼻涕或擦髒東西，盡可能避免踩到字紙，更不忍隨便丟棄。凡字紙都得撿到惜字亭火化，再將紙灰供在造字者倉頡神位前，最後才將紙灰丟入河中。

　　台灣人尊稱倉頡為「倉頡至聖」、「蒼聖人」或「製字先師」。傳說他是五千多年前軒轅黃帝的史官，長有四隻眼睛。他仰觀天象，俯察鳥獸蟲魚之跡，創造最早的象形文字。據說他剛造成文字時，天降粟米且有鬼魂夜哭。他是文字神。

　　清同治年間，有人考證出協助倉頡造字的沮蛹，從此被稱為「沮蛹聖人」，與倉頡至聖一起配祀於文廟中。

　　筆者認為，文廟等乃中華皇權帝制及其官僚系統，以教佐政的設計，基本上乃專制強權象徵的延伸，更是統治階層區隔的涵蘊。台灣迄今仍然奉行，誠乃帝制與民主制度合一的歷史怪胎，此即「國本」也。而文字的「神力」，功同印度「語言、聲音」的「神力」，從而發展出符籙、咒語與咒文。

(2) 佛教祠廟：茲全文登錄鈴木氏的敘述。

　　「在台灣的祠廟中，被視為佛教寺廟的，也就是通常所說的佛寺，都是一些被稱為『叢林』的小規模廟宇，除此以外奉祀佛祖的寺廟中，僅僅殘存少數沒有被道教化的

而已。台南市的開元寺、法華寺、竹溪寺、超峰寺等屬於前者，嘉義的火山巖、台北的凌雲寺等屬於後者。基隆的靈泉寺，在法規上屬於曹洞宗末寺，被視爲與中國的寺院相同，然而事實上其性質則屬於前者。開元寺是台灣的第一大佛寺，往時被稱爲『海外小叢林』，但是不但不敢和福州鼓山涌泉寺相比，同時也遠不如廈門南普寺的規模之大，所以不能給沙彌發受戒的度牒。

佛寺的構造，最重要的就是具備有門、大雄寶殿、圓通寶殿、禪堂、方丈、客殿、庫堂、鐘樓、鼓樓等，可惜就連台南開元寺對於這些，有很多尙付缺如，至於其他寺廟可想而知，大致都和道教祠廟無異。

台灣的佛教，一般都以觀世音、阿彌陀、釋迦、地藏、清水祖師、定公佛等爲本尊，而以接引、準提、勢至、文殊、普賢、迦葉、目蓮、阿難、達摩、彌勒、韋馱、護法、十八羅漢等爲從祀。然而由於受道教教義思想的影響，如今幾乎都已經道教化。換言之，就是道教徒把佛教的觀音、釋迦、地藏、清水祖師、定光佛等抓來，硬當作道教的神靈祭祀。並且仿照佛教彌陀三尊、藥師三尊、釋迦三尊等稱呼，就把玉皇上帝權充釋迦牟尼。而且爲配合文殊、普賢二佛，就創造太乙救苦天尊、雷聲普化天尊二神，把與此配祀的觀音叫『觀音媽』，一律都被視爲道教的神仙。

其次也有把同一個人鬼，當作儒佛道三教神明祭祀的。例如關公當儒教神時稱爲『文衡聖帝』，當道教神時

稱爲『翊漢天尊』或『協天大帝』或『山西夫子』，當佛
教神時稱爲『蓋天古佛』。此外呂洞賓也如此，當儒教神
時稱『孚佑帝君』或『純陽夫子』，當道教神時稱『妙道
天尊』或『呂仙祖』，當佛教神時稱『文尼眞佛』。

在以上所說的三教混同之中，按道教教義所命名的神
最多，這可說是由於道教極速發展的結果，儒教和佛教都
受其壓迫的緣故。此外儒教徒或僧侶，所以都會有神號或
佛名，可說就是根據所通行的三教一致說，而由道教化的
儒教徒或僧侶所命名的。現在一般台灣人多半不能明確區
別神佛，例如在佛的供品中竟然有豬肉。其道理恰如前
述，是由於觀音、地藏、清水祖師、定光佛等已經被視爲
道教的神仙來崇拜，這是因爲佛教早已經道教化了的緣
故。(註：此即李岳勳敘述，1536年明世宗毀佛堂崇道教以降的影響)

在台灣祭祀佛的，有所謂齋堂和施主廟。前者的齋堂
是由和尚和齋友(吃齋人)發起而建立，所以絕對不用葷菜上
供，並且嚴厲拒絕外來信徒以肉類獻祭。後者的施主廟，
是由和尚和齋友以外的儒生發起而建立的，所以一般人即
使以葷菜上供，既不以爲怪，也不加以拒絕。還有在以佛
教諸神爲本尊的廟裡，所供的葷菜並不是獻佛的，因爲佛
寺附屬有很多神軍，所以即使本身是吃齋吃素，但是在犒
勞神軍時卻應該用肉。」

(3) 道家祠廟：全文登錄鈴木氏的敘述。

「除了上面的儒教寺廟和佛教寺廟兩種之外，就是把
其他一切寺廟都視爲道教寺廟也無妨。

　　道教寺廟中比較大的，與佛寺對稱爲道觀。有資格被
稱爲『觀』的，在中國恰如佛寺的大叢林一般，其結構極
爲雄偉壯大，在台灣卻沒有這種道觀。只在彰化有一所被
稱爲觀的『玉清觀』，可惜只是徒有虛名，因爲實際上只
有相當於一所普通的寺廟。按照一般祠廟的結構，是有
門、本殿、後殿、左右兩廳，只有比較大的才在本殿或後
殿的左右擁有側房。其中較小的沒有後殿，甚至還有簡單
一棟殿堂的。恰如土地公廟一般，最小者稱爲『廟仔』，
其建坪多半不足一坪。

　　可見道教的祠廟非常多，這是因爲道教思想最普及的
原故，下面就對道教與道士加以詳細介紹。

　　一般人都認爲，道教是以老子爲教祖的宗教，然而事
實上並非如此。原來道教在中國有悠久的歷史，幾千年來
融會了很多宗教思想與宗教型式，於是才形成了這教義複
雜的宗教。老子是道教的一大宗師並不錯，而列子與莊子
則都屬於老子的流派。關於老子的學說，恰如中國自古以
來所慣用的『黃老之學』，顯示的，乃是以黃帝的學說爲
本。換言之，就是老子《道德經》的學說，也不是老子所
首創，而是祖述先聖的遺說。例如《列子》中所說的『黃
帝書曰』，就被收入『道德經』中，即爲明證。因爲中國
文化淵源極古，早在四、五千年之前，隨者自然崇拜、靈
魂崇拜、與巫術仙術等原始宗教思想流行的同時，陰陽五
行說、天干地支說等中國科學及儒家思想、道家思想就已
存在，這都是不容懷疑的史實。還有所謂儒家和道家，他

們的學說直接與經世治國相關，所以當時的賢才就選此二家研究，這就是此二家比其他思想發達而迥然不同的理由。然而道家和儒家又有所不同，儒家只侷限於實踐自家範圍的道德，反之道家所倡導的學說則非常廣泛。例如《老子》中所出現的幽玄詭怪文字，由於極富宗教的神祕感，因而後世的道家者流，就對老子的思想進行種種之試探性的解釋，企圖能與各種傳統民族思想互相融合。例如後漢末年有張陵(張天師)，三國時代有魏伯陽，晉有葛玄、葛洪、陶宏景、陸修靜、顧歡、孟景翼，北魏有寇謙之，他們或使道家與儒家融合，或使道家與巫術混一，或使道家與神仙結納，或使道家模仿佛教，終於形成道家一家之教的宗教。

然而到了唐朝，由於皇室的姓李，於是一些無形的道士，就本著攀龍附鳳的心理，而以道教教祖之一的老子也姓李為藉口，硬性牽強附會說老子乃唐室的祖先，終於在朝廷興建祭祀老子的廟，歷代皇帝都極尊崇，並努力道教的傳佈。特別是唐武宗時代，更親自皈依，定道教為國教，排斥一切其他宗教，從此道教乃大為盛行。其後雖然盛衰起伏不定，但是到了宋元時代，道教的末流逐漸增多，又經過無數次的變遷，才形成今天南北二宗的兩大派別，通行於華北的稱『全真教』，以宋末道士王嘉(重陽)為教祖，以老子的清靜無為為教義，下面又分為龍門派、清靜派、俞山派、遇山派、全山派、隨山派、尹喜派等派；通行於華南的稱『正一教』，也就是所謂『天師教』，以

後漢的道士張陵為祖師，以符水禁咒為要諦，下面又分靜明派、三丰派等。

　　各地的道士，綜合其所屬教派的名稱，又有所謂靈寶派、老君派、瑜珈派、天師派、三奶派等等。台灣的道教並不是屬於北方派的全真教，而是通行南方派的天師教(正一教)。北方派採行自力主義，重視苦行修養；南方派採行他力主義，以符咒厭勝。但是屬於北方派的道士，僅僅根據師傳修行儀式，並不努力研究道藏的教義，而且盲目的追逐迷信，專作治病邀利的祈禱，甚至於認為要想賭博取勝，或者掩飾自己作奸犯科的罪證，只要畫符祈禱就可以達到目的，其頹廢墮落可說已達極點。

　　在福建福州的道教，把住在道觀持有戒行的叫『道人』，把與市井之徒為伍並以符咒為業的叫『道士』。但是在台灣並無此種分別，只有『全真』和『伙居』兩種稱呼。全真是指住在道觀裡的道士，此點和通行於華北的全真教不同；而伙居是指和妻子同住的道士，與全真的關係不甚明瞭。

　　所謂道士，就是道教的祭司。然而現在的道士，僅僅是管理道教教義的祭司，並不具備教權代表者或信徒指導者的意義。台灣的道士分兩種，一是『烏頭司公』，二是『紅頭司公』。

　　道士的宗教性質職務有二，一是「度生」，二是「度死」。所謂度死，就是指對死者所行的儀禮，也就是指葬儀和做功德等而言。所謂度生，就是指對生者所行的儀

禮，又可分成兩種，一是祈福、祈平安，二是驅邪、押
煞。所謂祈福、祈平安的儀禮，就是指建醮、謝平安，做
三獻等而言；所謂驅邪、押煞的道術，就是指安胎、起
土、豎符、補運等而言。其中烏頭司公，由於受佛教的影
響，只辦「度死」的喪事，而紅頭司公，卻只辦「度生」
的善事。可見這兩種「司公」的區別，就在於度死與度生
的儀禮上。不過通行於廣東客家人與漳州人居住區的紅頭
司公，則專以施行驅邪和押煞的法術爲職業。」(做爲紅頭司
公象徵的紅色頭巾，一般來說只有當他們爲人作驅邪和押煞的法術時才戴，
由此觀之，他們的本來行業就是在於爲人行驅邪和押煞的法術。)」（註：就
筆者所知，後來，烏頭司公度死也度生）

(4) 齋教祠廟：全文登錄鈴木氏敘述如下。

　　「齋教是佛教的一派，在明朝時由禪宗演變而來，其
教義與一般佛教並無太大差別，不過顯然混雜有儒道兩教
的思想。但是在教規上卻與佛教迥然不同，這就是齋教的
僧侶既不出家，也不穿袈裟，更不剃光頭，而且和一般市
井俗人同樣經營生業，但是卻能以佛門弟子之身嚴守戒
律。

　　由於齋教是吃常齋(食菜)，絕不肯吃一點葷腥，因此台
灣人就稱爲『持齋宗』又叫作『食菜人』。教徒之間則互
稱『齋友』，教外人對他們則另有稱呼，把他們的男教徒
叫『齋公』，把女教徒稱爲『齋姑』。

　　齋友都規定出一定的齋期，齋期一到就全體修業，齋
集齋堂共進午餐，特稱之爲『齋會』。每遇齋友死亡，並

不請和尚念經，只由齋主代辦一切喪儀，其中當然包括誦經，喪主則分別贈送齋主扇子和毛巾。齋主不能為齋友以外的喪家辦喪事，而齋友也要嚴守『五戒十善』的教義，其中別重視『殺生戒』，所禁忌的除了肉類之外，還有鴨片、酒菜、蔥蒜、菸酒、檳榔等，而且嚴格禁止放爆竹和燒冥紙。當然一律吃常齋，可是也有少數教徒吃『花齋』，就是規定某些日子吃齋。

齋教分成先天派、龍華派、金幢派等三派。齋教的教堂稱為『齋堂』，其代表人稱『堂主』或『齋主』，負責管理齋堂。齋堂除了教堂及其土地外，通常還擁有稻田與旱田等財產。這主要是由於創立當時齋主和齋友的奉獻，但是其中也有的是用教款購買的。其中鰥寡孤獨的齋友，有時會把全部家產施捨給齋堂，從此他自己就終生住在齋堂裡。關於齋堂的財產只有堂主才有權處理，一般齋友不得過問。

一個人想要成為齋友，只要經齋主的認可就行了，其他沒有任何入教條件，而且也無須徵求齋友的同意。一旦成為齋友之後，就必須嚴守齋教的清規，並且要宣誓持齋，普通齋友都有固定的齋堂，不過也有獨立持齋的。據說先天派的齋教，對新加入的齋友都審格很嚴，很不容易批准入教。齋友的身分，原則上限於本人一代，子孫不得世襲。所以子孫要想成為齋友，還要重新徵得齋主的認可。

在齋教的三大派別之中，以龍華派歷史最悠久，金幢

派次之，先天派又次之。不過也有人主張，金幢派是出自龍華派，而先天派又是出自金幢派。由此可見，龍華派的教祖，就等於是齋教的教祖。

　　齋教的教義和教禮，三派是大同小異。不過先天派所混雜的儒教思想比較多，而金幢派則具有濃厚的道教思想。三派主要都是以觀音為共同本尊，另外龍華派又以阿彌陀、三寶佛、關聖帝為本尊，金幢派則以阿彌陀、彌勒佛、與己派的教祖為本尊。還有三派的從祀外，並有祭祀三官大帝的。而龍華派，則以太子爺、媽祖、註生娘娘等為從祀。齋教的日課就是誦經典，三派都是早晨念《金剛經》，晚上念《阿彌陀經》，另外先天派卻在中午加念《心經》。關於齋教的持齋，先天派不但絕對不吃肉，而且禁止娶妻；龍華派和金幢派，既可以娶妻，又不強迫吃常齋。總之，先天派的戒律極嚴，負有自力思想，不輕易接受新齋友的加入，所以齋友間的團結精神也極強，每個齋友都具備潔身自愛的高風。至於金幢派和龍華派則不然，前者負有道教思想色彩，而後者則最具有世俗的色彩，所以兩者的戒律都很鬆，齋友的人數也最多。」

　　之所以大篇幅登錄1930年代對台灣宗教信仰的描述，乃在可用來對照、比較今人著作。

　　9. 神罰與因果報應。鈴木氏在此單元的紀載，筆者認為實為佛教、道教、儒教的混融體，其理論或概念的要素乃靈魂不滅、因果報應、功過格、輪迴說等，形成台灣

俗民根深蒂固的觀念。全文登錄如下：

「現世的陽間，雖然有地方官統治現社會，但是不論如何賢明的官吏，也無法洞察人間的一切心理秘密，所以也就很難完全察出人民所犯的罪刑。因此一些狡猾的歹徒，就成官吏的疏忽於查察而脫罪，但是他們卻難以逃過冥冥之中的因果報應。這就是玉皇上帝手下的城隍爺，全權統治陰間與陽間兩界，祂派遣部下諸神到各地巡視，專門採訪人民的善惡行為，一旦察出作惡的人，就對他們進行「陰罰」，或讓他們生病，或讓他們貧窮，甚至奪去他們的生命，同時也負責賞善的任務。

當城隍爺判處惡人死刑時，就抓住死刑囚的靈魂，附帶一封公函『搜查書』，上呈到速報司，再由速報司轉奏閻王爺。閻羅王根據奏章，就派馬爺和牛爺把死刑囚的靈魂帶上殿來審問，如果確實有罪，就下令九爺執行死刑。但是當善人死亡時，城隍爺則立刻把他們護送到西方淨土。其實這只是出自佛教的觀念，但是由於台灣人受道教的影響很大，所以經過由閻羅王所管轄的地獄十殿之後，有罪者就分別按照犯罪型的種類與輕重受到處罰，等到進入第十殿再進行最後一次判決，或讓他們轉生禽獸，或讓他們不能永生。至於那些在陽間有善行的靈魂，在進入地獄第一殿時，並非立刻就去西天，而是通過附有護衛的十殿，進行最後判決才送到西方淨土進入極樂世界。

現在就把地獄十殿的審判官介紹如下：

地獄十殿審判官	
第一殿 秦廣王	負責保護生前有善行的靈魂，並派遣護衛兵護送他們渡過金橋，以便前往西天淨土。
第二殿 楚江王	割舌地獄＝負責割掉生前以讒言害人或爭訟者的舌頭。 剪刀地獄＝負責剪斷唆使他人之妻改嫁者的手指。 吊鐵樹地獄＝負責把生前挑撥離間害人者吊在鐵樹上處死，因為他們在陽間以謊言離間他人兄弟與父子的感情。
第三殿 宋帝王	孽鏡台地獄＝如犯人不肯坦白時，用此鏡一照，善惡就可立即分明。 落蒸地獄＝負責把長舌婦或陷害人者，放進蒸籠中蒸。
第四殿 五官王	銅柱地獄＝負責使在陽間殺人、放火的惡魂抱在裡面裝有炭火的銅柱筒上。 劍山地獄＝負責迫令冒瀆神佛或任意殺生的惡人裸體登上長有無數利劍的刀山。 寒冰地獄＝凡是在陽間殺夫、通姦、墮胎，以及勸人作惡、勸人賭博，不顧父母生活，不明道義的惡魂，都強迫他們裸體坐在寒風凜冽的冰塊上。
第五殿 閻羅王	油鼎地獄＝凡是在陽間有竊盜、搶劫、詐欺、誣告、拐帶，以及集體為惡、同謀詐財等惡魂，都必須接受下油鍋煎炸的酷刑。
第六殿 卡城王	牛坑地獄＝凡在陽間有傷人與殺生惡行的人，都被關進一個大洞穴中，然後縱使兇牛活活把他們頂死。 石壓地獄＝凡是在陽間絞殺他人或以石殺死兒童的惡鬼，都要處以用巨石壓死的酷刑。 舂臼地獄＝凡在陽間糟蹋米糧，或吃飯時亂發怨言的惡鬼，都被放進臼中活活搗死。

第七殿 泰山王	浸血池地獄＝凡在世間有使人難產、褻瀆灶神、不孝公婆、有淫行的閨女、破清規的尼姑、逼良為娼、虐待養子、誘騙婦女行惡等惡行的人，一律都被趕進血池中受罪。 枉死城地獄＝凡在陽間有咬死、吊死、自殺等行為者，一律關入牢獄受苦。 磔地獄＝凡在陽間有盜墓或冒犯死者行為的人，一律處以磔刑(分屍行)。
第八殿 平等王	火山地獄＝凡身為和尚或道士而飲酒者、盜取公款與公務者與放火燒山者，一律被趕進火山受罪。 落磨地獄＝凡身為和尚或道士而輕視米糧者、淪為盜賊者、殺食禽獸者，一律投入石磨中磨殺。
第九殿 都市王	刀鉅地獄＝誘拐他人子弟婦女者，做生意時偷斤減兩，都被處以鋸殺的死刑。如為獵師則縱虎咬死。
第十殿 輪轉王	凡陽間殘害禽獸者就使他們轉生為禽獸，殺人者則剝奪他們永生的權力，並負責最後的判決，善人仍讓他們轉生善人，並把行善者送往西方淨土成佛。

10. 台灣人對神佛禮拜的方式。「台灣人的神佛信仰觀念很深，每一家的正廳幾乎都供有神佛，一年之中不斷拜拜祈禱，有的則到寺廟進香頂禮膜拜。不過普通都是把神像或佛像供奉在寺廟裡，家中只是懸掛神佛的肖像或寫有神佛各名稱卷軸。換言之，由於有這些偶像的存在，就象徵了神佛的存在，藉以提高信徒的崇拜之念，由於這是一家永久性的信仰，所以台灣人認為必須供上一個偶像，才會產生神佛存在的信仰心。

台灣人心目中的神佛，是指釋迦牟尼佛和觀音佛等，

並不包括死靈、祖靈、孤魂、野鬼。所以在拜拜時，要作供品、點蠟燭、焚線香、投擲筶、燒金紙、與求福祿壽，有時還放爆竹。至於自己家中所奉祀的神和祖宗牌位，則只供清茶、紅龜、粿盒，除了每天朝夕燒香膜拜之外，每月的三、六、九和初一、十五也都要拜拜。此外對於死靈的拜拜和祈禱，雖說也和拜神同樣有供菜、蠟燭、線香、鳴炮，但是卻不擲筶或燒金紙，僅僅焚化死者所用的冥幣和銀紙。這是因爲金色是用在吉利的喜事上，而銀色是用來除魔或清祓；而金紙是獻給神佛的，銀紙則是送給死人的。然而當以孤魂爲神而拜拜時，也有不用銀紙而使用金紙的。例如『有應公』就是一位孤墳神，所以在給他作拜拜時就是燒金紙。」

以上，只錄至該書第57頁，朋友們可另行延伸閱讀。事實上這些敘述或台灣慣習、宗教信仰，並非圓滿的系統，相反的，漏洞百出或前後矛盾者很多。讀者不能用純理性或邏輯檢視。筆者認爲，宜由台灣開拓史上，常民生活的際遇來解讀，始可逼近其緣由。

08

從《吠陀》到
佛教的旁註

　　雅利安人大約在距今3,500多年前以降，分多批越過開伯爾山口，入據古印度的五河地區，也就是現今位於巴基斯坦境內的印度河的上游五大支流地域，小部分地區則進入今之印度的旁遮普(Punjab)範圍。他們當然是以武力征服在地原住民的達羅毗荼人(Dravidians)，同時，他們也帶來入侵者霸凌在地生活文化的神明與神話。

　　就人類文明史觀之，從游牧、征戰到定居、農耕的過程中，差不多就是現今各種宗教的發生或形成期。高大身材的白種雅利安人原本漂移不定或逐水草而居，生活接觸最多的是曠野、大漠、浩瀚天地，視野、現象所及，他們的神明即由天、空、地的樣相所構成，因此，當5～6千年前他們還游牧於帕米爾高原以西的中亞時，已知他們最古老的大神叫做戴尤斯(Dyaus，或特尤斯、大尤斯)，這個字，是由「發光dyu」的語根所構成，也就是由光明(或太陽)來神化的(高楠順次郎、木村賢泰；高觀盧譯，1971；1995)。

　　他們在5～6千年前作大遷徙，一股朝西北走，進入歐洲，締造歐洲文化；另一股走向東南，進入伊朗，開創波斯文化，且再度分出族群東遷印度河的五河地區。而戴尤斯在歐洲就變成希臘神話的宙斯(Zeus)、羅馬的朱比特(Jupiter)。戴尤斯也夥同許多自然神闖入了五河地區。

　　他們是父系社會，他們打敗了在地母系社會原住民。而征戰通常得有神助，因為殺伐存有龐大危機、概率，難以想像的倖免於難就叫做幸運、有神助，於是充當戰神的雷霆神因陀羅(Indra)，遂在諸神之中脫穎而出，變成諸神之王。

　　《梨俱吠陀》的諸神讚歌稱頌因陀羅：(糜文開 編譯，1981：15-17頁)

　　　一、他生來便是有權力的高傲精神之主神，變成了
　　　　　諸神的保護者，因他偉大的英勇，他吹口氣，
　　　　　兩界便顫慄，哦，人啊，他是因陀羅！
　　　　　……

　　　三、他殺戮那條龍，釋放七條河，把那母牛羣驅
　　　　　出於梵拉(魔族)的洞穴，於兩石(天地)之間生出火
　　　　　來，在戰士的戰曉中是掠奪者，哦，人啊，他
　　　　　是因陀羅！
　　　　　……

　　　七、在他至高統制之下是：馬匹，一切戰車，村莊
　　　　　和牛羣；他給予太陽和早晨以存在，他引導著

水，哦，人啊，他是因陀羅！

八、強敵和弱敵，兩軍迫近來會戰的當兒同時都呼
　　喊他，兩人同登一輛戰車，各為自己而籲請
　　他，哦，你們人啊，他是因陀羅！
　　……

十三、就是天和地也在他面前鞠躬，只要他吹口氣，
　　　山岳便顫慄。有名的飲蘇摩(神酒)者，用雷霆武
　　　裝著，他揮舞著金剛杵，哦，你們人啊，他是
　　　因陀羅！
　　　……

　　換句話說，震撼於曠野雷電交加的恐怖與壯觀威力，他們的祖先將雷電視為自然神的展現，且在他們進軍五河流域時，奉之為戰曉神，也因他們征服了達羅毗荼人，自然而然地，因陀羅升格為眾神之王。我們從頌詩中也得知，古印武器金剛杵，來源正是閃電。而筆者推測，雅利安人不只征服印度河原住民，他們彼此各部落之間，也頻頻交戰，爭取土地、資源、領導權等等，因而其神話故事中，存在著「十王之戰」，時間約發生在西元前1,500～1,000年之間。

　　日本學者高楠順次郎、木村賢泰的《印度哲學宗教史》一書中，一開始就在分析印度最古老的聖典《吠陀經》(四吠陀)，乃印度宗教、哲學的源頭與泉源，因為原始人等，認為宇宙萬象皆由威力勝於人的神之行為，且對自

然、神等，賦予擬人化的想像，從而產生神話。特定民族的神話的要素，取決於該民族的集體心理、客觀環境條件，以及歷史進程(筆者加上者)，進而反映或代表該民族的風俗、習慣、風氣、嗜好或文化的縮影。或說，對宇宙人生的解釋。

　　而雅利安人帶來的自然神三大類，即天、空、地三個基本界；人文神亦三大類，即抽象神、特定歷史事實或英雄美人，以及特殊言語或帶有神格化的音聲。前述戴尤斯到了印度河，業已讓位給了空界之神因陀羅，但前此，雅利安人到了伊朗地區所新增加的蒼空之神婆樓那(Varuna：因為從波斯帶來印度者，因而他的性格酷似波斯拜火教的Ahuramazdah神)，在五河地區時，地位還很崇高，其接受禮拜、歌頌的頻度也很大。事實上雅利安人初抵印度河之際，大抵帶來主神33位，通稱33天，也就是天、空、地三界各有11位神。

　　雅利安人當中的領袖、聖賢或當時的知識份子，或類似神職人員、詩人等，當然就是「創造」這些神明的人，他們透過代代背誦、相傳的讚歌(Manira)，傳承對諸神的敬拜，更堅信這些讚歌就是古聖人接受神的天啟而詠誦出來的，且詠誦讚歌代表向神祈禱消災賜福等。33神包括日、月、星辰、風、雲、水、火、雷、雨、黑夜、黎明等等。

　　這些讚歌是以梵語口耳相傳，時間約在西元前1,500～1,000年前，也就是雅利安人入據、開始定居五河地區

的年代，後來，被輯爲文字(梵文)的《吠陀經》。所謂吠陀(Veda)，意即「智識」，中文曾經翻譯爲「毗陀」、「皮陀」、「韋陀」、「圍陀」、「違陀」、「轉陀」、「辟陀」等音譯，意譯的，則另有「智論」、「明論」等。

最早的吠陀經即《梨俱吠陀(Rigveda，意譯爲誦讚明論)》，它是四部吠陀經的主幹，共有1,017篇，分輯爲10卷，內容以讚頌諸神爲主。前引的因陀羅讚歌便是一例。而最具文學之美的讚歌，例如對黎明女神烏莎(Usas)的禮讚：

一、這光來了，在一切光中最華美，那燦爛的遠展之光輝已出生。

夜爲太陽上升而避開，讓出一個誕生地給予早晨。

二、這華美的，這明亮的，和她的白色產物一起來了，黑暗者委棄她的寓居給她，類似的，不凡的，互相跟隨著，變換著顏色，兩姊妹在天上移動向前。

三、共同和無盡是兩姊妹的途徑，由諸神指導，她們交替著旅行。

華美的形態，不同的顏色卻一條心，夜和黎明不相衝突，也各不逗留。

四、愉悦之聲的光明先導者，我們的眼睛看到了她：絢爛的顏色，她已開啓了門戶。

鼓舞著世界，她已顯示給我們豐饒：黎明覺醒了每一生命。

……

七、我們看見她在那裏，那天之孩子，明顯的，那少女，羞答答地穿著她耀光的霧殼，你，一切大地寶藏的女主，吉祥的黎明，這裏映紅了我們，今天早晨。

……

十、時間有多長，總計在一起？──已照射過的許多黎明，以及今後照射的許多黎明，她熱切地思慕以前的許多黎明，和其他黎明們愉悅地照射前進。

……

十六、升起來！那呼吸，那生命，又來到我們身上，黑暗已走開，光明迎前來。
她已開道給太陽巡行，我們已到達了人類延長生命之點。

……

糜文開(1981：30頁)註說：兩姊妹指夜之女神臘德麗與黎明女神烏莎。烏莎是吠陀諸神當中最美麗的一位，因為五河地區的破曉景觀允稱勝景，故而詩人雖視其為神，但仍力保其天然光景，人格化的程度不高。烏莎穿著灰色之衣，露胸如舞姬，帶光而顯露於東方以示愛嬌。年紀雖

大，卻日日新生，永如少女。屢乘美麗之車，駕御栗色之
馬、赤色之牛云云。

顯然地，吠陀的神明隨環境、時代、境遇，作重要性
或地位的升降，或新增、消失等變遷。

《梨俱吠陀》諸神之間並無必然關連，也無特定譜
系，祂們的神格常有融合或交換，個性也含混或不明，形
容諸神的遣詞用字又常極端化，或許是因爲自然界諸現象
頻常交互錯雜、難分難解使然。

《梨俱吠陀》當然是多神信仰，但亦帶有一神教的
況味，故而西方研究者稱其爲「單一神教(Henotheism)」，
也就是崇拜多神中之某一神的宗教，又名「交換神教
(Kathenotheism)」，亦即主神之主體可交換、變更的宗教。

高楠順次郎等，計算在《梨俱》讚歌中，諸神出現的
頻率，但並非代表其地位的高低；他們認爲在五河地區
才產生的印度特產神只有3位，即耦生神(阿須雲)、荒神(魯
特羅，Rudra)，以及祈禱神(勿哩阿婆跋底，Brahaspati)，然而，或
有歧異見解而見仁見智。

關於哲學思考方面，《梨俱》的「創造之歌」甚爲重
要，另如「金卵歌」、「祈禱主歌」、「原人歌」等。
「創造之歌」：

　　一、當時非無也非有，沒有空界，沒有空界之上的
　　　　天。
　　　　覆蓋著什麼？蓋在那裏？還有是什麼給予庇護

的？有水嗎？有深不可測的水嗎？

二、當時沒有死，也沒有任何不死：沒有畫與夜劃
分的樣子。

只有「彼一」(那個東西)，牠沒有氣息而自能呼
吸：除牠以外不曾有任何的東西。

三、只有黑暗：最初「這一切」(宇宙)隱蔽在黑暗
中，成爲無光的波動界(無差別的渾沌)。

當時所有的存在只是空虛所包的大原(原子)：偉
大的熱之力產生那個一(彼一)。

四、後來那東西(彼)開展而起出欲望(慾愛)來，「欲
望」是原始的種子，心靈(識)的胚胎。

聖人們憑他們心的思考來探索，發現有和無的
聯鎖。

五、牠們分開的線橫斷地延展出去：那時線的上面
是什麼？下面是什麼？

那裏有孚育者，那裏有強大的勢力，自性
(Svadha)在下，力用(Prayati)在上。

六、誰確實知道？這裏誰能說明牠？牠從何處出
生？這宇宙的創造來自何處？

諸神乃較遲於這世界而產生的，誰知道最初牠
從何處生出？

七、他，這宇宙創造的最初起源，果是一切由他作
成？還是沒有製作牠？

在最高天監視這世界者確實知道牠，或者他也

　　不知道。

　　麋文開註解(1981：36頁)「創造之歌」另名「無有歌」，是《梨俱》唯一脫盡神話色彩的讚歌，「詩人苦心探求宇宙之來源，不歸之於神造，而從物質的考察，推測宇宙發生之過程。」詩人認爲太初原本只有黑漆一團的渾沌，在空虛中包含著「大原」(或原子)，這個「大原」無以名之，只叫它爲「彼」或「彼一」。「彼」依熱之力而有生意，於是生發爲萬有。從中橫斷劃一界線，則線之下爲非存在的本體界，即有熱之大原；線之上爲存在之現象界，即由慾愛發展出來的宇宙萬有。「此歌爲後世非吠陀主義哲學之先驅，數論派哲學、佛教十二因緣均受其影響，蓋所謂『彼一』，不視爲人格神，實爲從母胎孕育方面作生殖的考察，以推知萬有依熱力而發生也。」

　　這首3千多年前的哲思，實在是人類珍貴的文化遺產。依個人思考習慣，筆者不會說它是人類思想唯心與唯物之祖，但它的確是現存文字記錄上最最古老的證據之一(必須說「之一」，乃因一些場合、狀況下，時間先後不盡然有意義)。太初或現今宇宙誕生之前，「非無也非有，沒有空界，沒有空界之上的天……沒有死，也沒有任何不死，沒有晝與夜……只有彼一……」，依聯想，這不正是現今物理、天文學敘述宇宙大霹靂(大爆炸)，產生現今宇宙的時、空、物質、能量等等之前的狀況？用現在話說明，我們的宇宙誕生之前沒有時間、沒有空間，沒有任何物質或我們現今意

識、心理、生理所能攀附、理解的任概念，因為所有我們得以表達的內容(形上與形下)，都依附、寄生在現行的宇宙時空及物質。

如此見解，毫無疑問，正是唯物、唯心論的終極原點的敘述。暫時不去管「偉大的熱之力產生那個彼一」是什麼東西，那東西(彼)開展出欲望、慾愛，且欲望是原始的種子、心靈的(識的)胚胎，對照佛教十二因緣(有支)：「無明緣行，行緣識，識緣名色，名色緣六入，六入緣觸，觸緣受，受緣愛，愛緣取，取緣有，有緣生，生緣老死……」，兩者難道不是同一個「東西」？

筆者不能說佛陀受到「創造之歌」的影響，提出「緣起性空」的始源思想，但無法相信佛陀沒有承襲且改造《吠陀》思惟。可以說「無明」相當於「彼一」或「偉大的熱之力產生的那個彼一」，但佛陀似乎否定了「創造之歌」的「自性」或現象界線下的本體論？(請參考拙作「十二有支與無支」)

「創造之歌」最最了不起的開創性見解，筆者認為，乃在於「諸神乃較遲於這世界而產生的，誰知道最初牠從何處生出？」這是句石破天驚的肯定、質疑或否定！先承認有神再殺神，夠狠！這在3千多年前一片萬物有神論的主流當中，殺出唯物思想的活水源頭，難怪可以成為非吠陀主義哲學的先驅！

至於相信「吠陀經典是神的最高啟示，必須崇信與遵守的絕對權威」，也就是4～6世紀時，婆羅門教承

認的六派正統哲學的共同規範原則。六派之一的數論派(Samkhya)相信，世界萬物是由「神我」與「自性」兩種實體結合而產生。「神我」是獨立的精神實體；「自性」是處於未顯現狀態的「原初物質」，是最高的物質實體。原初物質的自性，在變異過程中首先產生「統覺」(圓滿智慧)；由「統覺」再產生「我慢」(自我意識)；由「我慢」產生11種人體器官或11根(眼、耳、鼻、舌、身五種感官，加上手、足、口、排泄器官、生殖器官等5種行動器官，以及心)；另一方面，又產生5種細微元素(色、聲、香、味、觸)，再由5種細微元素產生5種粗大元素(地、水、風、火、空)。全部變異過程產生23個範疇，再加上神我和自性，共25個範疇，即25諦。

數論派的基礎是「因中有果論」，結果只是原因的另一種表現形式，因、果在本質上是相同的，一個是事物的隱蔽狀態，一個是事物的顯現狀態，從因中有果論出發，從而提出一種二元論，謂之「二十五諦說」，即上述。

不管論者如何牽強聯想、類比、推理，反正有人認為數論也是脫胎於「創造之歌」。又，數論派認為人生的本質就是苦(同於佛教)，三苦：外部(環境)來的苦、內部(生理)的苦，以及心理的苦。而解脫的關鍵在於認識、理解25諦說，證悟到神我及原初物質不是一種東西，讓自己從原初物質組成的世界擺脫出來，達到自由、歡樂的境界。而論者亦視數論派乃具有唯物主義因素的二元論學說。

「創造之歌」另一句一針見血的語句：「聖人們憑他們心的思考來探索，發現有和無的聯鎖」，這是赤裸的唯

心論，也是唯識論的老祖宗，更是刺激後世無窮創造的張力之所自。

「創造之歌」真正超越、創造的是喚醒人心自覺，功同老子的《道德經》，但別於基督宗教的舊約創世紀，也算是「本體論」的發軔。

撇開雜家各派思惟，筆者認為以3～4千年前有限知識或無知時代，人們從現象的擬人化、擬原始人心理化，以及生死存亡最重要的生殖與生產化，或可歸納出原始的心理模式，用來理解人類宗教的流變，也可上溯哺乳類，乃至生命演化的進程或軌跡。此間，筆者最感興趣的是，如同生物學的胚胎重演，人心活動的現象，特別是唯心、唯識之內溯「心」的過程中，或多或少竟也出現「心的宇宙反祖現象」，或說，似乎溯心也可追溯到宇宙大霹靂，追溯心物同源無差別的某種「場域」或「狀況」，今人、古人皆然。

另一哲學讚歌「金卵歌」乃是對「生主」的禮讚：

一、金卵(Hiranyagarbha，金色的胚胎)出現於太古之初，生來是一切創造的生物之唯一之主。

他安置和支持這地和天。什麼神是我們應該供養的啊？

二、生命的呼吸和精力的給予者，他的命令為諸神全體所遵奉：

是死之主，但他的陰影是不死的生命。什麼神

是我們應該供養的啊？

三、憑他的威力成爲這全部動的世界的唯一之王，
統治那些呼吸的和睡眠的：

他是人的主，他是獸的主。什麼神是我們應該
供養的啊？

……

七、何時來了大水，含蘊這宇宙之卵，產生火光
(agni)。

於是躍出諸神的一個精魄便出現了。什麼神是
我們應該供養的啊？

八、他用他的威力俯視大水含蘊生產力(指金卵)而產
生祭祀。(指火光)

他是諸神之神，無與倫比。什麼神是我們應該
供養的啊？

……

十、生主(Prajapati)啊！唯獨你包含一切這些創造之
物，無與倫比。

允諾我們心的願望，我們向你祈禱：願我們成
爲財富之主！

從字面上看，從頌文體看，或從思想內容檢視，第十
頌或是後世的祭司、神職人員添加者。糜文開(1981：38頁)
認爲「金卵歌」是對「生主」的讚頌。「生主」意即「生
物之主」，原來是沙維德麗(Savitr，即太陽)及蘇摩(Soma，原

本是一種釀造神酒的蔓草，因祭神必備蘇摩酒，蘇摩是神與人之間的媒介，因而蘇摩也被視為神，蘇摩也兼任月神。《梨俱吠陀》第9卷、114篇，是蘇摩祭的讚歌專集)的尊號，這個尊號到了創作這首「金卵歌」的時代，獨立出來當作生之大原理之神，更且，後來，約西元前1,000～700年間，轉變成印度人公認的「創造主」。

「金卵係太陽之寫象，而又人格化者，所以表明太陽之孳生力。故生主可謂由太陽所轉化，而成為最高生殖神者。此歌乃承接『創造之歌』，將『彼一』作人格的寫象，以之為祭祀之主神，而適應於宗教之需要者也。故此歌仍從物質方面作生殖的考察為基礎，蓋除太陽(金卵)之具熱力外，又加以水之滋潤，則萬物生長矣……而生主相當於(中國的)太極。」

即令文字史之前的古人不知光合作用，但確知能「呼吸和睡眠」的動物或生物沒有太陽光照活不下去。此歌創作者不僅察知靠知覺(特別是視覺)的動物生命的根源，更推衍太陽是一切生命的創造者。這樣神奇的力量、熱(能)源當然非神力無以致之。然而，太陽是一視覺的具象，作為具象之物的名稱(人與人之間溝通的指稱)叫做「沙維德麗」，它在人類心目中的影像，很像人們習慣見及、觸及的圓卵，又發出金色光芒，遂名之為「金卵」。卵常見孵出新生命，從而聯想出「生」，但「生」是個將動作抽象化的敘述，而「無」也是對「有」的抽象化思考所產生。

前此之「創造之歌」敘述宇宙起源時「非無也非

有」，只有「彼一」。「彼一」是一切的終極發端，然後「彼一」被二分，劃分那條線之上半，是由欲愛發展出來的宇宙萬物、萬有、現象界；而線下即「自性」，即抽象的本體界。在「彼一」的階段，尚未被人格化、抽象化，但「彼一」乃是一切萬有之母，是神上之神，必須被「聖人」作「人格化」的轉化，用來作為常人膜拜的對象。於是，這首「金卵歌」或可代表「古聖人、詩人、神職人員等」，將「彼一」改造為神，或該被常人祭拜的主神的思考過程中的產物或作品。

前述約西元前1,500年以降，雅利安人征服在今之阿富汗、旁遮普至德里以西的五河地區原住民，征服者當然自視高貴，被征服的達羅毗荼人被鄙視為「達薩」，形容他們是「黑皮膚、無鼻子、不專獻祭」，而「達薩」不是被殺、遁入山林，就是淪為奴隸，但他們並非「不專獻祭」或沒有宗教信仰的人，恰好相反，他們在母土農業文化的自然、土地崇拜，及其宗教文化，後來隨著通婚等種種途徑，滲透進入雅利安人宗教屬靈的深處，並引發深遠的宗教變革，這是後話，而初入五河地區的雅利安人，一開始當然視其帶來的遊牧、男性主神為上流神，從而霸凌「下流」社會諸神。而神明地位的變遷及翻轉，通常乃在社會變動之後才產生。

《梨俱吠陀》既然代表從伊朗波斯到五河地區所產生的宗教詩歌，詩歌中出現的神名頻率，幾成可反映生活中人們對他們倚重的程度或心理上的需求度，雖則並不代表

各神的地位高低，如前述。

依高楠順次郎、木村賢泰的統計，《梨俱》神名出現次數的多寡前五名如下：

第一多：因陀羅(雷霆神、戰鬥神)、阿耆尼(火神)、蘇摩(酒神)。

第二多：阿須雲(Asvin，耦生神)、馬爾殊(風神)、婆樓那(司法神、天神)。

第三多：烏莎(黎明女神)、蘇利耶(陽神)、勿哩阿婆跛底(祈禱主)。

第四多：伐由(風神)、特耶瓦布替維(天地)、維西魯(日神)、魯特羅(荒神)。

第五多：耶摩(死王)、巴爾加魯耶(雨神)。

可見其在地化或印度化的程度很低。

當時，雅利安人的信神祭祀方式很簡單，只是點燃一堆柴火，並向火堆中投放神酒等祭品，同時唱頌幾首讚歌。此一時期，史家一般稱之為「前吠陀時期」。

從讚歌的內容來看，天界的婆樓那最尊嚴，相當於天老爺，但因初入五河地區戰爭頻繁，因而因陀羅的地位日漸提高，附帶的，祭祀時得升火、奠酒，因此火神阿耆尼、酒神蘇摩出現的頻率大增。

然而，征戰結束後，定居五河地區以降，祭祀儀式大增，而祭祀總得祈禱、祈願，因而抽象的祈禱神出現(印度特產)，且地位不斷提高。

另一方面，祭祀增加、儀式由簡入繁，在地環境化或

本土化，或衝突或妥協或自然而然的發生諸多文化變遷，同時，統治者爲確保自身利益及優勢，透過神權來鞏固優勢族群的手腕、技巧，亦不斷精進，於是，祭祀是特權，是專業，是聖賢，是特定接受天啓的人士才能參與的，其社會地位漸次提昇至僅次於神，或神的代言人的地位。

而祭祀儀式後來發展出四種職掌及其祭司：

1. 勸請者(Hotar)：唱頌特定的讚歌，勸請、呼請所祭之神降臨祭壇，勸請者使用《梨俱吠陀》。台灣人較正式的拜拜也都有「請神」的儀式，道理相同。

2. 詠歌者(Udgatar)：讚美神德的祭司，由他唱歌(Sama)來讚歎神。由於分工專業化，「詠歌者」從《梨俱吠陀》中摘取、衍展出《沙摩吠陀(Sama Veda)》，意譯即《歌詠明論》。

3. 祭供者(Adhvaryu)：供養神的祭司。他奉獻供物而口中低聲背誦「祭詞(Yajus)」。他手中掌握的「吠陀」叫做《夜柔吠陀(Yajur Veda)》，意譯爲《祭祀明論》。

4. 祈禱者(Brahman)，音譯「婆羅門」：他唸不同的禱辭與咒語，用以消災、降福、調伏、除垢等等，表達該祭祀的目的，同時，他也是整個祭祀的總監官。他所掌握的，謂之《阿達婆吠陀(Atharva Veda)》，意譯：《禳災明論》，禳音ㄖㄤˊ，意即祈禱消除災害，禳福即祈禱求福。

說來可笑，祈禱者禳災的咒文，其實是雅利安人鄙視的原住民達羅毗荼人所流傳下的土地宗教文化，究竟經由

何等過程而爲雅利安人所吸收，必然是很有意思的大議題。

而史家將產生《沙摩吠陀》、《夜柔吠陀》、《阿達婆吠陀》，以及附屬於四吠陀的《梵書》、《森林書》、《奧義書》等的時代，叫做「後吠陀時期」，時間約在西元前1,000～600年間。又，四吠陀本集完成的年代約在西元前1,000～800年間，也正是祈禱者(婆羅門)躍居最高地位的同時。

後吠陀時期也是雅利安人或統治者持續擴充地盤的時代，他們東征、南進，其生活領域東達今之孟加拉，南抵文底耶山，西進德干高原，政治舞台中心也由五河地區，移轉到恆河與亞穆納河之間；部落進行整併，王權經由神權而提升，經濟體系、社會結構與制度、宗教文化或教育等等，皆出現劇烈的變遷。

伴隨祭祀儀式愈來發達的同時，掌握神權的勢力者(《梨俱》的創作群)，不斷思考如何將神權的最高原理，或其認爲的宇宙眞理，移轉且配合日益興盛的祭祀或祭典。畢竟該等時代，凝聚思想、控制人民的最佳方式即神權，誰掌握神的解釋，誰就是權杖中心。祭典既然日益重要，宇宙創造的原理必須與祭典作對應，於是，《梨俱》後期就出現了「祈禱主歌」(《梨俱吠陀》第10卷第72篇)及「原人歌」(第10卷第90篇)等等。

「祈禱主歌」：

一、現在我們要述說諸神的起源。

　　要在諷誦讚歌之中，給後世想見神的人來讚美他。

二、祈禱主曾似冶工般煽鍛這一切。

　　在諸神未出現的古代，「有」是從「無」所生。

三、在神的初期，「有」已從「無」生出來了。

　　於是空間由神母產生。

四、地由神母產生，空間由地產生，

　　大克夏(Daksa，勢力)由阿娣蒂(Aditi，無限)產生，阿娣蒂也由大克夏產生。

五、阿娣蒂的確出生了，大克夏啊，彼是你的母親啊！

　　接著是諸神的出生，這些是神聖不死的神族。

　　……

　　糜文開編譯(1981：40頁)詮譯說，本歌有點像是要綜合「創造之歌」、「金卵歌」及本歌的思想。而且本歌對於後來的《梵書》時代之將最高原理，從生主再轉移到「梵」，存有很大的影響。然而，筆者非印度神話研究者，無能由第二手資料作明確的瞭解，只能理解此歌的確將最古老的「彼一」，從非人格化到人格化，從物質、具象，到形而上、抽象化的嘗試。筆者的感受，《吠陀》文化是從唯物思想，走向唯心的神秘主義。筆者只能在史學

的層次拼湊而已。

　　而祭典已經明確分工為四種祭司分別掌管的時代，產生了「原人歌」，而且此時代，社會已完成四大階級的劃分(即婆羅門、剎帝利、吠舍、首陀羅)。

　　「原人歌」：

一、布爾夏(Purusha)有千頭，有千眼，有千足。
　　他普及大地的每一邊緣，他充滿十指寬的空間。

二、這布爾夏是既生未生的全體。
　　他是仍在用食物來培養的不死之主。

三、他的偉大是這麼大，可是布爾夏更大於這偉大。
　　萬有是他的四分之一，在天的永生界是四分之三。

四、布爾夏帶著四分之三高升，他的四分之一仍在這裏。
　　因此他闊步遍行於不食和有食的每一邊。

五、毗羅吉(Viraj，遍照)由他產生，布爾夏復由毗羅吉產生。
　　他一生出來便展開，在東方(前方)及西方(後方)超越這大地。

六、當諸神把布爾夏作犧牲而舉行祭祀時，
　　那酥油是春，聖供是秋，夏則作為柴薪。

七、他們在草地上把作爲犧牲的最早出生的布爾夏
　　塗油。

　　諸神和沙達(Sadhyas，修道的仙人)及律西都用他來
　　祭祀。

八、從這麼偉大的總祭品上，滴下的油脂集合起來
　　了。

　　他形成了空中的生物，野的與家的牲畜。

九、從這偉大的總祭品上，產生讚歌(Richas)和詠歌
　　(Samani)。

　　咒語(Chandamsi)由此作，祭詞(Yajus)也由此生。

十、馬由此生，一切兩排牙齒的畜牲由此生。

　　牛由此生，山羊和綿羊都由此生。

十一、當他們把布爾夏分割時，他們割成多少份？

　　　他們把他的口叫做什麼？手臂叫做什麼？他的
　　　腿和腳又給予什麼名稱？

十二、他的口是婆羅門，他的兩臂作成王族。

　　　他的腿部變成吠舍，從他腳上生出首陀羅來。

十三、旃陀羅(Chandra，月亮)從他的心上產生，蘇雅
　　　(Surya，日)從他的眼中出來。

　　　因陀羅和阿耆尼生自他的口中，他的氣息變成
　　　伐由(風)。

十四、空界從他臍中出來；天界由他的頭化成；

　　　地界生自他的腳；方位生自他的耳，這樣他們
　　　構成了這世界。

十五、他有作柵之柱七，三個七的柴薪放置者已經準
　　　備好。

　　　於是諸神舉行祭祀，布爾夏作爲他們的犧牲縛
　　　著了。

十六、諸神行祭祀而奉獻犧牲，這是最初的神聖儀
　　　式。

　　　那有威力的到達天的高頂，那裏居住著沙達和
　　　古老的諸神。

此歌出現於《梨俱吠陀》最終期，《阿達婆吠陀》及
《夜柔吠陀》也採錄之，歌之內容相當於《舊約》的「創
世紀」。糜文開編譯(1981：42-44頁)將之解釋得很圓滿：
「……吠陀時代後期，雅利安人從五河地方漸向中國
地方南下，對於自然神日益增多的多神教，雖漸進爲交換
神教(Kathenotheism)的性質，也難以滿足，於是吠陀詩人苦
心求萬有之本源，以建立最上唯一之原理，他們從客觀的
物質考察入手，最初創作偉大的『創造之歌』，立本體之
名曰『彼一』，說其創造宇宙之過程，繼之而有『金卵
歌』，發現生主之人格神，以爲祭祀之主神。至『造一切
歌』出而詳說祭主最高神之形相，且進而求以萬有神教
(Pantheism)解說之。最後『原人歌』的產生，則求大原理
於具體的原人，由一神的汎神觀的立場，仿照祭典之作
法，將萬有造化之狀況，詳細說明之。於是由此歌而梨吠
之宇宙觀，發展達於頂點，最高神一元思想的確立，開梵

書奧義書之新時代，並形成祭祀萬能，吠陀天啓、婆羅門至上的觀念，而爲樹立婆羅門教三大綱領作地步。又，印度哲學之眼界，已由客觀的考察漸移於主觀的思索，此歌第二頌，以布爾夏爲食物養育的不死性之主，暗示其爲靈魂之主體，而所以原人爲宇宙之本體者，示人類之本性與宇宙本性爲同一也。總之，我們可以認爲原人歌產生之時，印度社會正在轉移期，故此歌結束吠陀時代數百年之思想，而開發以後數百年之新思潮，實爲吠陀末期繼往開來之重大作品也。」

筆者認爲人類天生具有想要合理、圓滿解釋內、外在一切的傾向，這種傾向不見得強烈卻恆定，好比是生命的「定律」，而有如地心引力、萬有引力？但從來捉襟見肘、欲蓋彌彰，順了姑意、逆嫂意！隨著時代變遷、心智進展而得不斷蛻變，否則即行滅亡。

事實上，《梨俱》等四吠陀費時計約700年，乃無數印度古代菁英的深思窮究，靠口耳傳誦且後期文字記載，歷經複雜時、空、人、事、物交纏歧變而來，今人試圖以全觀、傳承與流變、合理詮釋等，說因道果，然而，理學背景的筆者，經由近4～5年的反省，寧願虛掉概念的全然理性化、合理化，遑論採取維根斯坦對語言、文字之與物件、意義的鏡面比對。

之所以引述古吠陀進程的流變，旨在攤開佛陀、佛教思想背景一小角，避免歷來治佛學者的主觀、主體性的偏執，配合對佛陀誕生的時代背景，瞭解佛陀出現的開創性

意義；整體理解佛陀承襲的古印度思想，以及他所創建的新思惟，乃至印度教後來又如何承接、消化、改良佛教思想，融入印度教的文化體系，造成回教入侵後，佛教在印度的式微或滅亡。

就筆者而言，原人歌的啟示，第一頌即已揭櫫。布爾夏就是宇宙、萬有的本體，既是具象，也是抽象；就本體論而言，實已高舉身心同一的大蠹，布爾夏可大可小，兼具「創造之歌」的線上與線下。第二頌更是直接表達靈魂不滅，顯然是將原住民的觀念融進吠陀。而全歌主旨重點仍在鞏固神權統治的優越性。

舉凡吠陀本集諸神及觀念，自是印度古文化尚存的依據，後世文化內涵多可在其中追溯所來自，而其研究，多出自歐美及日本學者的努力。筆者年輕時即喜歡糜文開伉儷對泰戈爾、印度文學的著作，故在此引述其翻譯，乃至其詮釋。然而，糜先生的許多「見解」，其實皆來自前人研究者，例如前述「黎明女神頌」的註解，幾乎完全引自日人高楠順次郎等，但簡化、裁縮掉部分。

高楠等敘述烏莎即黎明形相景觀的神化者，等於希臘的海奧斯(Heos)、羅馬的阿烏諾拿(Aurora)，接著即糜氏引用的部分，而烏莎駕馭的馬與牛，都是朝曦或雲彩的比喻。高楠氏等亦說明如此美麗的讚歌中，竟然稍微帶有厭世的口吻，包括「消費眾生之生命」、「縮短人之生命」云云，此即後來印度厭世思想的萌芽等。

該頌是有些感傷，例如「在我們以前的時日看過早晨

之東升的人們都已去了。我們，我們生存者，現在看到她的光明，而今後看她的人們，他們將要來了」等，說它是「厭世思想的萌芽」實在是言過其實！試問希臘羅馬神話呢？人最好的事是不要出生，次好的是趕快去死！豈不是更加厭世！誠乃過度解讀。

　　然而，高楠氏的書值得看。他在分析、聯結《吠陀》三十三天(三疊十一天)、空、地等三界諸神，很精彩，例如阿須雲(Asvin)是所謂耦生神或雙馬童，《梨俱》中出現頻率列為第二多者，但他在自然界中的基礎或出處則無人知曉。其字義是「有馬者」，問題是《梨俱》中並無說他騎或乘馬，只說是由快馬引他，像思想那麼快速。他的形相是具有光輝、金色、美麗、頭戴蓮花冠，有多形變化，大抵只述說其美麗而無具體指稱。他出現於尚在黑暗中而帶有紅色雲彩時分，他乘車追趕烏莎(黎明)女神，也就是說，阿須雲是黎明時分，光芒或光明現象(或趨向光明，筆者自按)的神格化。然而，雙生(或併生)是何意思？則眾說紛云，有的人認為是天、地，有說晝、夜，或視為日、月，或代表由黑暗到光明之不可分離之一性質。或說，由早晨的明星，聯想及於黃昏的明星，而成雙生神，此即曙光與明星結合說。等等。

　　與其這樣天馬行空的猜臆，倒不如將阿須雲視為二元對立歸於太極的抽象神，筆者認為。

　　這神的行為或動作落在救濟眾生，他可以「給老男以妻，給老女以夫，給盲者以眼，治折脛者而予以鐵腳」等

等，反正就是數不清的救渡困境，甚至於在海洋黑暗中救人，而常被尊信爲海路之神，又被尊爲醫藥之神云云。

後面這些添加物，顯然是後人加油添醋，以致於五味雜陳。《梨俱》乃至四吠陀時代根本尚未抵達海邊，何來海中救人？然而，阿須雲(雙馬童)後來的確被佛教吸收，而成爲觀音，其二元並存的特性，或導致可以變性(原本就是多形變化，如其晨曦、暮靄、游雲、戲霧)，更且，筆者歸納其對生命的意義或特徵，即在於帶來希望。中國宋元以降，觀音還被道教化，變成身穿道袍的媽祖守望海上，只透過「千里眼、順風耳」象徵「觀世音」。

後吠陀時期印度最大的變遷當然是政治中心舞台東遷至恆河流域，王權也漸伸張，國王或部落領導人不斷藉由君權神授來強化其權力，人類史上最頑強的階級或所謂種性制度也已定型(依膚色分成4個瓦爾那，終身不能改變)，高低依序爲精通吠陀經典的神職人員婆羅門(Brahmana)、貴族武士等刹帝利(Ksatriya)、農工商等平民的吠陀(Vaisya)，以及操賤役的首陀羅(Sudra)，相當於奴隸，而且愈來愈僵化。雖然農工商等經濟愈趨繁榮，婦女地位卻愈低落，甚至於發展出夫死婦殉的不人道惡俗謂之「薩蒂」。

婆羅門至吠陀等三階級可以參加特定的宗教儀式獲得「再生」，故而又稱「再生者」，首陀羅則沒資格。由於資源富饒，又有龐大的奴隸可資利用，有權有閒的「再生者」，醉心於宗教、哲思的探討，正如同希臘雅典的富裕，才可能產生蘇格拉底、柏拉圖、亞里斯多德等哲學的

輝煌。

「再生者」一生大抵經歷四階段，謂之四行期(Asrama)，也就是約5～8歲至25歲期間擔任學生，去跟老師(婆羅門)住在一起，學習身心知識及技藝，是謂「梵行期(Brahmacarin)」；25～50歲回家結婚、生子、謀職業養家，按時祭祀，此之謂「家居期(Grihastha)」；約50～75歲，離家進入森林內，專心修行吠陀經典等，爲解脫作準備，此即「林棲期(Vanaprastha)」；約75歲以後，完全棄絕人寰，漸漸脫離物質生活，每天祭祀5次，以待最後解脫，是謂「遁世期(Sannyasin)」。他們的哲學即宗教，宗教即哲學。

隨著祭祀的複雜分工，祭司或神職人員對他們所掌握的吠陀本集，再加以說明或衍生，對祭典事項更有其檢討的因緣、故事來說明，於是，這些附加的解釋用散文，便輯附在其本典(本集)之後，是謂梵書。

梵書創作、編輯的年代約在西元前1,000～700年間，地點在恆河流域。

梵書初期大抵推崇「金卵歌」的「生主」；中期以「祈禱主」爲主，且將之蛻變爲梵(Brahma)，也就是將《梨俱吠陀》的「祈禱主」，去掉主字，而賦予神學思想；梵書後期則以探索「自我(Atman)」爲核心。

現存梵書約有17種，分別隸屬於四吠陀。《梨俱吠陀》有愛陀列耶(Aitareya)及科西陀格(Kausitaki)兩種梵書；《沙摩吠陀》有薩特雲薩(Savimsa)、聖徒格耶(Chandagya)等

九種；《白夜柔吠陀》有百道梵書(Satapatha)一種；《黑夜柔吠陀》有推提利耶(Taitiriya)等四種；《阿達婆吠陀》有哥波陀(Gopatha)一種。(註：《夜柔吠陀》初成的本集「雜亂不淨」，之後則有精淨本出現，因此學者稱呼舊不淨本為《黑夜柔吠陀》，而新精淨本為《白夜柔吠陀》。)

　　在談梵書內容之前，先引介「祭供者」在祭典時，捧獻供物給神的時候，口中低聲祈禱一首「巴梵摩那歌」，因為它很純美：

　　　　從虛幻迷妄中，
　　　　導我以真境！
　　　　從黑暗重重中，
　　　　導我以光明！
　　　　從死亡毀滅中，
　　　　導我以永生！

　　《梨俱吠陀》的「愛陀列耶梵書」，如何以散文方式對本集的讚歌作解釋呢？茲舉「愛陀列耶梵書」第五卷第三十二章的「生主與祭祀」作說明：

　　　「生主(Prajapati)說：現在我要繁殖，我要成多數。於是自生熱力(tapas)，依其熱力而成這世界，於是成就天、空、地三界。

　　　彼又濕熱這世界，因其濕熱而三光顯現。光(Agni)由地生，風(Vayu)由空生，日(Aditya，亞提多即蘇雅的異名)由天生。

　　彼又濕熱這光，於是三吠陀生。梨俱吠陀由火出，夜柔吠陀由風出，沙摩吠陀由日出。

　　更濕熱這吠陀而三光明發射。布爾(bhur)由梨俱吠陀出，布瓦爾(bhuvar)由夜柔吠陀出，斯瓦爾(Svar)由沙摩吠陀出。

　　更濕熱這三光明而現三字(Varna)，就是阿(a)、烏(u)、姆(m)。彼結合這三字而成唵(OM)，所以人們都唵。

　　唵是住於天之主，生主要行祭祀而佈其供物，手執之，捧獻之。用梨俱吠陀行勸請者(Hotor)的職責，依三吠陀之智，行行祭者(Adh varyu，祭供者)的職責，用沙摩吠陀行詠歌者(Udgatar)的職責，依三吠陀之智，行祈禱者(Brahmam，婆羅門)的職責。」

　　筆者讀這篇梵書的感受是：

　　1. 此篇產生的年代，《阿達婆吠陀》尚未完成，但婆羅門或祈禱者已經分工產生，且正在撰寫創造他們專用的經典。

　　2. 這篇梵書解釋「生主」(金卵歌)到「原人歌」，到祭祀的時代流變。

　　3. 雅利安人的智識分子先天(本質上)具有體系化的思想能力，或說此能力相對強大，由太陽光照、熱力，加上水的滋養，得到創生的啓發，從而萬物滋長，並且，由此滋長聯想到宇宙的創造、人事道理或心智的發展，包括文字、語言、思想概念，通通試圖以一元化、體系化來解釋。這種思惟模式，賦予語言、文字本身即具特定神力或

魔力，再加上原住民土地文化(本文中無有顯示)，從而開展與蛻變。

4.直接表明《吠陀》天啓主張。

5.直接表明有些字、音具有天賦神力。

此外，祭典中讚美神德的詠歌者，其所掌控的《沙摩吠陀》留傳下來有九種梵書，再舉其中的薩特雲薩梵書一篇(第五卷第一章)「四種人的來源」爲例，說明梵書的功能或用途：

「生主說：我要成多數，現在我要繁殖。於是彼觀看蘇摩祭，拿來作成這些生類。

出自彼口中的讚歌聲調是伽耶特利(Gayatri)，應聲而來之神是阿耆尼，人是婆羅門，時令爲春。

出自彼胸中的讚歌聲調是特利西陀布(Tristubh)，應聲而來的神是因陀羅，人是王族(Rajanya)，時令爲夏。

出自彼股間的聲調是嘉伽提(Jagati)，神是維西梵台瓦哈(Visvedevah)，人是吠舍，雨季與之相應。

自彼足出的聲調是阿奴西圖布(Anustubh)，人是首陀羅，無神爲應，所以首陀羅雖有家畜而不能供爲犧牲，且無護持之神。」

這篇婆羅門(神職人員)假借生主與諸神之名，爲維護自身集團或征服者的既得利益，鞏固社會階級的目的一覽無遺。這在神權時代也是普遍的現象，故而之後，到了梵書中期(約西元前800年前後年代)，以「吠陀天啓主義、祭祀萬能主義、婆羅門至上主義」，也就是婆羅門教三大綱領已然

確立，亦埋鑄下婆羅門的腐敗，以及宗教、哲學思想及社會政治的革命。

　　約西元前800年以降，神權誇張，婆羅門藉著祭祀、念經而圖利，生活腐化與跋扈，導致許多清流在無力回天的同時，競相隱遁山林，自行追尋真理或修行。因此，一些梵書是在森林內寫出來的，故而又稱為「森林書(Aranyaka，阿蘭若書)」。也就是說，梵書所附釋義的部分，其發揮哲理的書寫，多是森林隱士之所撰，故稱森林書。

　　森林書的最後面部分，出現諸多隱士們討論《吠陀》的終極意義，謂之「吠檀多(Vedanta)」。Veda是吠陀，anta是終了，意即「吠陀之終」。吠檀多另名「優波尼沙曇(Upanishad)」，意為「弟子近坐，秘傳其父師之奧義」，中譯為「奧義書」。舉例來說，《梨俱吠陀》有前述的「愛陀列耶梵書」，「愛陀列耶梵書」中有「愛陀列耶森林書」，且「愛陀列耶森林書」之末，即「愛陀列耶奧義書」。

　　另一方面，婆羅門自恃神權至高無上，同為雅利安人的貴族、部落領導或國王們也心生不滿，加上西元前800年以後，恆河兩岸爭併的結果，形成大大小小的王國，王權不斷升高，一些國王更想藉神權、神力，鞏固或提升自己的權勢，因之，他們拜訪、禮遇、鼓勵、倡導新思想的創生。於是，約自西元前700年之後，反對祭典的形式主義的思想改革運動興起，隱士們崇尚自由、追求永恆、著重精神生活的深層，他們努力探索內在真理，試圖為生

死、靈魂、宇宙存在的終極問題提供答案，許多王公貴族直接參贊其事，結果，直接由王族領導的宗教革命興起，而百家爭鳴。

在此，先舉較古早的奧義書，說明些微哲思。

《白夜柔吠陀》的「布列哈陀奧義書」第四篇第五章的「夫婦問答」記載，雅吉納瓦卡(人名)準備結束「四行期」的「家居期」，打算離(出)家進入森林，放棄肉食、美味、俗家生活等，專心投入吠陀等經典的鑽研(i.e.林棲期)，因而向他二個太太之一，精通梵的馬德麗說：「馬德麗，我確定出家了，真的讓我給你和迦泰雅尼(另一個太太)分派財產吧！」；馬德麗說：「我的丈夫，請告訴我，假使這整個大地充滿著財富都屬於我，我會因此而不死嗎？還是仍要死的？」

雅吉納瓦卡否定她的問題，於是馬德麗說：「那不能使我不死的東西我能用它做什麼呢？請把你所知道不死的道理，清楚地告訴我吧！」

男主角回答：「你真是愛我的，現在你對我格外增加了親愛了。所以，夫人啊，如果妳願意，我將說給妳聽，妳留心好我所說的。」

於是他說：「老實說，妳愛妳的丈夫，不是因為丈夫的親愛；只因妳愛自我，所以丈夫是親愛的。」

「老實說，你愛妻子，不是因為妻子的親愛；只因你愛自我，所以妻子是親愛的。」

往下，另有一模一樣邏輯、字句的10句，但將丈

夫、妻子改成兒子、財富、牛群、婆羅門階級、剎帝利階級、世界、天神、吠陀經、眾生、每一樣東西。

「老實說，馬德麗啊！自我是可見的，可聞的，可察覺的，可辨認的。當我們見到、聽到、察覺到，而知道了自我，那麼把這一切(宇宙)知道了。」

「任何人不從自我中去找尋婆羅門階級，而在其他東西中找尋，便被婆羅門階級所棄。……(接下來依同樣字句，將「婆羅門階級」換成剎帝利階級、世界、天神、吠陀經、眾生、任何東西等共6句)」

「這婆羅門階級，這剎帝利階級，這些世界，這些天神，這些吠陀，這些萬有，這一切都是那自我。」

「譬如敲出來的鼓聲，不能從外面去捕捉住，但是那鼓或擊鼓者捉住了，那聲音便也捉住了。」

……接下來依同樣字句，加述「吹出來的法螺聲」、「彈出來的琵琶聲」2句。

「譬如焚燒濕柴的火焰所生的烟霧，確實的，馬德麗啊，這是大主宰噓出來的，正與我們所有的梨俱吠陀、夜柔吠陀、沙摩吠陀、阿達婆吠陀、伊帝訶薩(Itihasa，古談)、富蘭那(Purana，往世書、史話)、毘特雅(Vidya，學。舊譯作明，如Hetuvidya，譯作因明，即倫理學，Shabdavidya，譯作聲明，即語言學)、奧義書、頌(Slokas，韻語)、修多羅(Sutras，經書)、阿奴斜卡那(Anuvyakhyanas，疏文、評註)、斜卡那(Vyakhyanas，釋文、註釋)，和一切的祭禮、供物、食、飲，這世界與那世界以及一切眾生同出一源。獨一的我，這一切噓出來。」

「譬如所有的水在海洋找到了中心，所有的觸的中心在皮膚，味的中心在舌，嗅的中心在鼻，色的中心在眼，聲的中心在耳，覺的中心在意，知(學問)的中心在心，動作的中心在手，快樂的中心在生殖器，排泄的中心在肛門，行起的中心在腳，吠陀的中心在語。」

「譬如一撮鹽，無內也無外，全然只是一撮的味。這樣那自我的確無內也無外，全然只是一撮的知，他從這些元素(五大)中出來，而再隱入這些元素中。馬德麗啊，當他離開去了，則不再有知(知覺)，我說。」──雅吉納瓦卡這樣說。

於是馬德麗說：「先生，這一點你引導我入於極度的迷亂，的確，我不懂它。」(譯者註：這一點指「當他離開了，不再有知」。)

可是他答道：「哦，馬德麗，我沒有說什麼迷亂的話。親愛的，自我確實是不滅的，有不能毀滅的本性的。」

「因為當這分成兩個時，於是這看見那，這嗅到那，這嚐到那，這招呼那，這聽見那，這察覺那，這觸到那，這知道那。但當自我只是這一切時，他怎能看見別人，他怎能嗅到別人，他怎能嚐到別人，他怎能招呼別人，他怎能聽到別人，他怎能觸到別人，他怎能知道別人？他怎能知道使他知道這一切的他？自我的形容只能是「非，非！」，他是不可得的，因為他不能被捕捉；他是不可毀滅的，因為他不能毀滅；他是不可依附的，因為他不依附

他自己；他無縛而自振動，他不受害，他不衰敗，親愛的啊，他怎能知那知者？這樣，馬德麗啊，你已受過教導了。這樣遠超不死了。」

「雅吉納瓦卡如此說了，便離開〔到森林裏去〕了。」

這篇短文揭櫫一切皆是由「自我」出發與依歸，唯心、一元的思想濃厚。因此，你想抓出一切便得抓自我；所以，一切智識、知識、祭典、物質、世界、眾生皆出同源，從獨一的我「嘘」出來的。眼、耳、鼻、舌、身、意、學問，五感、六意、七心，動作、快樂、排泄、行走、吠陀等，皆有其中心或根，這是往後印度思想包括印度教、佛教等，對知覺、識覺、感覺、能覺能識之心的認知基本模式。

有意思的是，從一撮鹽巴的比喻，到馬德麗的迷亂與困惑，也就是不再有知，但「自我」卻「不滅」，以迄最後一段的詮釋「自我」。用台灣人的語言來說，這個不滅的自我就是「靈」，活著的時候是「心」，相當於把「心」拿來我來幫你安！所以，其爲不可得，不能被捕捉，只能用「非，非！」來形容它！

同一部《布列哈陀奧義書》的第4篇第4章則談「輪迴與解脫」：

「當一個人這樣臨終時，」雅吉納瓦卡(祭皮衣師)繼續說：「他心的尖端發出光來，隨著這光，自我或從眼或從頭蓋，或從身體的其他部分離開去。當他離去時，生命便也去了：當生命離去時，所有氣息(呼吸)便隨之而去了，他

與智變成合一，所以智和他同去。」

「那時他的智(Vidya)和業(Karma)以及他前生的智(Purvaprajna，宿命慧)都執著他。」

「有如一條尺蠖到達一張葉子的末稍後又接近另一張葉子遷移過去，自我也這樣擺脫肉體離卻無智(經驗世界)行近另一世界遷移過去。」

「有如一個金匠取材於黃金，由原來的形狀造成另一更新更美之形，這樣自我擺脫了此身與無智以後，也造成另一更新更美之形，這自我或成祖先，或成甘陀婆，或為諸神，或為生主，或為梵，或為其他有情(眾生)。」

「這自我確實是梵，由認識、意識、生氣、視、聽、土、水、風、以太(空)、光(火)與非光、慾與非慾、怒與非怒、法與非法，以及其他一切組合而成。依照一個人的動作和言行他成為這成為那，因此他的來生是：一個善業的人成為善，一個惡業的人成為惡，由淨行而得淨，由黑行而得黑。」

「可是人們說，『一個人完全由慾所組成。』(不是業只是愛欲)是的，因慾而有意志，因意志而有業(行為)，而有業則有果，……」

「而人是多欲的，但如果一個人無慾，則免去慾的束縛，而也就是完滿了他的慾，或者只有對於自我之慾，(愛自我)那末當人死了他的元神不到別處去而成為梵。」

「這是有一首詩的：
『他消除那佔據他心的一切慾念，

於是必死成永生，於是他到達梵天。』」

毘提訶的佳納楷王說：「尊者，我贈送你一千〔頭牛〕。」

人之將死，依這篇敘述，就有某些東西脫離軀殼而去。在生命科學而言，究竟有沒有可測度的物質基礎脫離而出？包括用最精密的天平秤量，答案是無人能給予肯定。則是否有什麼能量、波動等游離而出，從實驗來說，也無答案。但信仰則不同。這篇提出的出竅了「光」，且此「光」或其「智」，還會連同他的業、前世的宿命慧，包裹在一起，轉往另一世界或進行輪迴的步驟。而不滅的小我、自我，將匯至大我，也就是其所來自的靈界。自我即「梵」。

業(Karma)及輪迴思想(Samsara)源自達羅毗荼人的在地文化，哈拉帕文明中即存有若干證據。當雅利安人自五河地區往恆河流域擴展，領域劇增，且很可能因為白種人的數量遠不及被征服的原住民，故而通婚、混血的人口劇增，雖然雅利安人力圖維護血統的純淨，但畢竟難敵數量上的弱勢。及至吠陀末期，《阿達婆吠陀》提及「弗拉迪耶(Vratya)」，述其為「宇宙本體」，且作人格神的泛神描述。然而，「弗拉迪耶」一詞至少具有二個含義，一指不守吠陀祭儀的雅利安人，二指與非雅利安人混血的雅利安人。弗拉迪耶在雅利安社會中固然受到歧視，然而，他們在恆河流域卻取得勢力，創造大大小小的新興國家。換句話說，他們以武力等種種方式取得權勢，但仍需或更需

要藉助神權等，漂白其血統或身世。這些混血、抗爭、爭取自由、新舊思惟的混戰中，夥同奧義書的新詮或創造同時進展，甚至逆向教育婆羅門的舊勢力，顛覆舊神明，特別重要的是，原住民的原宗教信仰或概念元素，滲透並蛻變於雅利安的神明與中心主流思想中，以致於許多後來的印度宗教、哲學文化，與印度本土文化無間地合流，事實上，例如地母神、生殖崇拜、動植物崇拜、火祭、聖水、靈魂不滅、多世輪迴、業、祭司神權……，根源本來就是本土文化。筆者認為，《阿達婆吠陀》或可代表原住民文化的翻身與修成正果、躍居主流。

論者常謂，梵書時代吠陀學者即已吸收了「業」及「輪迴思想」，形成「梵我」之說，且到了奧義書時代，自由研究風氣大開，王族、女人、庶民皆參與之，不斷演進的結果，將輪迴與梵我等新說，巧妙地結合成圓熟的解脫論。所以奧義書的「梵我不二」說，一方面是梵書時代形式主義的反動，同時也是梵書時代所萌生的新思想所開的花、結的果(糜文開，1981：11頁)

糜氏另以總結式的評註敘述(同書：11-12頁)：

「印度古代哲學家，自梨吠後期，即熱衷於宇宙本體的探求，稱之為『彼一』或『彼』，至梵書時代由『生主』轉換為『梵』，而這宇宙的大原，世界的原理之最高自我『梵』，和我們個人的自我，在本質上實為同一，所以布奧一卷四之十云：『我即梵』，四卷四之五云：『此我實即彼梵』，故梵實為『大我』，雖則梵是『不可知不

可思議的，但仍可通過自制和學問，用人的自我來實感它，因爲兩者最後是一。這樣人從"宇宙大力"解脫，而成爲"神志"之一部分』(泰戈爾語)，這樣，我們可從體會宇宙的造化，得到我們的人生觀。反過來，則萬物皆備於我，個人的心中，早具備著一切的眞理了。這便是『眞』(眞理)的探究。這是山林生活中人的精神與大自然融化的寫照，這便是泰戈爾哲學的基礎。但『客觀的現象世界不被視爲虛幻，而是相對意味的眞，一個內部眞性的外貌』(尼赫魯語)。於是奧義書『自我』的學說，以注重精神的解脫，而有否定婆羅門主義三大綱領的傾向。」

「可是我們爲什麼不能認識自我，並使我們的精神與大自然融化，解脫肉體的束縛，而得到達不變的永恆之境地呢？這主要是『業』的作用使然。『業』的意義爲『動作』，包括一切思想言行，我們平生的思想言行，蓄積著一種潛在力，在以後會產生應得的結果，因爲業力的牽制，使我們死後自我(靈魂)不得歸於梵，而受輪迴的果，即轉生爲蟲、魚、鳥、獸、人、神或入天國、地獄。這樣，印人便認人生爲痛苦，解脫爲樂，而相率以靜修苦行爲解脫的法門了。這樣，梵我之說與輪迴思想結合，而迷信的果報輪迴思想便占著很大的勢力了。(關於業，用現在方式解釋，可說是『自然因果律』可發展爲『社會不朽說』；關於輪迴，可視作未成熟的進化論)。」

「奧義書是吠陀哲學的繼續發展……。它的總的趨向是唯心的一元論，問題的中心是『自我的實現』。他們用

接近科學的方式，從個人血肉的軀殼，向內部考察，尋求真性實我的存在，其中以四位說和五藏說最爲有名，這眞實的自我，是生命的根源，是內在的統御者，是永恆不變的……」

雖然許多後人對奧義書乃至前吠陀時代的諸多解釋，筆者無法感同身受、切身驗證，也不苟同上述什麼「自然因果律」、「社會不朽說」、「未成熟的進化論」等等譬喻、比擬或聯想，但存而不論。

奧義書時代的吠陀世界，除了首陀羅、賤民以外的大多數人，特別是知識分子，篤信無所不在的最高實體是「梵」，物質世界只是它的幻象，人生的意義與目的乃是自我靈魂與梵的合一。而肉身很快會殞滅，靈魂則永恆，如果未能解脫(與梵合一)，只能依循業報，永無休止地輪迴，而來世的命運取決於現世的行爲。因而，人生最重要的事，乃在認識梵的本性，修行到梵我合一的解脫境界。

奧義書反覆強調精神勝於肉體，人該擺脫無知、無明而追求智慧，瞭解宇宙乃是神力作用顯現的結果，只要透過對自身內部精神自我的追溯，即可回歸最高本體。

再舉《沙摩吠陀》的「聖徒格耶奧義書(Chandogya Upanisad，另譯 歌(詠)者奧義書)」爲例，說明其內容。依據多伊森氏的考據，這是最重要的11種古奧義書的第二老的，僅次於上例的「布列哈陀」。「聖徒格耶奧義書」成書於約西元前7世紀。

「聖徒格耶」全書分爲8篇153章，有以狗群比喻婆

羅門，之藉哼吠獲取食物的辛辣諷刺（第1篇第12章，「羣犬的唵聲」），不過，全書主述「唵(Om)」字的神祕含義、人的道德生活、吠陀頌詩的意義、存在與非存在、可見表象與眞實存在、個人與宇宙精神、自我的固有本性、自我與本體、有限與無限、透過滿足慾望來實現自我、透過梵行來實現解脫，等等。

　　關於冗長的「唵的奧義」，只列舉第1篇第1章：

　　「一、唵！當一個人高聲歌唱(Udgitha，優特吉泰)吠陀讚
　　　　歌（開頭就是一聲「唵」）應該崇敬這優特吉泰(高唱)
　　　　的一個音節。

　　　　進一步的解釋如下——

　　二、一切有情的本質是土。

　　　　土的本質是水。

　　　　水的本質是植物。

　　　　植物的本質是人(布爾夏)。

　　　　人的本質是語言。

　　　　語言的本質是梨俱(誦讚)〈吠陀〉。

　　　　梨俱的本質是沙摩(歌詠)〈吠陀〉。

　　　　沙摩的本質是優特吉泰(高聲歌唱)(唵)。

　　三、唵是諸本質的精華，至高無上的第八種，名爲
　　　　優特吉泰。

　　四、什麼是梨俱？什麼是沙摩？什麼是優特吉泰？
　　　　——這必須商討。

　　五、梨俱是語言。沙摩是生息(呼吸)，優特吉泰是這

個音節「唵」。

的的確確，這互相配對——語言與生息，以及
梨俱與沙摩。

六、這配對在這個「唵」的音節中互相結合。

的的確確，當一對互相結合時，的的確確，二
者滿足了彼此的願望。

七、滿足了彼此的願望，的的確確，他就知道這個
道理，來崇敬優特吉泰的這一聲「唵」了。

八、的的確確，這一聲是表示同意的，一個人只要
同意一件事，他簡單的說：「唵」(是的。)這確
實就是滿足。——就是同意。

願望的滿足，的的確確，他就知道這道理，來
崇敬優特吉泰的這一聲「唵」了。

九、依靠這個推動了三方面的知識。當主持祭師在
祭禮中下達命令時，他說「唵」；當誦讚祭師
朗誦讚歌時，他說「唵」；當歌詠祭師吟唱沙
摩時，他說「唵」；藉這個偉大元素的音節來
禮敬，來推崇不朽的原人。

十、為什麼明白這道理的人，和不明白這道理的
人，竟舉行同樣的祭禮？事實是這樣的，其區
別在明白這道理的信仰者，他懂得奧義書的，
的的確確，所獲得的效果更多。

這就是唵這音節進一步的解釋。」

「聖徒格耶奧義書」第五篇中的「五種祭火」，將祭

火的比喻，作了很誇張的延展，與其說哲思，不如說是從神話轉向思想性的文學，可反映印度古人的思惟：

「五種祭火之一

一、哦，喬達摩。(Gautama，或譯瞿曇)的確，遠方世界是祭火。在這種情況下，太陽是木柴(燃料)；日光是煙；白晝是火焰；月光是焦炭；星斗是火花。

二、在這個火當中諸神奉獻信仰為祭品。從這個奉獻之中，昇起蘇摩王(酒神)來。

　　之二

一、哦，喬達摩，的確，雨雲是祭火，在這種情況下，風是木柴；霧是煙；閃電是火焰，霹靂是焦炭；冰雹是火花。

二、在這個火當中，諸神奉獻蘇摩王為祭品。從這個奉獻之中，就昇起雨水來。

　　之三

一、哦，喬達摩，的確，大地是祭火。在這種情況下，年(時間)是木柴；空間是煙；夜是火焰；天的四方是焦炭；四方的交界是火花。

二、在這個火當中，諸神奉獻雷雨為祭品。從這個奉獻之中，就昇起食物來。

　　之四

一、哦，喬達摩，的確，男人是祭火。在這種情況下，語言是木柴；生息是煙；舌是火焰，眼是焦炭；耳是火花。

二、在這個火當中，諸神奉獻食物爲祭品。從這個奉
　　獻之中，就昇起精液來。

　　　　之五

一、哦，喬達摩，的確，女人是祭火，在這種情況
　　下，陰戶是木柴；誘人是煙；陰道是火焰，插入
　　是焦炭；歡樂是火花。

二、在這個火當中，諸神奉獻精夜爲祭品。從這個奉
　　獻之中，就昇起胎兒來。

　　　　之六

一、因此，在第五個祭品中，水出來就有了人的聲
　　音。

　　胎兒包覆在胎膜中，潛伏了十個月，或者十個月
　　左右，於是就出生了。

二、出生以後，他活了生命所許可的長久。當他死亡
　　後，他們把他送回到他所從來的火中。

　　他來自火那兒，的確，從火那兒他昇起。」

而其強烈的唯心論文字，例如第7篇的第26章：

「一、『的確，對一個看到這個，想了這個，領悟這
個的人來說，生息是從自我湧現出來；希望是從自我湧現
出來；記憶是從自我湧現出來；空界是從自我湧現出來；
火界是從自我湧現出來；水界是從自我湧現出來；顯現與
隱沒是從自我湧現出來；食物是從自我湧現出來；力量是
從自我湧現出來；思考是從自我湧現出來；構想是從自我
湧現出來；心靈是從自我湧現出來；語言是從自我湧現出

來；名字是從自我湧現出來；聖歌是從自我湧現出來；祭祀是從自我湧現出來；——的確，這一切來自自我。』

　　二、『這樣，有關這個有下面的詩句：

　　　　先知不見有死亡，
　　　　也無病苦與失望。
　　　　先知所見有一切，
　　　　達成一切的一切。
　　　　彼(自我)是一，是三，是五，是七，是九；
　　　　之後稱彼為十一，
　　　　稱彼一百一十一，
　　　　也名一千又二十。』

　　『當食物純淨時，心靈就純淨。當心靈純淨時，傳統教義就堅固穩定。在修習傳統教義中，一切的(心)結獲致解脫。』

　　可敬的薩那拘摩羅，教導那羅陀掃除了他種種汙點之後，指示了他遠離黑暗的彼岸。人們稱他為首康陀(Skanda，智者)——是的，人們稱他為首康陀。」

　　經由自然神，走到唯心論的奧義書以降，「他們用接近科學的方式，從個人血肉的軀殼，向內部考察，尋求眞性實我的所在，其中以四位和五藏說最為有名，這眞實的自我，是生命的根源，是內在的統御者，是永恆而不變的」(糜文開編譯，1981：11頁)，五藏、四位說如下。

　　《黑夜柔吠陀》的「推提利耶(Taitiriya)奧義書」，共有3篇31節，其中的第3篇第1～6節即「自我(梵)的五藏說

(Pancakasa)」：

「勃律古婆樓尼(Bhrigu Varuni)去見他的父親婆樓那說：『父親，請宣說梵！』

他告訴他那梵是食物，是生氣(呼吸)，是視，是聽，是意，是語。

他對他說：『那個彼，確實這裏一切東西由牠產生，生後依靠牠而生存，離開(死)時歸入於牠——那是所企圖理解的。那個(彼)是梵。』

他實行苦行(Tapas，嚴格的生活)。實行苦行以後，他理解梵是食物。眞的，因爲這裏有情(眾生)確實是由食物產生，依靠食物而生存，離開時歸入於食物。

明白了這道理，他再去見他的父親婆樓那說：『父親，請宣說梵！』

他對他說：『依靠苦行去企圖理解梵。苦行是梵！』

他實行苦行。實行苦行以後他理解：梵是生氣(Prana)。眞的，因爲這裏有情確實是由生氣產生。依靠生氣而生存，離開時歸入於生氣。

明白了這道理，他再去見他父親婆樓那，說：『父親，請宣說梵！』

他對他說：『依靠苦行去企圖理解梵。苦行是梵！』

他實行苦行。實行苦行以後他理解：梵是意(Manas，現識)。眞的，因爲這裏有情確實由意產生，依靠意而生存，離開時歸入於意。

明白了這道理，他再去見他父親婆樓那說：『父親，

請宣說梵！』

　　他對他說：『依靠苦行去企圖理解梵。苦行是梵！』

　　他實行苦行。實行苦行以後他理解：梵是理智 (Vijnana，認識)。真的，因為這裏有情確實由理智產生，依靠理智而生存，離開時歸入於理智。

　　明白了這道理，他再去見他父親婆樓那說：『父親，請宣說梵！』

　　他對他說：『依靠苦行去企圖理解梵。苦行是梵！』

　　他實行苦行。實行苦行以後他理解：梵是妙樂 (Ananda，阿難陀，日譯作歡喜)真的，因為這裏有情由妙樂產生，依靠妙樂而生存，離開時歸入妙樂。

　　這是婆樓那之子勃律古的學問，安立在最高的天國裏。知道這個的，他便安立了(附註：原文尚有蛇足謂知此可得食物、子孫、家畜與大名等，想係無學之祭司所加。)」

　　而糜氏加註(84頁)：「……哲學家依內省的解剖的方法，由外向內，由粗入細。求我的真性。先得食味所成我(Annarasamayatman)，即由食物滋養的肉體，這是我的外表。進一步而得生氣所成我(Pranamayatman)，知我人生命在呼吸。再進而得現識所成我(Manamayatman)，即以能識別外界現象之心為我。更進而得認識所成我(Vijnanamayatman)，即以認識深藏現象裏面的真相之理智為我。最後得妙樂所成我(Anandamayatman)為真性實我。有如剝蕉見心，此妙樂我，為其他四層所包，深藏心臟之內，所以叫五臟說。其實第四層理智以為蕉心，再剝則空無所有，故妙樂我為不

可說。實則已直認眞理爲自我了。」

至於「自我的四位說」，列舉大約創作於西元前4世紀前後的「門達克奧義書」爲例，引述之，但它出現的時間已在佛陀之後了。

「(一) 唵的密義

『唵！』這聲音是這整個世界，牠的解釋是：過去，現在，未來，每樣東西都只是這唵字，而任何其他超乎三世的也只是這唵字。

因爲確實的，這一切是梵；這自我(阿特曼)是梵，這同一的自我卻有四個部位(四足)。

第一個部位是梵史梵那羅(Vaisvanara，普遍位)，位於醒之境地，他看見外界的事物，他有七肢十九口，享受那粗劣的。(註：關於七肢，後世註釋家不能確指。關於十九口，商羯羅確定爲：耳(聽覺)、皮(觸覺)、眼(視覺)、舌(味覺)、鼻(嗅覺)等五知根，舌(說話)、手(執持)、足(行走)、男女根(生殖)、肛門(排泄)等五作根，出息(首風)、入息，介風(調整出入息)、上風(死風)、持風(消化風)等五風(呼吸)——即五生氣——以及意(Manas)、菩提(覺)、我慢(ahamkara)及思維(citta)四者，合爲十九。按一般爲五知根、五作根、五風及意爲十六分，此處更增菩提等三者而爲十九口，分析更見細密了。)

第二個部位是塔伽薩(Tajasa，光照位)，位於夢之境地。他看見內在的事物，有七肢十九口，享受那精細的。

第三個部位是般若(Prajna，慧位)，位於熟眠的境地，當人熟眠時，不慾念任何慾念，看不見任何的夢。他成爲一，而全是一團智，他的性質是妙樂，他享受妙樂，他的

口是思維(Cetas)。

他是一切之主；他是全知；他是內導者；他是一切的源；他是一切有情的始與終。

非內智，非外智，非一團智，非智也非非智，不可見，不可說，不可把握，無任何可認的記號，不可思議，不可命名，他的本體是唯一自我的實現。入於其中，一切現象都消融、寧靜、自在，無有第二——這樣他們以為是第四位，他是自我，他是被認識了。

(二) 唵字的分解

這是自我和唵字的關係，關於唵字和牠的音量。音量就是部位，部位就是音量。就是阿(a)烏(u)和姆(m)音。(註：梵文唵由阿烏姆三音拼成Om=aum)

普遍位位於醒之境地，是阿(a)音，是第一部位，來自Apti(得)和adimatva(第一)。的確，誰知道這個，他便獲得一切他所慾念的，他成為第一位。

光照位位於夢之境，是烏(u)，是第二部位，來自Utkarsa(增高)和Ubhayatva(居中、兩邊相)的確，誰知道這個，他增高他學問的傳統；他成為平等。他的家庭所生的人，沒有不知梵的。

般若位位於熟眠的境地，是姆(m)音，是第三部位，來自Miti(度量或合併)。的確，誰知道這個，他度量這個宇宙，而合併於他。

第四部位無音，不能言詮，入於其中，現象消融，妙樂自在，無有第二。

這樣唵字就是自我。

知道這個的人他自己便進入自我——是的，知道這個的人！

註：門徒克耶(Mandukya)奧義書全部共散文十二節。自我的四位說初見於布列哈陀奧義書所載雅吉納瓦卡所說，分析我人的精神狀態爲醒、夢、熟眠、死四態，醒時心受外物制限，最不自由，夢時仍不能離醒時經驗之牽制，故以熟眠時與死時精神最自由，自我呈露，妙樂自在，故吾人保持熟眠時之狀態，爲最終理想境界，其後瑜伽之禪定，即發展這一路線的。美特耶那奧義書則去死位而增大覺位，指熟眠以上之大覺位爲解脫之境。四位說與五臟說由心理與生理方法求自我，兩者可互通。本奧義書更以四位與梵之表徵「唵」相結合。梵書時代起，印人將吾人心理機關分爲五知根五作根五風及代表神經中樞之意(Manas)稱爲十六分，本篇更增菩提、我慢、思維而成十九口，是其不同處。本奧義書雖屬於阿達婆吠陀之初期新奧義書，但亦爲後世吠檀多學派所宗，故亦爲重要之一種。」

舊奧義書後期，恆河流域大、小王國林立，甚至出現共和國之類「國家」，大小爭戰不斷，類似中國的春秋戰國，北印、中印號稱有15個強大的國家，加上南印的阿薩卡國(Assaka)，此外，小國或大部落林立其間，釋迦牟尼的父親淨飯王，就是這類「小國家」之一的迦毗羅衛國之王，它的鄰國即大國的憍薩羅國(Kosala)。佛陀還在世時，迦毗羅衛國即被憍薩羅國消滅掉。

　　中國的春秋、戰國時代諸子百家學說盛行，印度的16國時代各種思潮異端自由奔放。佛陀正是誕生在婆羅門教及反婆羅門教大纏鬥的時代，也就是說，雅利安人入侵主印度後，經歷約1千年時空大融合所造就的，南亞思想大解放的搖籃。

　　再度強調，西元前565年佛陀誕生的前後年代，吠陀文化已到達大鳴大放的大時代，頂盛之後的婆羅門教已遭各方質疑、挑戰與詬病，依後來佛教經典的記載，包括佛教等主要有七派思潮(陳玉峯 輯‧註，2010：73-79頁)。

　　如前述，西元前6世紀婆羅門教人民的生活規(典)範，乃四行期。理論上佛陀也是先經梵行期之受教育，然後進入家居期，開始過家庭生活。然而，他在29歲時突然中斷家居期，而進入林棲期，推測佛陀與其他當時人並無不同，他或身纏樹皮或鹿皮裝，不剪髮爪，只吃少量林中的果實、樹根、枝皮等，時或絕食，很久以後的後世有的還想像他一天只吃1粒米！而佛陀經由不到6年的苦行之後，斷然放棄傳統的苦行方式，重新進食，並在菩提樹下證悟。35歲就進入雲遊期。該時代雲遊四方的遁世者有各種名稱，例如比丘(Bhiksu)、行者(Yati)、沙門(Sramana)等。雲遊者得剃髮，穿薄衣，手中持杖，帶濾水器(?)，肩掛乞食用的頭陀袋，四處行乞為生。他們謹守不殺生、不妄語、不盜竊等等五戒，以寂靜無為為基調，宿於樹下或石上，不停滯於一地。雖乞食但避肉類及美味，為乞食計，多入於城鎮，每日只向7戶托缽，人家給不給都不在

意。沒有毀譽或褒貶，視生死爲一，任憑生活以期解脫，但在雨季則停留一處，作雨安居。這些實施沙門生活的人，除了雲遊出發時，但生主作小祭外，不可祭祀。

然而，佛陀悟道之後即過著沙門生活，他後來的教團取消了穿鹿皮的苦行階段等，直接進入雲遊期。而五戒、雨安居、雲遊乞食方法、無欲生活等，皆同於婆羅門教、耆那教，比丘的名稱等皆承襲自婆羅門教。

佛陀之後的婆羅門教仍然有所創作，在西元前500～200年間出現有散文體寫成的《所聞經書(Srauta Sutras)》、《家範經(Grihya Sutras)》及《法經(Dharma Sutras)》等。前者只是祭祀儀式的解說；中者即家居期常人生活的指導書，詳述人生及家庭禮儀等節目，例如童子從師禮、冠禮、婚禮、喪禮等，有些類似台灣民政局的禮俗文物課的編輯物；後者即古印度法律所從出。

本文先從雅利安主流文化角度，簡單交代佛陀出現之前的印度思想概況，至於原住民達羅毗荼人等，其影響、改變與傳承文化的部分，幾乎沒有提及，應另文引介或討論。

佛傳與佛陀

佛傳通常有作者，古代、今人皆反覆在撰寫；佛陀這個人，則超時空、跨世代的天下人一直在譜寫，有人寫文章，有人寫成書，有人只用語言在敘述，有人身體力行而不落言詮。

然而，佛教的紀傳(不只是佛陀的傳記)：

> 大多是無稽的，神話和小說的，缺少信史的價值。這種文字，大別爲三類：(一)佛陀釋尊的傳記；(二)釋尊及門弟子的傳記；(三)後代教中印度大師的傳記。第一類以馬鳴的長篇敘事詩佛所行讚五卷最有名，描寫釋迦牟尼的生平，自乘象入胎，直到雙樹示寂，每句每節，都寫得非常生動而優美，唐高僧義淨自印歸來說這詩流布很廣，自五印度以至南海諸邦，都有許多愛好的讀者。北涼時曇無讖的中文譯本，譯成中文的最長五言敘事詩，也很流暢可誦。梁啓超、陸侃如以爲我國孔雀東南飛、木蘭辭，即受其影響而

產生者。而宋釋寶雲所譯佛本行經七卷，更雜用五言、四言、七言，也可與佛所行讚媲美。此外，西晉竺法護所譯的普曜經(Lalitauitara)八卷也很著名。胡適稱此三經，都是偉大的長篇故事。普曜經唐地婆訶羅重譯成方廣大莊嚴經八卷。隋闍那崛多所譯佛本行集經六十卷，也是重要佛傳的一部。

關於釋尊及門弟子的傳記，有佛五百弟子自說本起經等，未見梵文本。馬鳴的敘事詩，孫陀利與難陀(Saundarananla Kavya)，描述佛陀堂弟難陀和孫陀利的戀愛故事，比他的佛所行讚更帶著濃重的戲劇意味。近年從新疆吐魯番發現的古籍中，呂德教授(Luders)找出馬鳴所作劇本舍利弗所行(Sariputra Prakana)共九幕，內容是釋迦的兩個大弟子舍利弗和目蓮(Maudgalyayane)二人間的對話，這是佛教的戲劇，也是現存印度最古的一部劇本，現已印行，馬鳴的確是佛教文學中一位大作家。

關於佛滅後僧團中諸大師的傳記，在中文三藏中最主要的是元魏時西僧吉迦夜與曇曜合譯的付法藏因緣傳六卷。書中歷述從大迦葉起，到菩提達磨為止二十八代祖師的行瀕，但未見梵本。鳩摩羅什所譯有馬鳴、龍樹、提婆三菩薩傳，其中龍樹菩薩傳大正版藏經中並附錄明代本，因明本與宋本、元本、宮本三大本異文太多，無法對校，所以只得與三大本所校訂本並存，可見非但印人口傳經文常有歧異，即已譯成

中文，經多年流傳，也會發生很大的歧異的。

　　此外，公元前三世紀有大功於宣揚佛教的阿育王 (Asoka)，也有他的傳記譯成中文，西晉安法欽譯有阿育王傳七卷，梁僧迦婆羅譯有阿育王經十卷，符秦曇摩難提譯有阿育王息壞目因緣經一卷。而唐玄奘所譯以佛教史蹟為緯的印度地理書大唐西域記十二卷，可視作佛教史傳最後集大成的一部書。這書是他蒐集當時印度各國地方誌和他親聞到印人口述的記載所得，他再口譯，而由他的弟子辯機筆錄整理而成。所以卷首特地標明三藏法師玄奘奉詔譯，而不說是是他的著作。後來英國人根據這書的記載，來整理印度的古蹟，先是發掘出來各地的阿育王石柱，再從石柱上的文字，來考證阿育王的歷史，對印度歷史地理上的貢獻，已很偉大了。這裏要附帶一提的，是印度國旗上的輪形圖案，即採自阿育王石柱上之法輪。蓋我國對促成印度獨立有功，一九四七年印回分治，印度、巴基斯坦兩國於八月十五日同時宣告獨立前夕，我駐印大使羅家倫，與印度政要交往最密，彼邦議將國大黨旗上之甘地紡車圖形，移置新定國旗上。羅大使建議以紡車圖形有架有紗線，若僅取紡車車輪，較為美觀，而此車輪可取阿育王石柱法輪圖形，則更為古雅，彼等採納，故印度國旗上之車輪，實為佛祖法輪也。時余任使館秘書，故知其經過如此。（糜文開，1981：111-113頁）

麋氏作以上敘述當然不是站在佛教或宗教的本位上，而是以現代知識份子理性、客觀，但求接近事實眞相的角度而落筆，而且，上述是對整個佛教紀傳，作概括的論述，雖然會有許多人不同意麋氏的敘述語氣，但大多數治佛學者都能接受其內容。佐佐木教悟、高崎直道、井野口泰淳、塚本啟祥(1966：楊曾文、姚長壽譯，1989：11頁)先讚美馬鳴的《佛所行讚》：「文學修飾之美可以說已達到頂點……然而所有的這類文獻，都是在佛陀滅後幾世紀形成的，它們是以分散在古代經典中的片斷記載爲材料，爲讚頌偉大的教祖而被著述出來的，因而很明顯對佛陀是作了超人的修飾的……。」

吳汝鈞(1994：19-20頁)則說「佛陀的傳記不必是歷史的表述，實際上，有很多情況是非歷史的」，但「仍可多少反映出某些歷史的甚至是社會的事實。」吳氏列舉三點就學術立場是無意義的，「甚至會對學術做成障礙」者：

1. 佛傳刻意營造佛陀未出家前的名位、財富等，用來突顯佛陀棄世間名器、矢志求道的堅強決心。「他的父親充其量只是某一族人的長官或領袖而已，不可能是『國王』……豪奢的宮廷生活，肯定有誇張的成分……」。

2. 佛陀出生前後的「奇跡」，乃佛傳作者們的渲染，用以突出佛陀的「特異性與偉大性」。

3. 佛傳突顯佛陀的家人皆爲人中最優秀的一羣，也是爲了彰顯佛陀追求究竟解脫的堅毅等。

這些誇張的原因，「一方面可能出自對佛陀的景仰心

情，但也可能基於現實上的需要……在與其他宗教競爭，俾佛教能生存並且繼續發展下去的要求下，誇張以至神化佛陀，是必要的。一個宗教的創始人，倘若能以超人的形象出現，對於促進該宗教的發展和強化它的影響力，以至鞏固它的根基，都可以起重大的作用……反映了在這傳聞醞釀時，佛教所遭遇的一些政治的、社會的或教義上的危機。」

而最負盛名的《佛所行讚》如果真是大乘時代第一位著名的宣講師馬鳴(Aśvaghosa)所著，則出現的年代當在1～2世紀間(參考陳玉峯輯・著，2010：99頁)。

《佛所行讚(Buddhacarita)》的中文譯本是五言敘事詩(見前)，雖說「流暢可誦」，今人恐不易唸懂，在此轉引從1978年出版的，莊士頓(E.H. Johnston)英譯本再翻回中文的，佛陀的簡略傳記(轉引吳汝鈞，1994：9-13頁)，敘述到他證成為止的部份：

「在釋迦族中，有一個國王，稱為淨飯王。族中的人都愛戴他。皇后摩訶摩耶(Mahāmāyā)有一次不經正常的交接便懷了孕。在這之前的一次睡夢中，她看到一頭白象進入她的體內。最後，在藍毗尼的一個叢林中，她生下一個男嬰。

嬰兒出生時，大地像船隻被風浪吹打那樣地震動；無雲的天空降起檀香的雨露來，洒下藍藍的和淡紅的蓮花；毒害人畜的野獸也聚攏起來，不爭鬥了；困擾著人的身心的病痛也不醫而癒。

這個孩子在無量的過去世中，生命已淨化了。故他出生時，並非愚昧的，卻是充滿著智慧。他行了七步，便堅毅地宣佈：『我是爲了世間的眾生的覺悟大事而來的，這是我在現象世界的最後一輪受生了。』在這當兒，天上突然降下兩條水流，一溫一冷，洒落在他的身體上，使他舒暢起來。居住於天界的眾生全都預料他是會獲致覺悟的。

一天，有些婆羅門來了。他們對國王說：『從環繞著這個孩子的種種祥瑞看來，他肯定會成爲一個覺者，或一個人羣中的轉輪聖王哩。』國王當然希望他的兒子成爲大地的主人，而不希望他遁隱到森林去求取覺悟。不過，他的內心總是憂慮著兒子最後會走向出家的聖者道路。因此，他用財寶、象羣、馬匹和朋友把兒子迷惑過來，供給他種種式式的財富和珠寶，使他癡戀世俗的一切。

摩訶摩耶皇后見到自己的兒子的不思議的力量，像神力那樣，感到異常驚喜，最後竟不能自持，離世死去了。於是王子改由皇后的一個姐妹撫養，日漸長大。他是那樣地精明，在數天之內，便知悉很多學問；這些學問，在一個普通的青年來說，需經年累月才能掌握到哩。

國王仍然懼怕兒子會跑到森林去。因此他用很多感官上的歡愉，來吸引兒子。他又給兒子成婚，讓他娶了耶輸陀羅(Yaśodharā)：一個美麗、溫柔和有教養的女子。不久，他們生下了一個兒子，叫作羅侯羅(Rahula)。

在宮廷的豪奢生活當兒，王子也曾多次出外遊覽，每次都由忠誠的僕役伴隨著。途中，他曾先後碰到一個老

人、一個病人和一個死人。隨員告訴他，老、病和死都是
人生不能避免的事，即使像他那樣一個王子，也不能倖
免。王子聽後，內心感到極度煩亂，整日都陷於深沉的冥
思中，對官能的對象，都失去興致和欲望了。他開始嗅到
世間無常的本性，認識到一切生命存在都被苦痛所困擾。
打那個時候起，他無法安定下來，卻是希望尋得一種精神
上的寧靜。有一天，他又出外了，要到森林那邊看看。路
上，他看到泥土被掘起，野草被裂碎，蝗蟲、昆蟲及其他
動物的屍體，堆得亂作一團。他感到很哀傷，陷入深沉的
悲痛中，覺得好像自己親人被殺害那樣。

　　最後，他遇到一個乞食的人，或稱托缽僧，或沙門
(śramana)。後者告訴他，由於對生死的恐懼，他放棄家庭
生活，以便尋求解脫，追尋生命的永恆性。他還說自己去
到哪哩，便在哪裡停下來，有時在樹下，有時在破廟裡，
有時在山上，有時在森林裡；別人給他甚麼供養的食物，
他都接受。聽完這段話，王子便打定主意，要離開宮庭，
去追尋內心的永恆的寧靜，克服世間的無常的性格。

　　他懇求父王允許他離去。遭到拒絕後，竟溜了出
來，離開京城。他進入叢林，修習起苦行來。在修習期
間，他遇到摩揭陀的國王、隱士艾勒達(Arāda)和烏特勒喀
(Udraka)。後二者曾試圖遊說他相信靈魂存在的道理，但他
沒有接受。在他看來，靈魂存在的假設與追尋永恆性這一
目標是不協調的；因為靈魂始終為苦惱所圍，即使一個人
在精神上達致某種境界，這種假設也會把他扯回現世中

來。

他來到尼連禪河畔，碰到五個乞食行者；他們正修習苦行，要克制五官的欲望。他視他們為自己的信徒，和他們聚在一起。他挨餓，不進食，修習極端的苦行，以為這樣便可以了斷生死大事。六年過去了，他變得體衰力疲，卻未能達致他的目標。

最後他領悟到，純然的苦行並不能使人從苦惱和生死輪轉中解放開來。必須不斷地調適官能，適當地平衡情意和集中地進行冥想，才能得到內在的寧靜和永恆性。因此，他停止苦行，回復進食和沐浴。在尼連禪河沐浴的當兒，他由牛羣主人的女兒手中接過乳糜(以牛奶來煮的粥品)。那五個乞食行者失望地離去了，他們以為他已經放棄了聖潔的生活。

剩下自己一個人了。王子最後來到菩提樹下，坐了下來，並發誓若不能得覺悟，便不離開這個座位。

他發出這個覺悟的弘願時，整個世界都歡欣鼓舞起來。但摩羅(Māra)—正法的敵人—卻驚慌起來。他害怕倘若王子獲得覺悟，向世界宣示獲致解脫的途徑，他會對世界失去威權與制宰。因此，他走近王子身邊，用盡一切方法，企圖摧毀他的求覺悟的意志。但王子不為所動，沒有改變坐姿。最後，摩羅只得失望沮喪離去。

王子以堅毅的意志與力量克服了摩羅的騷擾，使自己進入深沉的禪定世界，俾能獲得有關究極的真實的知識；這知識是，苦惱的世界是由因緣生起的。這究極的真實與

苦惱、解脫都有非常密切的關聯。若能眞正地體證它，便得解脫；若不能了解它，便淪於苦惱。

王子終於有如下的體會了。苦惱是由老與死而來的，老與死是由生而來的，生是由存在(個別自我的形成)而來的，存在是由佔有而來的，佔有是由渴愛而來的，渴愛是由感受而來的，感受是由接觸而來的，接觸是由六感官而來的，六感官是由名與色而來的，名與色是由意識而來的，意識是由盲目的意志而來的，盲目的意志是由無明而來的。因此，若能斷除無明，便能斷除盲目的意志。同樣，斷除了盲目的意志，便沒有意識，便沒有名色，便沒有六感官，便沒有接觸，便沒有感受，便沒有渴愛，便沒有佔有，便沒有存在，便沒有生，便沒有老與死，因而便沒有苦惱。(這在後來被稱爲十二因緣的理論。)

這樣順逆地觀照了因緣的眞理，王子便站了起來，面對世界，而成爲佛陀(Buddha)。(佛陀的意思是一個已經得到覺悟的人。)他獲致完全的覺悟。

這時，大地震動起來，四方八面一片光明，鼓聲從天而降。沒有人恚怒了；也沒有人受疾病困擾，或感覺煩憂；沒有人犯罪，或內心恣意放縱。整個世界平靜下來，好像達到完滿的境地。

佛陀體證到因緣的眞理，進入無我的狀態，也激發起來。他決定在餘下的有生之年，向世界宣揚正法(Dharma)的眞理，使眾生由無常的苦惱中解放開來。」

至於中國晉朝五胡十六國之一的北涼時代，印度人曇

無讖(385-433年，其傳記參考陳玉峯輯‧著，2010：154-155頁)翻譯的《佛所行讚》，在此僅舉「轉法輪品第十五」參考之(糜文開，1981：239-242頁)：

「如來善寂靜，光明顯照曜，嚴儀獨遊步，猶若大眾隨。道逢一梵志，其名憂波迦，執持比丘儀，恭立於路傍，欣遇未曾有，合掌而啓問：羣生皆染著，而有無著容。世間心動搖，而獨靜諸根，光顏如滿月，似味甘露津，容貌大人相，慧力自在王，所作必已辨，爲宗稟何師？答言：我無師，無宗無所勝，自悟甚深法，得人所不得。人之所應覺，舉世無覺者，我今悉自覺，是故名正覺。煩惱如怨家，伏以智慧劍，是故世所稱，名之最爲勝。當詣波羅奈，擊甘露法鼓，無慢不存名，亦不求利樂，唯爲宣正法，拔濟苦眾生。以昔發弘誓，度諸未度者，誓果成於今，當遂其本願。當財自供已，不稱名義士，兼利於天下，乃名大丈夫。臨危不濟弱，豈云勇健士？疾病不救療，何名爲良醫？見迷不示路，孰云善道師？如燈照幽冥，無心而自明，如來然慧燈，無諸求欲情。鑽燧必得火，穴中風自然，穿地必得水，此皆理自然。一切諸牟尼，成道必迦耶，亦同迦尸國，而轉正法輪。

梵志憂波迦，嗚呼嘆奇特！隨心先所期，從路各分乖，計念未曾有，步步顧踟躕。

如來漸前行，至於迦尸城，其地勝莊嚴，如天地釋宮。恆何波羅奈，二水雙流間，林木花果茂，禽獸同羣

遊，閑寂無喧俗，古仙人所居。如來光照耀，倍增其鮮
明。憍无如族子，次十力迦葉，三名婆澀波，四阿濕波
誓，五名跋陀羅，習苦樂山林。遠見如來至，集坐共議
言，瞿曇染世樂，放捨諸苦行，今復還至此，慎勿起奉
迎，亦莫禮問訊，供給其所須，已壞本誓故，不應受供
養。凡人見來賓，應修先後宜，且為設床座，任彼之所
安。作此要言己，各各正其坐。

　　如來漸次至，不覺違要言，有請讓其坐，有為攝衣
缽，有為洗摩足，有請問所須，如事等種種，尊敬師奉
事，唯不捨其族，猶稱瞿曇名。

　　世尊告彼言，莫稱我本姓，於阿羅呵所，而生褻慢
言。於敬不敬者，我心悉平等；汝等心不恭，當自招其
罪。佛能度世間，是故稱為佛。於一切眾生，等心如子
想，而稱本名字，如得慢父罪。佛以大悲心，哀愍而告
彼，彼率愚駛心，不信正真覺，言先修苦行，猶尚無所
得，今恣身口樂，何因得成佛？如是等疑惑，不信得佛
道，究竟真實義，一切智具足。

　　如來即為彼，略說其要道：愚夫習苦行，樂行悅諸
根，見彼二差別，斯則為大過。非是真正道，以違解脫
故。疲身修苦行，其心猶馳亂，尚不生世智，況能超諸
根？如以水燃燈，終無破闇(？)其；疲身修慧燈，不能壞
愚癡，朽木而求火，徒勞而弗獲；鑽燧人方便，即得火為
用。求道非苦身，而得甘露法；著欲為非義，愚癡障慧
明。尚不了經論，況得離欲道？如人得重病，食不隨病

食。無知之重病，著欲豈能除？放火於曠野，乾草增猛風。火盛孰能滅？貪愛火亦然，我已離二邊，心存於中道。眾苦畢竟息，安靜離諸過；正見踰日光，平等覺觀佛。正語爲舍宅，遊戲正業林；正命爲豐姿，方便正修塗；正念爲城郭，正定爲床座，八道坦平正。

免脫生死苦，從此塗出者，所作已究竟，不墮於此彼。二世苦數中，三界純苦聚，爲此道能滅，本所未曾聞。正法清淨眼，等見解脫道，唯我今始超，生老病死苦，愛戀怨憎會，所求事不果，及餘種種苦。離欲未離欲，有身及無身，離淨功德者，略說斯皆苦，猶如盛火息，雖微不捨熱，寂靜微細我，大苦性猶存，貪等諸煩惱，及種種業過，是則爲苦因，捨離則苦滅。猶如諸種子，離於地水等，眾緣不和合，芽葉則不生。有有性相續，從天至惡趣，輪迴而不息，斯由歡欲生。軟中上差降，種種業爲因。若滅於貪等，則無有相續；種種業盡者，差別苦長息。此有則彼有，此滅則彼滅，無生老病死，無地水火風，亦無初中邊，亦非欺誑法，聖賢之所住，無盡之寂滅。所說八正道，是方便非餘。世間所不見，彼彼長迷惑，我知苦斷集，證滅修正道，觀此四眞諦，遂成等正覺。

謂我已知苦，已斷有漏因，已滅盡作證，已修八正道，已知四眞諦，清淨法眼成，於此四眞諦，未生平等眼，不名得解脫，不言作已作，亦不言一切，眞實知覺成，已知眞諦故。自知得解脫，自知作已作，自知等正

覺，說是眞實時，憍无族姓子，八萬諸天眾，究竟眞實義，遠離諸塵垢，清淨法眼成，天人師知彼，所作事已作，歡喜師子吼。問憍无如來，憍无即白佛：已知大師法，以彼知法故，名阿若憍无。於佛弟子中，最先第一悟。彼知正法聲，聞於諸地神，咸共壬生唱，善哉見深法！如來於今日，轉未曾所轉，普爲諸天人，廣開甘露門。淨戒爲眾輻，調伏寂定齊，堅固智爲輞，慚愧楔其間。正念以爲轂，成眞實法輪。眞正出三界，不退從邪師，如是地神唱，虛空神傳稱，諸天轉讚嘆，乃至徹梵天。三界諸天神，始聞大仙說，展轉驚相告，普聞佛興世，廣爲羣生類，轉寂靜法輪。風霽雲霧除，空中雨天華，諸天奏天樂，嘉歎未曾有！」

　　古代的佛傳，大抵是在佛陀滅度之後幾百年(甚至超過5～6百年以後)才產生的，依個人的看法，佛傳大抵是在佛教從菁英主義式的僧團，走向普羅化的平民、俗民宗教時代，因應當時印度多神信仰的民風，爲利傳教或其他原因而產生。佛傳的問世，代表佛教無神論時代的結束，也宣告佛陀成爲諸神之神的絕對超越者。

　　因爲宗教之所以爲宗教，或宗教的本質，乃是「一個神秘世界的提示與開發，而在提示與開發的內容或工作上，必然會產生常識難以判斷的現象(超自然現象，筆者註)，此即宗教信仰上所謂的奇蹟或靈驗。宗教信仰若一旦要從個人，推廣爲兩個人以上的社會性行爲或活動，其所根據的，就必定是先驗者在此一神秘世界的開發上，其所經驗

的奇蹟或靈驗。因此，神祕、奇蹟、靈驗，不單是宗教唯一的資產，也是一般人所以會想去體驗，而成爲信徒的唯一魅力。神祕的奇蹟靈驗，乃是宗教信仰形成上不可或缺的要素，同時也是宗教團體廣告宣傳的依歸之所」(請參考李岳勳，1972；拙文〈台灣人的宗教觀—斷章取義引介李岳勳先生的《禪在台灣》〉)。

因此，不要說1～2千年前的古代，就是現在，龐多的佛傳今寫，大多係爲宣教，或由宗教角度出發的作品，有些誇張渲染的程度，較之馬鳴有過之而無不及。而筆者不認爲會妨礙什麼學術，既然敢於宣稱「學術」，當然就得接受所謂「學術」的檢驗、駁斥或辨證。然而，筆者不鼓吹這類俯拾即是的神話佛傳。然而，然而，筆者還是看了超過10本的佛傳，例如文圖並茂、書寫流暢的《釋迦牟尼故事》(陳炳盛主編，2007)，還是值得一看。

而目前爲止，描述佛陀「這個人」的書寫，就筆者閱讀過的書籍、文獻或經典等，個人偏好服部正明、長尾雅人(許明銀譯，1986：98-117頁)的詮釋，以下，依據他們的敘述，夥同其他文獻，加上些微個人的思考條例引介之。

1. 佛陀在世年代

(1) 西元前565～485年(或564～484年，或563～483年)。

(2) 西元前463～383年。

(3) 大約西元前5世紀的人。

(4) 無論東、西方皆是人類思想的黎明或日出時期。

2. 佛陀的出身背景、身世及履歷

(1) 印度平原之北、喜馬拉雅山麓，一個釋迦族(Sakya)的小部族國家，其都城名為迦毘羅衛(Kapilavastu)，與強大的憍薩羅國(Kosala)為鄰，佛陀在世時，迦毘羅衛被憍薩羅國併吞或消滅。

(2) 古佛傳視迦毘羅衛為小國家，國王為淨飯王(Suddhodana)、王后是摩耶(Māyā Devi) 夫人，佛陀是王子，族姓喬達摩(Gotama，意即最好的公牛)，名為悉達多(Siddhattha，意即一切義成或具備一切德性)；佛陀覺悟證成之後，被稱為喬達摩‧佛陀(Gotama Buddha)，也被尊稱為釋迦族出身的聖人釋迦牟尼(Sakyamuni)，簡稱釋尊。Buddha意即大徹大悟者或覺悟之人。

(3) 有人認為「釋迦」是個小部族國家，佛陀是這個「小貴族共和國」主席的兒子；有人認為佛陀父親「只是某一族人的長官或領袖而已」。

(4) 佛陀出生地相傳為藍毗尼(Lumbimni)，位於今之尼泊爾南方邊境附近，距印度境10公里，在哥拉克浦(Gorakpur)之北約80公里處。東西寬約30公尺、南北長約20公尺，內有方形浴池、塔址數座，以及一座佛寺，寺內正面牆壁上，有摩耶夫人石雕。依考證，遺址乃笈多王朝時代或之後的建物。

佛陀生日，北傳佛教訂為農曆4月8日；南傳佛教視為「吠舍傳月(印度曆2月，即陽曆5月)」的滿月之日。天知道、佛曉得！

(5) 佛陀19歲時與耶輸陀羅(Yasodhara)結婚，隔年生子羅睺羅(Rahula)；29歲出家，前往離家約4百公里外的摩揭陀國(Magadha)的王舍城(Rajagaha)近郊的森林中，跟隨阿羅邏迦羅摩(Ālāra Kālāma)及烏陀迦羅摩子(Uddaka Rāmaputta)學習「透過禪定，達到解脫的境界」，據說阿羅邏達到「無所有處」，烏陀迦達到「非想非非想處」(佐佐木教悟等人，楊與姚譯，1989：13頁。請參考拙文〈從《吠陀》到佛教的旁註〉，古老的「布列哈陀奧義書」最早出現「自我的四位說」，強調人在熟眠與死亡時精神最自由，因此，若能保持熟眠的精神狀態，是為最終理想境界。而後來瑜伽的禪定，即從四位說發展而來的入定)，而佛陀不滿足於此等境界即離開，前往迦耶(Gayā)。

當時在尼連禪河(Nerañjarā)岸邊的苦行林(Uruvelā，優留毗羅村)住有許多苦行者，他們透過抑制心的活動、中止呼吸、減食、斷食，以及一系列自我折磨的方式，用來虐待肉體、減弱力氣，而試圖達到精神上的自由。

佛陀跟他們苦行6年，並未達到覺悟，斷然捨棄它，重新進食、沐浴，然後在菩提樹下自行潛心觀想，終於覺悟，時35歲。

(6) 佛陀覺悟成佛年歲另說30歲。成道日，北傳佛教說是12月8日(農曆)；南傳佛教說是「吠舍傳月的滿月之日」。

佛陀證道的地點，後來被稱為菩提迦耶(Buddhagayā)。

《律藏大品》記載，佛陀在成道之後，從順逆兩面向對十二因緣思索；然而，《中部》經典將其成道關連著苦

行來敘述，說佛陀是通過修成四禪而達到覺悟，其中的
《怖駭經》敘述他通過領悟了苦、集、滅、道等四諦，而
達到解脫，但之後無記載。

《雙考經》記載他得到四諦無漏智之後，講八正道。

《薩遮迦大經》載有敘述四諦成道來結束故事的情
節。

《聖求經》與《律藏大品》內容相同，但較素樸，風
格較寫實，後者帶有文學的空泛特徵。

綜上，佛陀覺悟的內容可分兩類，一為十二因緣，二
為與四禪相關的四諦。一般推測，這些內容必然與該時代
社會、歷史文化有關。

(7) 初轉法輪

《律藏大品》記載，佛陀成道後既已體會到解脫的愉
快，但因擔心世人無法理解自己體悟的內容，故對要否說
法頗為躊躇。

而後，因應梵天的勸請，他才願意說法。原想先向兩
位先師說法，但他們已經過世了，於是決定向他在捨棄苦
行之際，失望離他而去的五比丘說。因而他來到了波(羅)
奈城(Baranasi，即今之瓦拉納西Varanasi)之北的鹿野苑(Migadāya，
今稱Sarnath)，為五比丘講解八正道、四諦及中道。《轉法
輪經》也是如此記載，但《大品》另還加上五蘊及無我的
內容。

(8) 佛陀教化弟子、世人的地理範圍

佐佐木教悟等人(楊、姚譯，1989：15-17頁)認為，佛陀教

化活動的45年間，「能對他的形跡的順序加以追溯的，只有最初的幾個月，和最後的幾個月」；「而且對他安居(Vassa，雨季3個月的定居)的場所，也只知道最初的20年和最後的2年」。

教化活動範圍：東到鴦迦國(Anga)首都的瞻波(Campā，靠近今之Bhagalpur)；北到釋迦族的迦毗羅衛和憍薩羅國的舍衛城(祇樹給孤獨園又名祇園精舍即在此城內)；西到俱盧國(Kuru)的劫摩沙縣摩(Kammassadhamma)；南到摩揭陀國的拘散彌(Kosambi)。而佛陀居留時間最長，與他教化關係最深的地方是舍衛城(Sravasti，憍薩羅國的首都)、王舍城(摩揭陀國境內，頻毗娑羅王時代的首都，竹林精舍在此。佛滅當年，弟子在此進行第一次結集)、吠舍離(或毗舍離，Vaisali或Vesāli，跋祇國Vajji首都)、迦毗羅衛等地。

由於摩揭陀國是革新的宗教的地盤，佛陀在此國的教化活動最為成功。另說，如摩揭陀等新興國家的人民，「並不十分注重習誦吠陀。佛教和耆那教的堀起就取代了婆羅門教的勢力……」(糜文開編譯，1981：101頁)

(9) 涅槃

西元前485年(?)，佛陀由王舍城到拘尸那羯羅(Kusinara)乃最後旅行與涅槃。入滅時間北傳佛教說是農曆2月15日；南傳則訂吠舍傳月的滿月之日。佛陀的遺骨(Śarira，舍利)被分成8份，建有10塔分別保存之。

1898年派拜(W. C. Peppé)在迦毗羅衛遺址附近的毗普拉瓦(Piprāhvā)的古墓中挖出一把舍利壺，其上以西元前數世

紀的文字銘刻著：「此為佛陀世尊之舍利壺，為知名釋迦族人與其妹妹、妻子所供奉祀」，證實《涅槃經》上所記，建立佛塔的證明。

3. 佛傳或傳說構思的解析或象徵

　　古佛傳形成於佛滅後數百年，其隱藏有後人在撰寫時代特定目的下的構思或安排。以下依據服部正明、長尾雅人(許明銀譯，1986：98-107頁)，以及筆者見解，稍作解析。

　(1) 佛傳中以強烈的對比，刻意彰顯佛陀棄世俗榮華富貴如敝屣，從人人稱羨的環境，「逃亡」向嚴苛絕困的苦行生活，更且，將一切的享受，歸之於沒有血緣關係的父親淨飯王的主意！似乎暗示佛陀先天即非凡人。

　(2) 騎白象入孕，從母親右腋出生，出生時的奇異景觀，出生後立即「腳踏蓮花，一手指天，一手指地，並用獅子吼莊嚴宣告：『天上、天下，唯吾獨尊』」等等，實乃大乘時代開啟神化佛陀，向普羅大眾宣教的宗教手段，不能依理性、常識判斷，否則「右腋出生、七日後母逝」只能是「難產」。

　(3) 佛陀前後之捨棄享樂與苦行兩極端，正是象徵「中道」的手法。《寶積經》便是由各面向闡述此一「中道」的觀念，此經中並列舉哲學上各種原理、有無對立及其他，用以求其中道。

　　而方法論上，佛傳也透露從禪定過程，觀察緣起法則，從而獲致菩提覺悟。

　　後來，龍樹(Nagarjuna)也是循此線創作《中論》等。

(4) 在緣起禪觀的開悟過程中，佛傳的作者卻以「降魔成道」來表述，也就是經由49天與魔奮戰或纏鬥，終而得勝以開悟。

其實，所有的魔(māra)都是心魔，無論是天上、人間所有的誘惑，無論愛慾、五蘊煩惱……，任何的親情、習俗、生死、業與輪迴，都可以是魔。魔的武器射往佛心，只會變成裝飾菩提座的花朵。事實上，人不可能沒有煩惱，也無法消滅煩惱，毋寧是轉化煩惱，也就是說：「煩惱即菩提」！「悟，並非求之於什麼超越人性的。除去人間的愛欲與慾望的煩惱時，是不能得到悟本身的」，否則自殺就好了，何必修行。人只能將一五一十的煩惱轉化成花。

(5) 最有意思的佛傳情節，筆者認為是佛陀在下定決心向世人說法之前的想法。佛陀覺悟之後，獨自在菩提樹下享受、玩味法樂，同時萌生『將覺悟的內容講給人們聽是白費力氣的！沉迷愛欲的人們是不可能完全理解的，甚至也會褻瀆神聖的真理。不如保持沉默，或不如歸去』！

佛傳描述，梵天等諸神得知此事大驚失色，遂再三地請求佛陀務必要說法。因此，佛陀才「開啟不死甘露之門」。

這段文字相當於大乘空宗作者群撰寫佛傳的「公案」。

了悟真理的佛陀很清楚「真理不能言說」，因為人類迄今為止的語言、文字無能確切表達真理。佛曰「不可

說」或「不可思議」，也就是語言、文字不能精確地傳達。「不可思議不是指奇蹟，而是指超越思惟者、不能思惟者，或是不可以概念來說明者」；因為一有言說，無可避免地犯上誤謬成扭曲真理，更將引起人們的誤解。於是，佛陀想要保持沉默。

這個「佛陀的沉默」、「說法的否定」，或「對說法的躊躇、拿捏不定」，正是後世以「空」來與之對映的內容。「空」是所有概念上的設定的否定，不只對概念、言語、文字的否定，也同時對哲學、倫理、邏輯、學問、文化的否定。

大乘時代太多的經典都反覆強調這個事實。筆者認為《金剛經》的「即非」擬邏輯(是什麼，即非什麼，是名什麼)，承續下來此線的發展。更恰當的說，到了大乘(空宗)時代，才可能寫出這樣的佛傳。《維摩詰所說經》的「維摩一默」、佛陀的拈花微笑、禪宗的「指月之指」、「說是一物便不中」，「四十五年一字不說」等等，通通皆然。畢竟不管說了什麼，都無自性啊！無自性即空。

筆者2009年9月讀邏輯實證論開山祖師維根斯坦(Ludwig Wittgenstein)的思想之際，推崇他是有史以來第一個真正可與東方思想溝通的人，而且，筆者幻想著維根斯坦與佛陀精彩的對話，可惜還沒寫出來(請參看陳玉峯，2011，《山、海與千風之歌》，162-168頁)。

4. 佛陀這個人

服部正名、長尾雅人(許明銀譯，1986：108-112頁)對佛陀

這個人的描述，是筆者很欣賞的作品之一。他們認為，從佛傳及其他經典勾勒出來的佛陀為人，佛陀不是哲學家，也不是宗教家，更不是政治家；佛陀忽視婆羅門教的階級劃分，但並非要改革社會，「只是站在人生最終的第一義前，且言人類一味平等」，佛陀對政治一點興趣也沒有，他不像孔子之以忠告者的身分來參與政治；佛陀也不是組織理論、給予體系化的哲學家，因為哲學是西歐的概念，且與宗教形成強烈對立而發達者，在印度找不到與「哲學」完全相當的語詞，印度所有的思想家都是宗教的且是哲學的；佛陀一生沒留下任何自己的著作或文字，而且他是偉大的教育者，在此面向，他類似哲學之祖的蘇格拉底，但他也沒成立蘇格拉底教之類的。「相反地，佛陀的信奉者是否正確地傳佛陀的真意，這姑且不談，且儘管混入佛陀所不關心的許多新要素，而全部以此作為『佛陀之教義』，且構築成二千五百年之傳說。於此，使人相信佛陀有超越一般哲學者之魅力，且有什麼使人們歸依的魅力。此一魅力該是來自於佛陀之成為宗教家式的人物的。」

「然而，他也不是所謂的宗教家類型的人物……」往下，筆者將服部正明等人的觀點轉引，他們是在標題為「偉大的教師」一章之下，依「佛陀的人格」及「應對方說法」兩節分述者，雖然些微細節筆者不盡同意，有些字句筆者也非完全明白，但整體而言，是所欣賞者。

「……不用說，巫覡(覡ㄒㄧˊ，男巫)式的神靈附體狀態

是完全沒有的，人們也不認為他是神與人之媒介者。明顯
地給他神格化、超人式的看法是數世紀以後的事；在這以
前『佛傳』的作者似乎未將他想做是不凡的人、卓越的前
輩。再者，也不是預言者類型的宗教者。言神的意旨，以
及宣說其恩寵與罰的預言者的要素幾乎見不到。若承認有
創造主、救濟主、律法者、破壞者等性格的神，以及將該
神的啟示傳於人類的稱之為宗教性時，瞿曇(喬達摩)佛陀則
是最初的無神論者。他也不是殉教者。他的一生即使有一
些悲劇，但也勿寧是平穩的八十年之生涯。瞿曇本身並沒
有要說任何新的、罕有的話，且沒有意識到要成為一宗之
開祖。但曾自言道：被廣袤的草所遮而難以分辨，不過，
卻確實發現通往彼岸的『古仙人之道』。

　　基於上述情形，彼之為人，似乎最適宜稱為人類教
師。正如《佛傳》所言，其性格是溫和包容性的。這也許
與他的貴族式生長有關。經典上記載，與他見面，或僅與
他在一起時就會感到溫暖與安心。對弟子們而言，佛陀是
最終的歸依處。「歸依處」是指能託付自己的全部存在之
場所。它是能感受到安心之對象。後來製作佛像時，『施
無畏』印(意指『勿畏』之手形。右手往下伸，手掌向外)屢為所用一
事，乃是象徵右述之情形的。

　　在溫和方面，且為人所熟知他是喜愛寂靜的。他不是
喋喋不休地饒舌來說服對方的那一類人物，反而是經常不
答覆對方的問題，而完全保持沉默的。此時的理由是說，
回答反而使對方迷惑之故。光是說並非就是有效，相反

地，言語只有助長對方之誤解，而不能給與任何利益的。貝克指出：佛陀的情形是，比起他說了什麼這一點還更重要的，是他針對什麼而不說話一事上。此種沉默與前述的「說法的否定」是相通的。

佛陀具有柔和且愛寂靜之同時，且是智慧者，再者也是一位嚴峻者。他曾教弟子們，有言：『不要因爲對我尊敬，就毫不思索地只同意我所說的話。即使是師的話，也須擺在試金石上來加以玩味的。』這是很有名的一段話，此正可以顯示出他的英知光輝。其嚴峻面，也可以從他開悟之後，方要回故鄉迦毘羅城時的如下插曲得知。

即十歲前後的年少獨子羅睺羅走來向佛陀說：『請由我來繼承您的遺產』。這是耶輸陀羅妃(Yaśodharā)的要求。由她的立場來說，佛陀既然出家了，王位就必須由羅睺羅所繼承。遺產的繼承云云，似乎是指此事的。然而佛陀立刻帶著羅睺羅回到森林，剃他的頭髮讓他出家。遺產的繼承除了『法』的繼承之外沒有別的，因此，成爲出家者是最佳的道路。關於『法』，佛陀的嚴峻面是如此，父王的悲嘆與妃的感嘆也無所寬恕。

作爲教師亦即當教育者的佛陀，是有極優秀的才能的。對有學問的知識階級，也許是使用哲學上的術語。或者用邏輯式的說明反而有害時，則正如前述之成爲無知般，且有默而不作答的。對於無知識者及智力差的弟子，則僅吩咐掃除事─如周利槃特(Cūdapanthaka or Śuddhipanthaka)者。『應病與藥』或『對機說法』之類的話，是來自於佛

陀之表現此一才能者。

　　他的說法且以巧妙的比喻與故事加以潤色，對人們而言是很容易理解的。人們一邊聽說法，一邊覺得那是對自己所說的，且同時感受到是以和自己相同的語法來說法的。許多人一起在聽法，卻有一對一的對話感受，此正說明他的說話術之巧妙，以及有著深入人心之親切感。

　　關於此，留下一則很感人的故事。有位叫做翅舍憍答彌(Kisā-Gotami)的年輕母親。她的小嬰孩死了，由於太悲傷使她幾近瘋狂的地步。她每遇到人就訴說著，希望有人能想法子使該嬰孩再復活。人們都很同情她，就勸她到最近名氣很大的瞿曇佛陀處去請教。也許他有某種可以使嬰孩甦醒過來之神力。

　　翅舍憍答彌燃燒著希望，抱著死去的嬰孩趕到佛陀停留的郊外森林，且做了同樣地訴苦。可是，佛陀的回答很出人意外。

　　『那的確很可憐，因此，我將會使嬰孩甦生。——請您回村莊去，拿二、三粒罌粟種子來。』

　　罌粟種子在印度的任何農家裏都有。使用該種子且施以某種魔術將會使死者復活的。作如此想的翅舍憍答彌正要離去時，從其背後傳來佛陀的呼喚聲。

　　『但是，該罌粟子必須是取自至今都沒有死者的家裏方可。』

　　半瘋狂的翅舍憍答彌，尚未了解佛陀的話之含意。她歡喜雀躍地返回村莊，村人都很樂意地想為她提供罌粟

子。可是對於第二個條件卻都回答說：『豈有此理！家裏有過父母的葬禮，且有孩子的葬禮。』挨家挨戶地走的翅舍悟答彌，這時也稍微明白了。幾乎將全村繞遍而回到佛陀所在的原來森林處時，她已不再狂亂了且已覺得神清氣爽。終於嬰孩未能復活。

此故事內，佛陀未作任何的說法與魔術。且也沒有安慰她，或解說死的哲學，只是要她在村裏走。正好與用理論和思想來屈服對方的作法相反，佛陀要她自己來覺悟的。她後來成了尼師。

如此地，也可以認做是完全不仰仗語言的說法的。這是由佛陀的全人格所湧出之說法。正因為如此，人們只要在他的面前就會很快樂。《維摩經》屢次明示『說法』成為問題，且按照佛國土的應有狀態，說法的方法也有千差萬別。香積佛的國土只以香為說法的手段。相反地，此一釋迦牟尼的國土則必須使用激烈的言詞。或說人會死，或說不可殺，或言苦、無常，或言罪與罰，或是善與惡，或說戰爭或和平，務必要使用所有的激烈言詞。不這樣的話，人們是不會回過頭來追求開悟的。由香積佛土下來的諸菩薩告知，釋迦牟尼用這些激烈言詞來說法，釋迦牟尼且言這是不得了的事情而贊嘆不已。吾人認為以『香』說法似乎是奇蹟；然而就彼等而言，只依『言詞』說法則是很難想像的困難工作。」

久遠以來，佛陀成為萬萬億億佛教徒或「哈」佛者的

精神、靈性的終極依歸，而原本，佛陀似乎是個追求究竟
義的超越性的歷史人物，經由二千多年來無數天才、人類
精英們的創作與包裹，依集體智慧、共同願望的原則下，
佛陀成爲永恆的救世主，或生命思索的最終極聖靈場域。

10

十二有支與無支

房龍(Hendrik Willem van Loon，1882-1944)在《寬容》一書
中寫道：「我們無法知道，如果耶穌沒有被害，他將會做
些什麼？在他被害時，根本就沒將信徒組成什麼教派。他
一生也沒留下一句話或一頁文字，讓他的追隨者們明白他
要他們怎麼做！」；「然而，這卻成了一種隱藏的庇佑。
沒有成文的規定，沒有一定的條例，倒使得信徒們可以自
由追隨耶穌言論中蘊含的精神，而不必拘泥於教規中的條
文。假如被一本書所束縛，他們也許會把所有的精力都花
在神學問題之上，沉迷於逗號和冒號的討論……」

不只是耶穌，「……最早的基督徒沒有寫下任何東
西，他們覺得世界末日隨時有可能來到，何必費時費錢做
那些文字上的努力呢？……但是新天國並未到來，而基督
的故事開始被人們添枝加葉地傳來傳去，弄得……難以分
清那些可信、那些不可信？人們覺得應該有一本權威的
書，於是，把耶穌的一些短傳、保存下來的使徒信件原
稿，集合爲一卷，稱爲《新約》……」

　　隨著基督宗教愈趨壯大之後，特別是掌控了政治權勢以降，「基督教起源於馬廄，卻在宮殿中走到了盡頭……發展成一個新的超級神權政體……」，他們消滅希臘、羅馬、波斯、各地異教諸神，更從西元325年起，每隔一段時間就召開一次「公會議」或「普世會議」，用來「確定那些教義是正確的，那些教義包含著異端的萌芽，因而應該被判定為錯誤、謬論及異端邪說」；「教會的支持者在為殘酷懲罰異端的行為辯解時，都講得頭頭是道」；「唯我獨尊和專制牢牢地控制了世界……」

　　類似地，早先耶穌約五百年的印度佛陀，並沒有留下信史的片言支語，而只是由代表性的徒弟背誦下他的言論，靠口耳流傳下來。西元前485年，佛陀入滅後當年的雨季，據說由5百個比丘進行佛教的第一次結集，由阿難等人背誦出佛陀的教訓，眾多弟子作校正。然而，秉承印度古人的習慣，雖然當時已具備書本的抄寫與印刷的技術，第一次結集後並沒有留下文字的紀錄。直到約85年後，才產生可能是佛教首度的文字建檔─比丘戒227條。

　　後來，約在西元前385年，佛教進行史上第二次結集；西元前249年(?)第三次結集，乃至往後，不斷產生文字建檔的經文，然而，隔了數百年的眾多口耳相傳，以及時代、社會的變遷，「隱藏的庇佑」、佛陀言論豐沛蘊含的哲理與精神，賦予後代龐多天才、祖師們可資大肆發揮的空間，不過，佛教並沒有走向神權帝國，多次的結集也不像基督教專制的「公會議」，若依房龍的標準，顯然寬

容、自由得很，更且，部派佛教分裂以後，對教義的詮釋，一大堆經文的問世，直是五花八門、歧異紛紛而莫衷一是，遑論佛教走上國際化、各地本土化之後，加進龐大的自由心證與異文化的融合；更不用說時至於今。

沒有人知道佛陀真正講過的，精確的那一句話暨其原意。然而，佛陀、耶穌或其他大宗教的教主們，因為這種「隱藏的庇佑」，相當於創造出人類永世的終極理想，好讓數千年來、歷代天才祖師們揮灑馳騁於唯心的經驗世界。如今，對古經文的解釋，很可能是胡說八道、創造模糊、自圓其說，等等。

雖然如此，在理性言語範圍內，對原初佛教的十二因緣、三法印、四聖諦、中道、八正道的瞭解，仍然是對佛陀思想，乃至其後所有佛教內涵作詮釋的根本依據。這些內容，代表佛陀接受西元前565～530年間印度貴族的生活、當時文化精髓的教育、修行或苦行過程的淬煉，不滿足於該時代宗教及哲學的內涵，經自己內省、內化而獨自證悟出的道理。而且，這些名詞、內容、邏輯等，必然經由多代菁英弟子彙整、重組、增刪或潤飾而成，也就是說，不管任何佛陀的「言論」，通通都是佛陀滅度後，後世不斷修訂其教義而留傳下來的集體創作。

先談十二因緣。內容來源主要出自藍吉富主編(1994)的《中華佛教百科全書》，以及吳汝鈞(1994)的《印度佛學的現代詮釋》，另參考其他書籍、資料，或筆者自行的體會或理解。

　　所謂十二因緣(或十二有支、十二緣起)乃印度原初(始)佛教及部派佛教的核心理論，即無明、行、識、名色、六處、觸、受、愛、取、有、生、老死等12支。《律藏大品》記載，佛陀在成道之後，從順、逆兩面向對十二因緣作思索，佐佐木教悟等四人(1999：14、15頁)說：佛陀「覺悟的內容可分為十二因緣和與四禪相關的四諦這兩個類型。首先就十二因緣來說，可以認為它在開始只有簡單形式的幾個分支，以後以此為基礎，才擴展成為十二支因緣的，難以想像釋迦在成道時思惟了完整形式的十二因緣……不難推定，四諦、十二因緣說法的本質內容，是與當時社會的歷史的狀況密切關連的。如果把傳說中釋迦降魔的記載，看作古來依附婆羅門習俗的傳統思想與新興起的革命思想之間對立的象徵，那麼也可以說，佛陀的覺悟意味著他的思想對古老傳統的超越。」

　　最主要的，佛陀不同意當時婆羅門之認為「梵」是一切萬物的根源，由梵生出世界及個人「我」；佛陀也反對當時沙門其他六派，之認為世界是由許多獨立的要素結合而成立。佛陀主張一切的存在、所有的現象，都是互相為因緣，相依相成的結果，也就是緣起說，頗類似現今生態學的物物相關，且各種複雜相關有直接、間接、直線、網狀、迴饋等等。

　　茲將十二因緣現代的解釋臚列如下：

十二因緣(十二緣起；十二有支；dvādašānga-pratitya-samutpāda)

無明(avidyā)

—對四諦、緣起的無知，欠缺八正道中的正見。

—盲昧狀態(blindness)、完全非理性、無理性、無方向、無光明的第一因；無明無原因，是空，無自性。

行(saṃskāra)

—即身、語、意三行或三業，乃因無明所產生錯誤的三業。此行包括錯誤的行爲，以及行爲餘力的習慣力。若干餘力留存而成爲知能、性格等素質。

—盲目的意志活動，非一般心行。甚隱微。

識(vijñāna)

—認識作用或認識主觀，指入胎、在胎、出胎的識。

—意志活動開始時的一種分辨事物的傾向，是原始的分別。傾向於有分別的主體(discriminating subject)，相對於其所分別的客體(discriminated object)—即名色。

名色(nāma-rūpa)

—指識之所緣的六境(色、聲、香、味、觸、法)；《緣起經》：内識身，外名色。

—名指概念或形相(form)，傾向於抽象方面；色指具體的物質對象(matter)，色兼顏色和物質之意。「名色」代表分別具體與抽象、物質性與

三世兩重因果

概念性之區別、分別的傾向。

六入或六處(sad-āyatana)

—指眼、耳、鼻、舌、身、意的六根，意即感覺、知覺的能力。

—名色之所以能分別的機制就是六入，六種認識機能；「入」是一個機能，是識分化的結果，也就是說，至此階段，「自我」或「生命」已經漸次形成。

觸(sparśa)

—即六根、六境、六識三者的和合，也就是由根、境、識而有感覺，以及由知覺而成立認識條件。

—指具體的接觸(在子宮內的，對色、聲、香、味、觸的對象有所接觸？)。

受(vedanā)

—指六觸產生的六受。緣於過去的無明、行，產生的貪欲、瞋恚等性格之緣故，各有苦、樂、不苦不樂等三受。

—有觸便有感受，苦受、樂受等。

愛(trsnā)

—或譯「渴愛」，意指如渴水般劇烈的欲求，可分為六愛或欲愛、有愛、無有愛的三愛。

—受之後的具體表示即「愛」，指濃烈的心理意味。

三世兩重因果

取(upādāna)

—以愛，故生愛、憎之念，從而產生實際行動的
　取或捨，愛則奪取，憎則捨棄、傷害的行動。
　包括身、語各業。

—心理意味的愛，從而具體呈現即「取」，取即
　執取。至此階段，個體生命已漸形成，之後更
　執取自身，以自己的個體生命爲自我。

有(bhava)

—即存在。三有：欲有、色有、無色有。廣義：
　現象的存在。因爲十二支皆是有，故亦稱十二
　有支。

—「有」可指現代用語「靈魂」，也就是個體生
　命的完成或個別自我的形成。當精神性或心理
　性的自我發展成熟時，便引向「生」，出生。

生(jāti)

—指有情(生命)生於某一有情的部類，或指日常生
　活中的有某種經驗之產生。前者指擔負有情過
　去全部經驗的餘力(智能、性格、體質等)而生；後者
　指以人的素質(有)爲基礎，而有新的經驗之產
　生。

—即受胎而生，現實人生的開始。

老死(jārā-marana)

—《緣起經》於老死之後加上愁、悲、苦、憂、
　惱，亦即生之後，會產生老、死等等苦，而以

三世兩重因果

老死代表一切的苦惱。

—生後必有老死，死指肉身的毀腐，但不死的「自我」叫做「中陰身」或「中有」，它會在空間飄蕩。「中有」或「中陰身」存在7天、15天或30天，最長49天，會附入另一階段的受胎，再輪迴。

　　上述12有支的名詞解釋，第一種解釋即摘要自藍吉富主編(1994)，第二種解釋出自吳汝鈞(1994：26-34頁)，前者總說以十二緣起為首的種種緣起說，即以具體的例子，說明三界輪迴的一切苦惱，正由於無明、渴愛等煩惱及行、取、有等業因而產生。又詳舉經典、各派對12支的分類與解釋，另附錄姚長壽、釋印順的文章作補充，可謂已詳盡；後者的附註說：十二因緣是佛陀悟道的一個關鍵點，「日本學者如高楠順次郎、中村元等喜從生物學的胎生角度來說。實際上，十二因緣的說法在佛教傳統中由來已久，但經典只是羅列它所包涵的12個因果環節而已，未有對整個因緣的連鎖現象所要表達的具體訊息作出明確的交代。這裡我們是緊扣佛教的唯心的精神，從形而上方面來解釋。我們以為這種詮釋較能展示佛教對生命問題的深層看法。」

　　吳汝鈞等人係將無明到有的這10支看成從受精卵到出生之前的子宮內現象，而生到老死這2支才是現實人生。吳氏認為，《阿含經》記載佛陀在菩提樹下最後覺悟

出十二因緣的道理。他提兩個問題：「釋迦如何理解因緣及十二因緣？釋迦如何以十二因緣洞悉生命的本性，從而覺悟而得到解脫？」

所謂「因」指主要條件，「緣」指輔助條件，萬事萬物的生起，無論是山河大地乃至個人內心種種意識、情感、想法，都是由因緣（一組組的條件湊合在一起）而產生，是謂緣起(pratitya-samutpāda)。而人生眾多憂傷苦惱病痛、煩惱，內心感受不平衡、困擾等，皆由因緣和合而來。佛陀認為人之所以苦痛煩惱的最根本原因在於人有「我執」（人有自我的意識），或說，人視自我為一個個別自我(individual self)、實體性的自我(substantial self)，而且，當人意識到個別的自我之際，人便開始把他人的自我與自己的自我區分開來。自我意識愈濃烈的人就愈重視自己的個體性(individuality)，重視自己本身的自我和自我擁有的東西，而輕視他人和他的所有。如此的自我意識是謂「我執」，也是生起苦痛煩惱的根源。

佛陀反省「有我」是苦痛、煩惱的根源，這個「我」是一個個體生命，可稱為「自我」、「自我意識」、「個別自我」、「靈魂」等，它被一般人視為「具有常往不變的實體性」，從而被執取。

人的「自我」、「自我意識」不斷產生慾望，不斷追求，而富者不足、強者不安，沒什麼要得住，卻恆想要。因此，若要去除煩惱，必先要去除自我或自我意識，然而，如何去除呢？

　　去除自我、自我意識必須追溯自我意識的存在根源，這根源即「無明」這個第一因，而追溯過程中有12個環節，即十二因緣，由無明、行、識、名色、六入、觸、受、愛、取、有、生到老死的12個階段所構成，如同一連鎖，後一階段以前一階段為因，前一階段的果即後一階段。

　　而「自我」、「自我意識」相當於十二因緣的第10支「有」，也就是「有個別自我或個體生命」，這個「有」並不指肉體，而是「心理意義和精神意味」，而「有」形成之後便受召感而生，「因為佛教從輪迴角度來說眾生的生命過程，所以人的生死永遠在輪迴之環中流轉。人死後「有」不會消失……」，肉身腐壞後，「自我」或「靈魂」仍繼續存在，且將再度受胎而生，但視「業」的質素而投入六道之一。「業」是行為，行為過後不會消失，而以「業」或精神要素存在於自我之中。除非人能得到解脫，否則永遠輪迴，生命得不到永恆的意義。

　　吳汝鈞(1994：28、29頁)至此的詮釋，可能會誘導初學者產生矛盾的問題。佛陀主張「無我」，要去除「具有常住不變的實體性」，但佛教又以輪迴角度說「有」、「自我」、「靈魂」、「業」不會消失？既然不會消失，難道不是「具有常住〝會〞變的實體性」？你「解脫了」不仍是具有已解的實體性？否則是誰在說話？然而，正如西元6世紀，中國南朝齊、梁間的「神滅論」、「神不滅論」，由范縝直接挑戰輪迴與解脫論，他主張肉身沒了，

靈魂也就消失了，當時佛教界沒人辯得過范氏，梁武帝即位後，下令僧、俗、朝、野反擊范氏言論，以僧人法雲爲首的60餘人發動大圍攻，似乎也無所斬獲啊！范縝直接否定輪迴的靈魂不滅論，而歷來似乎也沒「終結」它！

這些「問題」暫時擱下，再回吳氏的解釋。

「有」的形成是基於「取」，「取」的形成是因爲有「愛」，如此逆推「受」、「觸」、「六入」等，乃至「無明」。「無明本身是不可解的，它是一個盲昧狀態(blindness)，它沒有方向。由無明到有，物質意味很淡薄，因爲眞正有物質意味要到『生』才出現，即指受胎而生，受胎而生的是一個血肉淋漓的肉體。在『有』之前的活動，只是活動的一種傾向，它們並沒有特定的具體的物質對象，或具體的生命軀體來進行這種活動，譬如說『六入』是指六種感覺器官，它們並不像我們現前擁有的六種感覺器官，具有物理的存在性，我們只可以從傾向或趨勢來理解有之前的活動。」(註：以現代知識而言，這樣說不妥)

「無明是生命最原初的狀態，這『原初』不以時間說，而是理論的、邏輯的意義。生命的原初狀態是一團混沌……一團漆黑，甚至理路與方向也沒有。接著的階段是行，佛教所言的『行』是心靈的一種活動，但這裡的行與一般的心行不同。一般的心行是有方向的，譬如我看見外面有水蜜桃樹，我打算採摘那果實來吃，我這麼用心去想就是一種很具體的心行。但現今所說的『行』便不同，它代表一個盲目的意志活動，這個心之行非常隱微，沒有多

少的意志活動可表現出來。『識』是意志活動開始時的一種分辨事物的傾向，是原始的分別(primitive discrimination)或素樸的分別，它基本上用來解釋生命從最原初狀態進展到『有』這自我意識形成的過程中的一個根據，它是伴隨著生命的妄情妄執而來的一種虛妄分別。進一步說，當要求分別事物時，可以泛稱有其分別的主體(discriminating subject)，及所分別的客體(discriminating object)，識傾向於discriminating subject，至於discriminating object則相當於『名色』。名指概念或形相(form)，傾向於抽象的方面；色指具體的物質對象(matter)，依佛教，色兼有顏色和物質之意。概念是抽象的，物質是具體的。可以看出此處正漸漸要求一種分別具體與抽象、物質性與概念性的傾向。而分別的機制就是『六入』，指認識的機能。『六入』指六種認識機能：眼、耳、鼻、舌、身、意。『入』是一個機能，是識分化的結果，能收攝外在的印象，為我們所認識……自我或生命到這階段已慢慢形成。」

　　吳氏如上表中的第二種解釋推衍下來，只在生及老死才算是現實人生。

　　然而，這12個環節只是「佛陀」在冥想中推衍的因緣組合，尚未談到覺悟的內涵。在此暫時擱置，換成第一種解釋，也就是部派佛教的「三世兩重因果」或傳統的說法，然而得先說明這是後來將十二因緣與輪迴配在一起，用來說明眾生由過去的業，從而承受現世的果報，且由現世的業，產生未來的果報。

　　姚長壽的〈十二有支〉一文引述，《俱舍論》將十二因緣分成4種：1.刹那緣起，於刹那間立十二支；2.連縛緣起，十二有支因果無間，連續而起；3.分位緣起，立三世兩重的因果關係，從胎生學的角度來解釋十二因緣；4.連續緣起，懸遠相續無始而立十二支。

　　「依分位緣起說，過去世無始的煩惱叫做無明。依過去世煩惱而作善惡行業，叫做行。無明和行，稱爲過去二因。由過去二因，心識開始活動，在受胎的一刹那成爲有情的分位，這就是識。受胎開始的第二刹那以後，六根尚未完備的有情分位，叫做名色。在胎內六根具足，即將出胎，叫做六處。出胎以後至二～三歲，只有接觸感覺，尚未識別苦樂，叫做觸。四、五歲以後到十四、五歲，對事物漸能識別苦樂，是爲受。以上從識到受，稱爲現在五果。十六、七歲以後，愛欲漸盛，叫做愛。三十歲以後，貪欲旺盛，叫做取。依愛取的煩惱，造種種的業，定來世的果，這就叫做有。以上愛、取、有，稱爲現在三因。依這現在世的三因而於未來出世的分位，叫做生。自生至死，叫做老死。生和老死，稱爲未來二果。這樣，過去世、現在世、未來世的三世，加上兩重的因果，合稱爲三世兩重因果。」

　　如上的解釋最難令人理解的是生與老死，以及無明與行。這裡解釋的「生」，與前述吳汝鈞氏解釋的「生」實在「差很大」！而且，這些解釋叫做「胎生學」嗎？

　　以現代常識來說，人從受精卵開始到老死的過程統稱

爲發育(Development)。男性一般在射精後，精子在5分鐘內開始游到位於女性輸卵管上端的受精處，如果受精成功，卵子的半套染色體與精子的半套染色體結合後稱爲合子(zygote)或受精卵(fertilized egg)，試問精子鑽進卵子的刹那叫做受胎嗎？心識就開始活動嗎？合子是「有情的分位」叫做「識」嗎？

人的合子在24小時之內便完成首次的有絲分裂，變成2個細胞。卵分裂開始後，這個胚胎便被輸卵管的纖毛運動，以及肌肉收縮往子宮方向前推，同時，細胞繼續分裂，大約第5天，胚胎到達子宮，細胞約已分裂成16個，這一小團細胞叫做桑椹胚(morula)。

胚胎進入子宮後，它的外膜就溶解掉了，而浸浴在子宮腺體所分泌的營養液中，從而吸取養分，而浮在子宮中繼續發育2～3天，此期間它的細胞組合成一個中空的球，是謂囊胚(blastocyst)。大約在第7天，胚胎或囊胚開始在子宮內膜上著床(implant)，且在第9天前完成著床。

囊胚發展成內胚層、中胚層及外胚層，再進行複雜的分化，筆者不再以生物生理學、發育學作細論。有趣的是，在早期胚胎中，腦和脊髓是最早發育的器官之一，在第2週內，即已出現由細胞構成的圓柱索狀組織沿著胚胎的全長發育，形成所謂脊索(notochord)的構造。第5週前已出現前腦、中腦及後腦。

簡單地說，約2.5週已形成脊索及神經板，將形成心臟的組織正在分化。第3.5週，神經管形成；原始的眼、

耳出現；肝芽正分化；呼吸系統及甲狀腺正要發育；心管
癒合，變彎曲，開始跳動，發育的第一個月，心跳每分
鐘約60次；血管已架設。(註：第4個月～6個月期間，心跳每分鐘約
150下)

第4週，出現四肢的芽端。

第8週或2個月之前統稱為「胚胎」，已經由1個細胞
(合子)發育成為長約3公分、重1公克的胚胎，並具備所有
器官的雛形。2個月時，肌肉分化，胚胎已可運動，性腺
的睪丸或卵巢可分辨，腦部的中央皮質已分化，主要血管
已經到達最後的位置上。

自第9週到出生的時期叫做「胎兒」。生長、成形、
細胞分化皆快速進行。

第3個月，由外觀可判斷性別；淋巴腺發育；胎兒約
5.6公分長、重約14公克。

第4個月，臉部漸呈人類；大腦葉已分化；眼、耳、
鼻愈趨成正常形狀。

受孕後第266天即可正常出生；由最後一次月經來潮
計算，至嬰兒出生約280天。

出生至滿月，叫做「新生兒」。

滿月到2歲大(或能走路為止)稱之為「嬰兒」。嬰兒生長
迅速；開始長乳齒；神經系統繼續發育，開始做協調運
動。

「小孩」指2歲至青春期；生長快速；肌肉協調；語
言技巧增長，其他智能發育。

　　「青年」指「青春期」(約11～14歲)至成年。智能持續發育。

　　「年輕成年人」：約20～40歲。過30歲以後，開始出現老化的生理變化。

　　「中年」：約40～65歲。

　　「老年」：約65歲至死亡。

　　相較於「分位緣起」之從「胎生學角度」，或吳汝鈞式的解釋十二因緣，則是否有必要重新調整十二因緣之與人類由合子至死亡各階段的對位關係？重新對位或解釋的意義是何？事實上人類從合子、發育及分化、衰老，乃連續體的超級因、緣複雜變化，硬要劃分何等階段，通常除方便解釋之外，更常陷入無知的自囿。即以「自我」意識為例，不只是腦發育的成熟度連續變化體，當然也包括各器官、各感官、肌肉乃至整個人所有的協調性問題。筆者目睹女兒在嬰兒期的發育，她有一小段時期，躺在嬰兒床上，伸出自己的雙手，雙眼凝視，然後，一根根指頭動一動。其眼神從充滿疑惑，到有天展現微笑，似乎顯示她已明確可控制肢體的愉快，也暗示身心合一，乃至將來衰老、退化的連續體變化。

　　依個人想法，學習佛法讀經論不必掉入名相妄想的自尋煩惱，否則二千多年來歷代天才玩出來的泡沫戲論如同恆河、濁水溪沙數，要不要玩精緻的愚蠢，端視個人。切中義理關鍵、總體思考、如實體驗與檢驗，毋寧才是重點。

　　然而，相對於西方自泰利斯以降的唯物科學思想史觀，印度哲學、宗教唯心、內溯的瞑思，姑且不論是佛陀菩提樹下的內觀，或部派說一切有諸祖師大德的內省，他們並沒有解剖胚胎，但經柔軟纖細的瞑想流思，竟然也勾勒出人類發育的階段神似。

　　相思樹種子萌發後，除了兩片子葉(豆子的兩瓣)之外，第一、二片長出的葉子是羽狀複葉，隨後再長出尋常所見，全樹由葉柄演化來的假葉。植物學家有證據相信，相思樹的祖先是羽狀複葉的樹種，而從潮濕炎熱的環境轉變為乾燥半沙漠氣候的過程中，祖先種經突變、天擇而形成今之相思樹，但在萌發、發育過程的初期，相思樹呈現出祖先的曾經形態。

　　脊椎、脊索動物，甚至環節動物、數不清不同綱、目、科、屬的生界動物，在胚胎發育的差異甚幽微。所有生命同源。而個體生命的發育，同樣的將演化流程最古老的記憶，某種程度以上重映一次，是謂「胚胎重演」。如此的返祖溯源，在唯心內觀的過程中，顯然也可逼出，也就是說，修行進入的內在追溯，解剖屬靈的思考利刃，一刀可比一刀凌厲！這才是值得讚嘆、追究的內涵！

　　面對佛學、東方思想，龐多的論述非關真假，唯心經驗論的文化遺產也沒有是非對錯，而通常只是智慧的天差地別或說偏執的程度不同，也常是誠不誠實的程度差異。

　　因此，解讀經、律、論筆者毋寧落實在單純的整體感受，而不願在小學的字句邏輯找「圓滿」。十二因緣若不

與「空(Śūnyatā)」的觀念一併體會，只是虛幻的概念或文字遊戲。讓我們先回玄奘所翻譯的《緣起經》。

「佛言：云何名緣起初？謂依此有故彼有，此生故彼生。所謂無明緣行，行緣識，⋯⋯生緣老死。起愁歎苦憂惱，是名爲純大苦蘊集。如是名爲緣起初義⋯⋯」；佛陀一開始就點出關鍵原則「依此有故彼有，此生故彼生」的物物、事事相關，這是爲了探討人生爲何會有一切煩惱、苦痛的因果關係的元素搜尋，事實上所謂12支，大抵是好幾代、龐多人內省痛苦來源的權宜想像，在唯心思索中，將其經驗，以文字、語言描述而出，不見得是12支，可以是2支、3支、n支、無窮支，但得找出終極點的元素，否則沒完沒了。於是，相對於佛陀的覺悟爲明，創造出一個名詞是謂無明當作第一因。

筆者也可說，精子與卵子各半套染色體結合成合子之際，其內DNA所攜帶的遺傳密碼的總合叫做「無明」，這個「無明」可以是個人的無明，更可以往上代推、往人類演化推、往生界生命起源推、往地球太陽系形成推、往宇宙大霹靂推。而《緣起經》說明何謂無明，也就是「於前際無知，於後際無知，於前後際無知，於內無知，於外無知，於內外無知，於業無知，於異熟無知，於業異熟無知，於佛無知，於法無知，於僧無知。於苦無知，於集無知，於滅無知，於道無知。於因無知，於果無知，於因已生諸法無知。於善無知，於不善無知。於有罪無知，於無罪無知。於應修習無知，於不應修習無知，於下劣無知，

於上妙無知，於黑無知，於白無知，於有異分無知，於緣
已生或六觸處，如實通達無知，如是於彼彼處如實無知，
無見無現觀，愚癡無明黑闇，是謂無明。」

沒有任何方向，沒有內外，不知業的一切，不知佛、
法、僧，不知苦、集、滅、道，不知因果，不知法或無
法，不知善、惡，不知罪、無罪，不知應不應，不知上下
好壞，不知黑白，無見無現⋯⋯，筆者第一次目睹如此文
字，直覺立即浮現這不就是《心經》？無明就是本心啊！
無明與覺悟根本就是同一件事嘛！不同面即無明與覺悟
嘛！根本無分別！當人採取不斷變化、因果相生相成的觀
點之際就是無明呀！隱微刹那即分天堂與地獄，電光石火
間明暗洞燭。

因此，筆者相信無論佛陀在覺悟前後有無思索到「完
整的12支」(註：根本沒有支不支！)，他洞燭的是因緣流轉，
無論有形、無形，不管物質或現象，包括他的任何思惟，
都是由各式各樣因子、條件或所謂因緣組合的流變體，所
有事物、抽不抽象元素，沒有其永恆不變的自體(self-being
or self-nature)或自性，而重點的流轉或流變，將之稱為因緣
或緣起或緣生，端視順逆思考，或躺或臥或坐，不都一
樣！

那有什麼佛不佛陀?!佛教祖師們費盡口舌、絞盡腦
汁，硬要從現象界或非現象界找出所有可想、可講的，
不論存不存在的名詞等等，填充所謂經、律、論，是所
謂：「生而無生，法性甚然；無生而生，業果儼然。所謂

生者，即眾生生滅之瀾也，謂無生者，即諸佛寂滅之本也」；「諸佛於儼然生滅中，唯見無生；眾生於湛然無生中，唯見生滅……實乃生無自性，無生亦無自性；悟則生滅皆無生，迷則無生皆生滅……」；「夢裡明明有六趣，覺後空空無大千」（《中峯三時繫念全集》）。

再回有生世界。筆者生性愚鈍，青年期聆聽古典音樂，任何一首夠深邃的曲子，第一、二次聽時，只能感受到「有」些什麼東西似乎很迷人。通常得要聽上五、六、九、十遍之後，味道才能咀嚼而出。類似說法，看佛經也一樣。短短《心經》可以滾瓜爛熟，依字義解釋筆者完全不通；就直覺而言，實與十二因緣骨子裏的無自性如出一轍，《心經》只是依客觀談空，《金剛經》則依主觀談「無我」，還不都是一樣的假名！

因此，在生態相關或緣起論中的因緣、有支，任何一支，根本沒有常住不變的本質，即令你以任何形容詞、名詞要賦予它特定的涵義，它還是「空無自性」。可以說，筆者一輩子在找「終極的道理」，在「等待天啓」，相當於一輩子在找恆不存在的「東西」。

12有支任何一支都是假名，都無自性。之所以談12支，一則為世人引導出流變的不可捉摸，沒有永恆的「真理」；談因緣只是手段、只是過程，誘導人們去感受「空」的觀念或靈覺。

依世人執著相對最深黏的「自我」、12支中的「有」或「我有」，說是很難打破或超越，為什麼？因為它等同

於無明、等同於本心，等同於空無自性，但所有作為一個人所能思考、抓住的，也同樣是這個空、這個無明啊！

因此，談十二因緣必然隨著時代、環境、境遇、不同人事時地物而改變。人的心念劇烈流轉，瞬息萬變，有在「想」、沒有「想」皆然，故而剎那間可立12支，是謂「剎那緣起」；此有故彼有，此生故彼生，因果、因緣網狀相牽、互為緣起、緣生，12有支本來就是連續同體，故謂「連縛緣起」；你要談輪迴，要套過去、現在、未來，很容易就配上三世兩重因果的說法，是謂「分位緣起」；生、死乃對立說辭，生必死，生死在概念上是環形相連的，始與終同一點，故謂「遠續緣起」。十二因緣到中國之後，各宗派也賦予一系列的假名說。何必呢?!

當人觸撼於「空」、「無自性」的旨趣，對因緣流變自是瀉暢自如，同時，回到尋常現象世界，檢視「三法印」，也就是在現今現實界來談，「諸行無常」常指人依目的論的種種意念及付諸行動的追求，誰都知道是無常。然而，所有人生現象皆為因緣、因果相生相續，也不會有什麼常住不變的道理；任何事物、生命現象也沒啥「自性」，故謂「諸法無我」；在恆無止境的流變中，佛教揭櫫一種終極理想，就姑且說是「涅槃寂靜」吧！

經由「三法印」去體會、印證特定理想或真理，乃至實踐真理的4個階段或因果參悟(四聖諦)，但實踐總綱或大原則稱為「中道」，實際生活中採取「八正道」，以上，殆即佛陀教導世人的概括原則。

跑江湖

11

　　大河流叫江，水恆漂流動盪；大水泊叫湖，總是有波有浪。相對於陸地的靜態，古人慣常以「江湖」比喻人的漂泊不定，或無定跡、沒歸宿，有時還帶點浪漫、桀驁不馴或野味。

　　《史記》：「范蠡乘扁舟浮於江湖」，不止實境的煙波飄渺，心境也不得不超然物外，意境則多元迷幻；《唐書》說陸龜蒙自稱「江湖散人」，殆以閒雲野鶴自恣。然而，到了「落魄江湖載酒行，楚腰纖細掌中輕；十年揚州一夢覺，贏得青樓薄倖名」，不僅酒味、粉味、薄幸味、醋味沾染江湖，還多了份頹廢與自我放逐。

　　更慘的是，當水流不通、汙穢盈聚，當「江湖人」滯留於都會漁肉善良百姓時，就淪為臭水溝的黑道、幫派、不務正業……

　　台灣在1970、1980年代，收音機廣播界聞人張宗榮先生也跨入電視連續劇，自編、自導、自演「錢來也」，演到將屆江郎才盡、變不出把戲時，突然又生出個兒子叫

做「錢多多」,也風靡了好一陣子。他的編劇,反映出台灣社會從貧困匱乏,走向富裕多金的年代氛圍;故事內容以民間傳統勸善文化、消極無爲法爲溫床,從而在基層,創造出一群群影迷、粉絲。他一出場的招牌歌:「落魄江湖載酒行……」,迄今5、60歲以上的人還可琅琅上口。數十年下來,台灣人對「江湖」的印象,似乎全面走向「江湖術士」、「江湖郎中」、「黑暗的江湖生活」……,再也沒有人記得「江湖」曾經是禪門求法悟道的典故與風範。

事實上,台灣人或台語的「跑江湖」、「走江湖」、「江湖行」的出典與意義,截然不同於上述,而是殘存於台語文化當中的許多禪語之一。

典出8世紀末,當時禪宗兩大宗師的馬祖道一在江西;石頭希遷在湖南。這兩大宗匠依據學徒的氣質、性格,或各自領悟力的種種條件下判斷,若不符合自己的教導方法,就會推薦該學徒去找對方。因此,禪徒們就在江西與湖南之間來來往往,時人謂之「江湖行」、「跑江湖」、「走江湖」,代表禪徒們「認真求法、開發自我靈性」之不畏路途遙遠、旅途風霜的虔敬旅行,或朝聖。而受到馬祖道一及石頭希遷啓發的龐蘊,則「開創」中國佛教史上的「居士禪」,更且,居士禪促生了迄今台灣宗教主流的媽祖神話、三太子神話及王爺信仰。這裡的江湖,江指的是江西馬祖道一;湖指的是湖南石頭希遷。

當龐蘊(一家都是居士禪師)往生後,文字史上留下了一

句：「江湖緇白傷悼」。緇白是一般人與出家人之謂，也就是說，當時往來江西、湖南的禪徒，不管是在家眾或出家人，都很懷念、悼念龐蘊。

當「黑白郎君」橫行當今社會之際，別忘了台灣草根禪話的崇高性，所謂「江湖行」，還可以是「生活即修行」！

陳玉峯教授聲明

附錄(1)「山林書院」
台灣生態暨環教學院籌設

　　長期關懷生界，從事體制內外教育、社會運動、生態研究、價值改造等等相關事務，匆匆走過35年。1990年代末葉，在好友鄭榮洲教授、鐘丁茂教授(已往生)、楊國禎教授、鄭邦鎮教授暨少數同仁鼎力協助下，於靜宜大學開創全國第一所生態學研究所及生態學系，並承蒙一生至交知己賴惠三先生、楊博名先生、蘇振輝董事長等等社會賢達，以及大公無私、慷慨義助的諸多朋友捐輸下，捐獻給靜宜大學有帳(收據)金額三千萬元，薄助「台灣生態暨人文資訊館」的籌建，用以培育生態暨相關人文等人才。

　　此間，個人捐款學校有收據者5百萬元，無帳贊助同仁、學生等3百餘萬元。而以環境運動募款艱難狀況下，得以3、4千萬元的有形資金，於1998～2007年間培育體制內外(含環境佈道師)今之台灣保育、環運菁英遍佈全國，對照國家、社會之「投資報酬率」，或為差強人意矣！這一切完全是社會善心有識友人的功勞。

　　2007年7月筆者以用人不當自責，辭離教職而未領分

蘇振輝董事長為「山林書院」高雄營隊作開幕致辭(2012.7.25，高雄市龍華國小)。【蔡智豪提供】

文，且迄今從未踏進靜宜校園一步，而只心懷感激。四年半以來，在諸多友人贊助下，得以在兩手空空的自在下，勘旅印度、搶救印尼雨林、觀察歐美日等，並專心學習佛法，探索台灣宗教信仰的源流，了知四百年台灣滄桑的隱性幽微，更反思一生行徑，向大化流轉懺悔告解。

　　如今大致貫串從自然、土地到人文、宗教的根荄或關鍵，略微洞燭由生界到文化如何傳承與創建，也自許殘生之責任，願將畢生心得分享新世代。為恐社會、朋友誤解，特此聲明本人與靜宜大學相關系所，自2007年7月31日之後，完全無關，該相關系所與原先本人籌辦之自然生態保育、環運、環教、社會關懷等等理想，已然無關。而今後，筆者將傾全力，為新世代智能、社會人格、泱泱格

陳月霞老師於「山林書院」高雄營隊演講「兩性自然啓示錄」後，為購書的
學員簽名留念(2012.7.27，高雄市龍華國小)。【蔡智豪提供】

陳月霞老師向「山林書院」高雄營隊的學員解說阿里山的人文故事
(2012.7.30，阿里山森林遊樂區)。【蔡智豪提供】

台灣生態暨環教學院(山林書院)會員報名表

本學(書)院徵求會員，爾後有任何訊息、活動將不定時傳送。

只要填具簡單訊息即可成為會員，表格如下：

填寫後，請擲回yfchen.prof@gmail.com

台灣生態暨環教學院(山林書院)會員　　　　　編號：

姓名：	E-mail：
職業：	電話：
通訊地址：	
特別附註：	

局、台灣生態經驗的培育或分享而戮力。

2012年以後人類的前途困境勢必更艱難，一口氣尚在，不能置身度外，必將以近年累積的些微成果，分階段為世人、生界效勞。但願台灣有心有識舊雨新知爾後可以共同打拚、賜教，而無愧於良知、公義與台灣命脈。

2012年以降筆者將整理一生調查研究、整體探索的資料、影像或成果，不斷製作生態、環教、宗教、文化等等解說專輯或教材，分階段開設各種研習營隊，轉移知識、智識、台灣精神與人格等，為世代、基層奠定暨提升

「山林書院」高雄營隊參與學員於塔塔加大鐵杉前合影(2012.7.31，塔塔加)。【蔡智豪提供】

些微內涵，並預估2013年前後即可開張。也希望建立永久基地，爲草根同願、同見、同行者永續服務，一切但視十方因緣共同爲台灣見證！國內外認同的朋友，歡迎加入「山林書院之友」，請惠塡寫基本資料擲回，山林書院或筆者有任何訊息時，將函寄大家。

陳玉峯

2012.2於大肚台地

附錄(2)「山林書院」及台灣自然生態暨環境教育計畫規劃草案

為「山林書院」高雄營隊的學員解說阿里山的神社舊址(2012.7.30，阿里山森林遊樂區)。【蔡智豪提供】

一、宗旨

1.設置台灣自然暨宗教情操教育的民間永久基地。

2.創設並研發「台灣學」的國際學院。

3.永世傳承並創造台灣文化，且將之弘揚於全球。

4.依台灣立場，關懷、探討、研究全球生界全方位議

題，並循序、分階段付諸實踐。

5.近程(五～十年)內將陳玉峯畢生知識、經驗及資料之精華，傳承、移轉予社會。

二、說明

1.依據規劃人數十年在台灣的文化事務經營、社會運動、體制內外的教育從事、民間團體創設與社會關懷、宗教暨人文長期探索、台灣自然生態專業研究的成果、百年台灣經建及文化等各面向的透視，乃至人類境遇的深思等等，擬務實、分階段規劃、籌設《山林書院》，從事百年樹人的教育公益計畫。

2.本草案僅概述第一階段(5年)的原則暨實務，其分兩系列敘述之。

(1) 山林書院

　A. 2年內完成覓地、購地及基本節約硬體建設。

　B. 土地面積1～10甲。

　C. 基本配置：保育或復育天然林地、生態農地、教育基地、住宅或宿舍用地、小型文化館、圖書資訊館、停車場或其他用地。

　　a. 保育或復育天然林地及生態農地在第一階段視現實條件作彈性調整，從零方案到不等面積皆可，但在覓地購地時預留遠見。

　　b. 教育基地：可容納百人的教室一間，設備採活動式，非上課時段可以彈性應用。

c. 住宅或宿舍用地：3棟或連棟，合計約100坪；另考慮小木屋、組合屋、貨櫃屋、樹屋、紮營地等等。

d. 小型文化館或閱覽室：2棟或50坪。

e. 圖書及資訊館：建坪120為原則。

f. 停車場、綠地或其他用地：300～500坪。

D. 周邊環境必須考慮中、長程可增購、擴大之。

E. 中、長程理想：生態村乃至國際村之發展。

a. 提供長年為公益、公義付出者安養並傳承經驗智慧之場所。

b. 提供社會運動者療傷、充電、再教育或相互教育的場地。

c. 提供有志一同、為台灣永世奮鬥者相互激盪的園地。

d. 國際交流村。

e. 其他公益、公義事務場域。

f. 開創心靈教育中心。

F. 預留可資發展成為天然生界野地環境教育的潛能者。

G. 同時，可成為修行及宗教教化發展的園地。

(2)台灣自然生態暨環境教育計畫(第一次2年計畫案)

A. 實施第一次計畫案(2011年12月～2013年12月)

B. 計畫內容概要：依據陳玉峯畢生研究台灣自

然及人文生態的成果，分成各系列教材製作
之，定期或不定期傳授予各級教師，並可直
接轉化爲普及型生態暨環教課程或內容，於
最短時程內，提昇主體認同、本土自然科
學、台灣宗教文化、教育本質、文化素養暨
其他長遠教化基礎的水準；同時，培育幼教
乃至各級教育材料研發、製作的人材。

更重要的，結合全球同願、同見、同行的台
灣人才，定期暨不定期開設研習營隊，本第
一次計畫案期間內預定實施2～4次營隊開
辦。上課之講座類別如下：

a. 宗教或心靈教育講座

b. 自然生態科學講座

c. 土地倫理暨主體文化講座

d. 國際各專業講座

e. 文學、哲學、藝術等文化講座

f. 生態農業講座

g. 環保暨保育講座

h. 依人才專業增加之各類講座
   營隊開辦方式，大致依據1988～2004年
   『台灣生態研究中心』舉辦之「環境佈道
   師」模式，再修訂之。

C. 教材製作計畫訂於2011年12月展開，預定
   1年內完成4～6套，此製作作業將以專案計

畫，連同開辦第一梯次營隊(2012年)計畫募款
執行之(見後)。

D. 收集、探訪、洽商授課人才，匯集為相關資
料庫。

三、山林書院的籌設(建)計畫

1. 籌建方式

A. 選地、設計、購建

a. 特定人士出資、建設，資產登記其名下。正
式運作的10年內，若一切健全且對社會發生
實質正面意義或具備顯著成果之後，出資人
可捐出，並成立財團法人、特定基金會或任
何為公益而設置的單位永續經營之；反之，
若經營不善，任憑出資人處理，確保其產權
或任何權益。

b. 由特定出資人，以私產方式長期經營之。

c. 以NGO組織募款構建(計畫另行設計)。

d. 向全球台灣人公開募建，依契約承租等方式
經營之。

e. 其他合作模式。

B. 就既有建物等承租(契約研訂)。

C. 選購或承租或其他方式，由全國已廢校、將廢
校之基地及其建物改建經營之(契約及相關作業另行研
訂之)。

2. 經營方式(另行規劃之)

A. 純公益方式。

B. 公益兼生產經營方式。

C. 其他。

四、台灣自然生態暨環境教育第一次計畫案(普及型)

1. 計畫綱要

A. 每一培訓梯次製作64～90小時或以上的密集課程，並在2年內培育約500位教育或社教人員，使其具備推廣教學之能力。

B. 8～10天或56小時授課時程包括3天特定地區野外課，必要時增加時數及天數，以達成知識明確移轉成功爲目標。

C. 自然生態科學暨人文宗教比例各半爲課程分配原則。

D. 自然生態科學核心課程(提供全套數位化教學內容予每位學員)

a. 台灣高山生態帶(通論)

b. 亞高山台灣冷杉林帶(通論)

c. 台灣鐵杉林帶(通論)

d. 台灣檜木林帶(通論)

e. 地區專業解說暨生態教育培訓(合歡山區、阿里山區或其他等，擇定一地區)

f. 全球變遷與生態災難(通論及專論)

E. 人文暨宗教核心課程

　a. 自然與宗教講座系列

　b. 台灣宗教、台灣精神與人格講座系列

　c. 佛學講座系列

　d. 土地倫理暨主體文化講座系列

　e. 環保或保育講座系列

　f. 國際退休人員回台講座系列

　g. 文學、藝文、寫作技巧講座系列

　h. 其他講座系列

F. 每梯次課程另行規劃、調配，並視學員程度作彈性調整。

G. 審慎甄選學員培訓，珍惜有限資源。

2. 自然生態科學核心課程教材製作及經費概算

A. 依據陳玉峯三十餘年第一手本土自然生態研究成果，製作4～6套教學教材。

　a. 基本設備：電腦、列印機及附屬設備乙套；租影印機1部2年；將幻燈片轉變為數位視訊設備乙套，估計約20萬元。

　b. 聘請一位計畫助理2年，每月3萬×13個月×2年＝78萬元。

　c. 耗材及CD(贈送每位學員4～6套，每套預估各500份)，估計約20萬元。

　d. 補充野外勘調交通、實際旅費、郵電、文具、傳真機、雜費等估計約30萬元。

　　　　e. 合計148萬元。

　　B. 實施時程：2011年12月～2013年2月。

3. 人文暨宗教核心課程規劃

　　A. 長期收集、洽談國內外合宜人才，籌備各講座
　　　　課程。

　　B. 所需行政作業、耗材等經費概由前項預算核
　　　　支。

4. 開辦培訓營隊及經費概算

　　A. 2012年12月～2013年9月期間實施2～4個梯次
　　　　培訓營，每一營隊梯次預定招收學員100～210
　　　　人。

　　B. 主辦單位及學員若採費用平均分攤原則，依據
　　　　1998～2004年「環境佈道師」實際經費計算，
　　　　每一梯次主辦單位估計必須募款50萬元(不包括國
　　　　外延聘講座支出)。

　　C. 視募款狀況，必要時洽商合辦單位，例如台南
　　　　妙心寺、高雄興隆淨寺、民間環保團體、各類
　　　　公益或企業團體或單位。

　　D. 為確保營隊開訓，原則上以2梯次100萬元之籌
　　　　募為基本目標。

5. 即日起向海內外仁人志士專案募款，期待有鄉親
　　願意贊助教材製作(148萬元)及營隊預算(100～200萬
　　元)，或基本額度238萬元。

　　A. 單一人士贊助248萬或348萬元。

B. 集體贊助(若無法執行，則個別退還贊助款)。

五、國內社運、環運菁英相互教育、切磋營隊計畫(領袖人才營隊)

1. 主旨
   A.依小團隊方式聚集弱勢運動領袖相互教育學習。
   B. 提供各運動界領導人、主要幹部再教育活動。
2. 原則上於「山林書院」成立後定期或不定期舉辦之。
3. 試辦：「山林書院」成立之前，可選擇特定地點，例如南橫東段天龍飯店等等，作2天～3天之上課、演講、報告、開會等活動交誼。
4. 活動內容：延請一或二位大師級人物作一場專題演講、參與者主動提出專題演講或報告1～3場，以及各專題討論會議。
5. 陳玉峯願意拋磚引玉，先延請一位大師專題演講，並由陳玉峯自行報告一或二場次，並請願意參與者列出討論議題或報告。
6. 徵求國內外有心人士贊助試辦第一次營隊，參與人數以10～25人為原則。贊助金額20萬元。會後並由主辦單位負責提出報告呈予贊助人。
7. 試辦日期：2012年8月～2013年8月期間擇期辦理。

六、山林書院中、長程研發暨開創台灣學之規劃

1. 原則：爲達成本總體計畫的中、長程宗旨－教育永世基地、創辦「台灣學」國際學院或大學、開創台灣未來新文化、以台灣角色關懷或主導全球議題，擬由上述各營隊計畫培訓之人才，夥同任何交流機緣，籌組研發團隊，尋求全球資源，規劃並成立世界性的「台灣學」大學或學院。
  而生態村、國際村等計畫同時規劃之。

2. 近、中、長程等龐多可資發展台灣人大格局、全球視野的NGO單位，吾輩有必要、有責任承擔與付出。

3. 詳細工作、計畫、規劃但求務實，且與時、與人俱進。

七、本總計畫案規劃人基本資料

見書末〈附錄〉。

附錄：陳玉峯教授個人資料

一、綜合介紹

台灣雲林人，1953年生於北港鎮。

1980年畢業於台灣大學植物系，1983年得台大理學碩士，1993年獲東海大學理學博士。1981～1983年間任職台灣大學植物系助教，1984～1989年間任職內政部營建署墾丁及玉山國家公園解說及保育研究課技士、技正、課長，開拓體制內生態保育研究與解說教育先鋒。1987年以降，先後任教逢甲、東海、靜宜大學，1994年起專職靜宜大學副教授，1998年升等爲專任教授。

1991 年創設「台灣生態研究中心」，爲民間人文及自然生態最活躍的單位之一。1998～2003年規劃、籌設、執行靜宜大學生態學研究所暨生態學系，捐、募款建設生態館。2003～2004年擔任靜宜大學副校長。2007年辭退教職，重新讀書、勘旅全球再學習，潛心佛法。

專業研究台灣山林植物生態與分類，積三十餘年山林調查經驗，從事生態保育運動與教育、社運、政治運動、自然寫作、生態攝影、社教演講等，其成果、作爲及作品如下。

(一)、森林保育與環境運動責成1991年台灣當局宣佈禁伐天然林；1998 年以降，發動台灣第三次森林運動，確保檜木原始林。

(二)、長年撰文鼓吹土地倫理與自然情操，並輯為「台灣綠色傳奇」、「人與自然的對決」、「土地的苦戀」、「生態台灣」、「台灣生界舞台」、「人文與生態」、「生態悲歌」、「台灣生態史話」、「展讀大坑天書」、「自然印象與教育哲思」、「台灣山林與文化反思」、「土地倫理與921 大震」、「告別世紀」等環境教育專書。

(三)、參與社會及政治運動多年，鼓吹本土文化創造，於台中地區進行各類型人文、都會現象調查，力矯時弊，先後公佈將近百項民間文化及生態監測成果，部分輯為「認識台灣」一書。

(四)、1994年以後專志創作二百餘萬年來「台灣自然史」，整合台灣生界、土地資訊，發表台灣植被誌13本，曾獲選為聯合報1995年十大好書之一，以及1998年台灣本土十大好書獎，今則全卷15本已完成(2007)。

(五)、倡導「隔代改造」，試圖為台灣文化注入自然基因，每年講演數十場次，為環運代表人物之一。

(六)、專業著作百餘篇(冊)，絕大多數屬於民間自發性、非體制經費下的研究調查報告。

(七)、自然文學創作為目前台灣從學術科技深度轉化為人文的特例之一，獨樹一幟。

(八)、長期倡導自然平權哲學觀，推動購地補天、生態綠化等保育、復育實務與教育，持續開辦「環境佈道師培育營」。

(九)、籌建「台灣生態暨人文資訊館」，於靜宜大學開辦(2001年)台灣第一所生態學研究所。

(十)、開展台灣土地倫理鄉野研究，1997年以降，針對阿里山區等各地域，研撰自然生界變遷史。

　　總結其特性爲台灣民間自然保育、土地倫理、文化改造及環境運動的代表性人物之一；因而天下雜誌第200期，遴選「台灣歷史上最有影響力人物200位」，其被選錄。2003年7月8日，榮獲文化界最高獎項「總統文化獎—鳳蝶獎」。

二、經歷

台大植物系助教(1980～1983)

台灣生態攝影家(1984～迄今)

內政部營建署墾丁國家公園技士、技正(1984～1985)

內政部營建署玉山國家公園保育暨解說課長(1985～1989)

高考及格(1986)

私立東海大學及逢甲大學兼任講師(1987～1991)

台灣森林運動、生態保育全方位議題之關懷暨行動(1988～迄今)

林俊義競選台中市立法委員文宣負責人(1989)

笨港媽祖文教基金會董事(1990～1996)

綠色消費者文教基金會董事(1991～2000)

發動台灣保育史上第二波森林運動(1991.4～1991.11)

林俊義競選國大代表文宣負責人(1991)

設置台灣生態研究中心(1991～迄今)

霧社仁愛高農原住民教育之參與(1992)

劉文慶競選台中市立法委員文宣負責人(1992)

林俊義競選台中市長文宣負責人(1993)

私立靜宜大學兼任副教授(1993)

私立靜宜大學專任副教授(1994～1997)

自立晚報副刊專欄作家(1994～1999)

聯合報1995 十大好書獎(1995)

私立靜宜大學優良教師獎(1996)

高雄縣政府環境影響評估審查委員(1996～1997)

行政院農委會野生動物保育諮詢委員會委員(1996)

豐原市文教發展委員會委員(1996)

台灣文化學院兼課(1996～1997)

勵馨文教基金會顧問(1997～1999)

嘉義市政府環境影響評估審查委員(1997～2001)

建國黨政策委員(1997～1998)

台灣綠黨中央執行委員(1997～1999)

入選中華民國現代名人錄(1998)

入選天下雜誌200期台灣歷史上最有影響力人物200位(1998)

台灣省政府文化處文化教育諮詢委員會委員(1998～1999)

台中市政府都市設計審查委員(1998～1999)

台北縣政府縣政顧問(1998～2001)

台中師範學院環境教育研究所兼任教授 (1998.9～2000)

1998年巫永福文化評論獎得主 (台灣生態史話十五講一書)

私立靜宜大學專任教授 (1998～2007)

主編台灣人文‧生態學報(1998～2000)

講義雜誌選爲講義人物 (1998.6)

私立東海大學兼任教授 (1998.9～)

私立靜宜大學通識教育中心主任 (1998.8～2004.7)

發動台灣保育史上第三波森林運動 (1998.11～)

台灣植被誌第三卷 榮獲「一九九八年台灣本土十大好
　　書」獎(1998.12.27)

高雄市政府市政顧問(1999.5～)

台中市政府綠美化會報委員(1999～2001)

南海觀音文教基金會董事(1999.6～)

中華民國建築師公會雜誌編輯委員(1999～2001)

台灣綠黨第三屆候補中央執行委員(1999.7～2000.7)

台中市登山環保協會自然生態指導顧問(1999.10～)

民眾日報副刊專欄作家(1999～2001.2)

民間教師獎評審委員(2000.9)

環保署「六輕相關計畫環境影響評估監督委員會」、「核
　　能四廠第一、二號機發電計畫環境影響評估監督小
　　組」委員(2000.7.15～2000.12)

考選部高考典試委員召集人(2000.8～11)

發起籌組「台灣知識界聯盟」關懷國事(2000.10)

國家文化藝術基金會文學類評審委員(2000.11)：抗議後退出

台灣綠黨第四屆中央執行委員(2001.1～)

台中市政府綠美化委員會委員(2001～2002)

2001年3月，拒絕並辭退外聘系列委員等形式、鄉愿、社
　　交類頭銜或工作

台中市政府市政顧問(2002.3～)

擔任第五屆噶瑪蘭獎評選委員會委員(2002.5～2002.6)

台中市政府歷史建築審查委員(2002.6～2003.12)

行政院國土規劃推動委員會委員(2002)

內政部國土規劃推動委員會規劃作業小組顧問(2002)

行政院農委會91年度專案查證「全國植物園系統之整建
　　與經營計畫」評鑑委員

全美關懷台灣基金會2002年度傑出奉獻獎得獎人(2002.6)

監察院林業疫病防治造林等咨詢(2003.1)

經濟部水利署水資源局審查委員(2003)

總統文化獎鳳蝶獎(2003.7)

靜宜大學副校長(2003.8～2004.5)

台灣生態學會理事長(2003.9～2004.12)

環保署環評委員審查委員(2005.8)

專心論述台灣自然史(2004.6～2007.5)

蠻野心足協會理事(2005～)

辭退教職、隔離人群(2007.6)

全球勘旅、印度思想史學習、讀書(2007.7～)

台灣生態研究中心負責人(1991～迄今)

玄奘大學宗教學系客座教授(2011.8～2012.7)

綠黨顧問團發起人(2011.7～)

玄奘佛學研究學報編輯委員(2011.10～2012.9)

環保署環教人員認證審查委員(2011～)

三、專長學科

[1] 植被生態學

[2] 人文生態

[3] 環境運動

[4] 植物分類學

[5] 台灣自然史

[6] 環境教育

[7] 保育生物學

[8] 自然攝影

[9] 生命科學

[10]生態旅遊

[11]通識教育

[12]知識融通

[13]台灣宗教

四、著作目錄

A. 期刊論文：

1. 陳玉峯，2011，自然生態保育、環境保護與慈濟宗，
玄奘佛學研究15：1-35。

2. 陳玉峯，2008，台灣佛教之與環保、保育前論之一－以1990年代兩次佛教研討會爲例，台灣人文・生態研究10⑵：1-44。

3. 陳玉峯、陳界良，2007，蘇花斷層海岸植被調查報告，台灣人文・生態研究9⑴：23-79。

4. 陳玉峯、黎靜如，2006a，物種生態誌(Ⅱ)，台灣人文・生態研究8⑵：27-158。

5. 陳玉峯，2006b，物種生態誌(Ⅰ)，台灣人文・生態研究8⑴：1-190。

6. 陳玉峯，2005a，望鄉山林業軼史暨郡大林道植被概述，國立台灣博物館學刊58⑴：83-114。

7. 陳玉峯，2005b，台東富岡以迄大武海岸植被概述，台灣人文・生態研究7⑴：51-101。

8. 陳玉峯，2005c，天然災害對台灣生態之衝擊，台灣人文・生態研究7⑵：65-78。

9. 陳玉峯、楊國禎，2005，奮起湖、大凍山區植被探討與解說文本，台灣人文・生態研究7⑴：103-146。

10. 曾麗紋、陳玉峯，2005a，「公地放領」的昨是與今非！－評台大實驗林及原墾農民權益的糾葛與爭議，台灣人文・生態研究7⑴：39-50。

11. 曾麗紋、陳玉峯，2005b，法治架構下的土地利用政策與生態理念實踐，台灣人文・生態研究7⑵：1-40。

12. 陳玉峯，2004a，濁水溪良久石城谷植被概述，國立

台灣博物館年刊47：25-45。

13. 陳玉峯，2004b，台中縣大甲鎮植被調查報告，台灣人文‧生態研究6(2)：87-172。

14. 陳玉峯、陳月霞，2004c，阿里山地區自然、人文與產業變遷史調查報告，台灣人文‧生態研究6(1)：69-189。

15. 陳玉峯、趙國容，2003a，上谷關植被樣帶變遷之研究(1990 年～2001 年)，國立台灣博物館年刊46：105-162。

16. 陳玉峯，湯姿敏，2003b，台灣鐵杉歷史研究議題之歸納與展望，台灣人文‧生態研究5(2)：93-142。

17. 陳玉峯，2003c，由植被生態角度初論林木枯死現象，台灣人文‧生態研究5(1)：147-181。

18. 陳玉峯，2003d，七彩湖山區台灣鐵杉林帶植群，台灣人文‧生態研究5(1)：183-215。

19. 陳玉峯，2002a，塔塔加遊憩區及鄰近地區高地草原及其他植群之變遷，國立台灣博物館年刊45：35-82。

20. 陳玉峯，2002b，鳥嘴山腹植群初勘－兼論神木迷思與建言，台灣人文‧生態研究4(2)：155-176。

21. 陳玉峯，2002c，烏石坑崩塌邊坡生態綠化的檢討與建議，台灣人文‧生態研究4(2)：177-209。

22. 陳玉峯，2002d，台中港漁港暨濱海遊憩區植被變遷調查報告，台灣人文‧生態研究4(1)：153-184。

23. 陳玉峯，2001a，《裨海紀遊》之生態解說，國立台灣博物館年刊 44：69-89。

24. 陳玉峯，2001b，大坑頭嵙山系植被生態調查報告，台灣人文・生態研究3(1)：111-163。

25. 陳玉峯、楊國禎、王豫煌、王曉萱，2000a，台灣檜木林之生態研究及經營管理建議(東部地區及總結)，行政院農委會林務局保育研究系列88-8 號。

26. 陳玉峯，2000b，東勢鎮本街保安祠考─921 大震人文暨生態研究系列之一，台灣人文・生態研究2(2)：83-111。

27. 陳玉峯、楊國禎，1999a，台灣檜木(林)歷來相關研究總評析，台灣人文・生態研究2(1)：49-76。

28. 陳玉峯，1999b，台灣檜木林天然更新議題之回溯檢討，中師數理學報2(2)：47-68。

29. 陳玉峯、楊國禎、林笈克，1999c，台灣檜木林之生態研究及經營管理建議(中部及北部地區)，台灣省林務局保育研究系列87-4 號。

30. 陳玉峯，1999d，台灣檜木林的生態研究及經營管理建議(高屏地區)，台灣人文・生態研究1(2)：65-156。

31. 陳玉峯，1998，台灣冷杉生態研究系列(II)─生態觀察與天然更新，國家公園學報7(1-2)：29-52。

32. 陳玉峯，1997a，台中市街道行業調查報告，台灣人文・生態研究1 (1)：115-147。

33. 陳玉峯，1997b，農村生態保育的若干省思與前瞻，

台灣人文‧生態研究1(1)：149-161。

34. 陳玉峯，1997c，台灣高山植物(帶)歷來研究之檢討，台灣省立博物館科學年刊39：41-122。

35. 陳玉峯，1996a，中部地區報紙廣告文化之探討，靜宜人文學報8:43-54。

36. 陳玉峯，1996b，「國道南橫公路計畫環境影響說明書」民間評估系列(一)植物生態及政策課題解析，高雄市綠色協會印製。

37. 陳玉峯，1995a，台灣冷杉生態研究系列(Ⅰ)—歷來研究之檢討，台灣省立博物館科學年刊38:23-53。

38. 陳玉峯，1995b，台灣人文生態學新面向初探，黃美英編，凱達格蘭族文化資產保存：搶救核四廠遺址與番仔山古蹟研討會專刊，93-104 頁，台北縣立文化中心出版。

39. 陳玉峯，1995c，台中市放生文化的初步研究，靜宜人文學報6:135-142 頁。

40. 陳玉峯，1994，中部地區之生態特色與保育課題之探討，區域性環境保護策略研討會論文集，(4)1-15 頁，東海大學環境科學研究所印行。

41. 陳玉峯，1993，合歡高地植群的演替，東海大學生物學研究所博士論文。

42. 陳玉峯，1992a，台灣山林資源利用與保育的一些評注，第三屆環境決策管理研討會論文集，735-742 頁，中山大學管理學院印行。

43. 陳玉峯，1992b，由台灣高地植群生態談國土之保育規劃—以合歡高地為例，台灣教授協會編，國土規劃學術研討會—永續發展的綠色台灣論文集，(4)1-39，台灣教授協會印行。

44. 陳玉峯，1992c，東台生態研究系列(II)花蓮縣新城山亞泥礦場採掘跡之生態綠化研究，生物科學35(2):35-49。

45. 陳玉峯，林俊義，王忠魁，1992d，台灣高地植群生態研究系列(II)玉山箭竹之生長與體型變異，玉山生物學報9:117-143。

46. 陳玉峯，1991，台灣欅木(Zelkova serrata)的生態研究—以屯子山區伐木場為例，玉山生物學報 8:125-143。

47. 陳玉峯，1990a，東台生態研究系列(I)玉里鎮觀音山段伐木現場調查報告，生物科學33(2):5-13。

48. 陳玉峯，1990b，台灣高地植被的保育與經營，第二屆現代科枝及應用研討會論文集，235-267 頁，東海大學印行。

49. 陳玉峯，1989a，玉山箭竹暨高地草原歷來研究之檢討，玉山生物學報6(2):1-28。

50. 陳玉峯，1989b，楠溪林道永久樣區植被調查報告，玉山國家公園管理處印行。

51. 陳玉峯，1989c，試論劉慎孝先生大作「談自然生態環境保護問題」，中華植物學會通訊21:11-13。

52. 陳玉峯，1987a，台灣植被特色之綜論，周昌弘、彭

鏡毅、趙淑妙編，台灣植物資源與保育論文集，123-127 頁，中華民國自然生態保育協會印行。

53. 陳玉峯，1987b，植生綠化試驗，游以德編，台北市內湖掩埋場土地再使用之研究，63-99 頁，台北市政府研考會印行。

54. 陳玉峯，1986a，陽明山國家公園植物生態，陽明山國家公園，146-187 頁，內政部營建署及中華民國自然生態保育協會印行。

55. 陳玉峯，1986b，玉山國家公園近、中、長程保育研究計畫規劃草案，玉山國家公園管理處印行。

56. 陳玉峯，黃增泉，1986，南仁山之植被分析，台灣省立博物館年刊9:189-258。

57. 楊國禎，陳玉峯，1989，台灣產蛛絲草科(Taccaceae)植物—蒟蒻薯(Taccaeontopetaloides)，台灣省立博物館年刊32:65-69。

58. Peng, C.I. and Y.F. Chen, 1986, Hybanthus Jacq. (Violaceae). A new generic record forthe flora of Taiwan. Bot. Bull. Academia Sinica 26:213-220.

B. 會議論文：

1. 陳玉峯，2011，側談人間佛教與生態倫理，第十屆印順導師思想之理論與實踐—傳道法師七秩壽慶學術研討會會議論文輯427-437頁，玄奘大學宗教學系、財團法人弘誓文教基金會等出版，桃園縣。

2. 陳玉峯，2010，自然生態保育、環境保護與慈濟宗，

環境與宗教研討會(2010慈濟論壇)20頁，慈濟大學、慈濟
基金會主辦，台北市。

3. 陳玉峯，2006，在地紮根‧挑戰自我，2006全國
NGOs環境會議文輯9-15頁，台灣生態學會印行。

4. 陳玉峯，2005a，科技、人文、藝術與自然—兼談化
粧品科技，2005年國際化粧品科技研討會論文輯5-10
頁，中華民國化粧品科技學會印行。

5. 陳玉峯，2005b，2005年台灣環境議題備忘錄，2005
年全國NGOs環境會議文輯11-14頁，台灣環境保護聯
盟印行。

6. 陳玉峯，2005c，天然災害對台灣生態之衝擊，中國鑛
冶工程學會，94年年會，台灣生態與環境危機之警訊
及對策專題討論會輯，頁9-18。

7. 陳玉峯，2004，一個自然學習者的教育觀，國立台中
師範學院2004年通識教育研討會論文集29-50頁。

8. 陳玉峯、趙國容，2003，上谷關植被樣帶變遷之研究
(1990年～2001年)，中部地區自然與人文互動系列議題研
討會(三)。

9. 陳玉峯，2002，塔塔加遊憩區及鄰近地區高原及其它
植群之變遷，中部地區自然與人文互動系列議題研討
會論文集(二) 1～45頁。

10. 陳玉峯，2001，台中港漁港暨濱海遊憩區植被變遷調
查報告，中部地區自然與人文互動系列議題研討會論
文集(一) 179～201頁。

11. 陳玉峯，2000a，論自然生態保育與台灣山林，現代學術研究基金會專刊10:53-77。

12. 陳玉峯，2000b，檜木霧林原鄉阿里山區生界變遷史側記－非論文的土地倫理旁註，淡江大學國際生態論述會議論文集31-53頁。

13. 陳玉峯，2000c，高屏地區高地植群生態概論，高雄縣政府、高雄市政府、屏東縣政府主辦「2000年生物多樣性及綠色資源永續利用研討會」論文集69-112頁。

14. 陳玉峯，2000d，自然生態保育與台灣山林，東海大學環科系及台中市新環境促進會「回顧與前瞻：2000中台灣環境保護研討會」論文集11～21頁。

15. 陳玉峯，2000e，東勢鎮本街保安祠考--921大震人文暨生態研究系列之(一)，靜宜大學人文科88學年度第一學期學術論文發表會。

16. 陳玉峯，1999a，從台灣山林境遇談土地倫理，中華民國生態關懷者協會、國立台灣師範大學環境教育研究所「定根台灣，看顧大地-跨世紀土地倫理國際研討會」論文集3～18頁。

17. 陳玉峯，1999b，檜木林的更新與枯立倒木處理議題，國立台灣大學森林系「枯立木與資源保育研討會」論文集54～103頁。

18. 陳玉峯，1999c，台灣檜木天然更新議題之回溯檢討，靜宜大學人文科87學年度第一學期論文發表

會。

19. 楊國禎，陳玉峯，1999，恆春半島的植群(摘要)，植物園資源及經營管理學術研討會，國立自然科學博物館主辦，頁13-15。

20. 陳玉峯，1998，台灣檜木林的生態研究及經營管理建議，靜宜大學86學年度第二學期論文發表會。

21. 陳玉峯，1997，垃圾掩埋場之植生綠化，行政院環保署「建立垃圾掩埋場復育工程及技術規範」第一次技術研討會論文集3—1～27。

22. 陳玉峯，1996a，大坑頭料山系植被生態調查報告，靜宜大學通識教育中心第六次學術論文研討會。

23. 陳玉峯，1996b，農漁村生態保育的若干省思與前瞻，台灣省農林廳水土保持局農漁村社區農民環保人才培訓研討會論文集4:1-13。

24. 陳玉峯，1996c，一般廢棄物減量與回收示範社區試驗報告，台灣教授協會。

25. 陳玉峯，陳月霞，1995，大學通識教育教學改進措施之探討系列以靜宜大學學生為對象的角度之建議，靜宜大學通識教育中心第三次學術論文研討會，台中縣。

C. 書籍：

1. 陳玉峯，2012，玉峯觀止—台灣自然、宗教與教育之我見，前衛出版社，台北市。

2. 陳玉峯，2011a，興隆淨寺(一)：1895年之前，愛智圖

書公司，高雄市。

3. 陳玉峯，2011b，山、海與千風之歌，前衛出版社，台北市。

4. 陳玉峯，2010a，印土苦旅，前衛出版社，台北市。

5. 陳玉峯，2010b，前進雨林，前衛出版社，台北市。

6. 陳玉峯，2007a，台灣自然史－台灣植被誌(第六卷)：闊葉林(II)(上)、(下)，前衛出版社，台北市。

7. 陳玉峯，2007b，台灣自然史⑭－物種生態誌(一)，前衛出版社，台北市。

8. 陳玉峯，2006a，亂世鴻爪，淨心文教基金會出版。

9. 陳玉峯，2006b，台灣自然史－台灣植被誌(第六卷)：闊葉林(I)南橫專冊(上)、(下)，前衛出版社，台北市。

10. 陳玉峯，2005a 台灣植被誌－地區植被：大甲植被誌，前衛出版社，台北市。

11. 陳玉峯，2005b，敏督利注，淨心叢書102，淨心文教基金會印行。

12. 陳玉峯、陳月霞，2005，阿里山：永遠的檜木霧林原鄉，前衛出版社，台北市。

13. 陳玉峯，2004a，台灣自然史－台灣植被誌(第五卷)：台灣鐵杉林帶(上)、(下)，前衛出版社，台北市。

14. 陳玉峯，2004b，自然學習者的教育觀，前衛出版社，台北市。

15. 陳玉峯，2004c，台灣生態與變態，前衛出版社，台北市。

16. 陳玉峯，陳月霞，2002，台灣自然資源開拓史系列
    (一)阿里山・玉山區1—火龍119：阿里山1976 年大火
    與遷村事件初探，前衛出版社，台北市。

17. 陳玉峯，2002，21 世紀台灣主流的土石亂流—台灣
    山地災變以及災後人造孽，前衛出版社，台北市。

18. 陳玉峯，2001a，台灣自然史—台灣植被誌(第四卷)：
    檜木霧林帶，前衛出版社，台北市。

19. 陳玉峯，2001b，告別世紀，前衛出版社，台北市。

20. 陳玉峯，2000a，自然印象與教育哲思，前衛出版
    社，台北市。

21. 陳玉峯，2000b，台灣山林與文化反思，前衛出版
    社，台北市。

22. 陳玉峯，2000c，土地倫理與921 大震，前衛出版
    社，台北市。

23. 陳玉峯，李根政，許心欣，2000d，搶救棲蘭檜木林
    運動誌(中冊)台灣檜木霧林傳奇與滄桑，高雄市愛智圖
    書公司出版。

24. 陳玉峯，1999，全國搶救棲蘭檜木林運動誌(上)，高
    雄市愛智圖書公司出版。

25. 陳玉峯，1998a，台灣自然史—台灣植被誌(第三卷)：
    亞高山冷杉林帶及高地草原(上)、(下)，前衛出版社，
    台北市。

26. 陳玉峯，1998b，嚴土熟生，興隆精舍暨台灣生態研
    究中心印行。

27. 陳玉峯，1997a，台灣自然史—台灣植被誌(第二卷)：高山植被帶及高山植物(上)、(下)，晨星出版社，台中市。
28. 陳玉峯，1997b，高雄縣自然生態，高雄縣政府出版。
29. 陳玉峯，1997c，人文與生態，前衛出版社，台北市。
30. 陳玉峯，1997d，台灣生態悲歌，前衛出版社，台北市。
31. 陳玉峯，1997e，台灣生態史話15 講，前衛出版社，台北市。
32. 陳玉峯，1996a，展讀大坑天書，台灣地球日出版社，台北市 。
33. 陳玉峯，1996b，生態台灣，晨星出版社，台中市。
34. 陳玉峯，1996c，認識台灣，晨星出版社，台中市。
35. 陳玉峯，1995a，台灣自然史—台灣植被誌(第一卷)：總論及植被帶概論，玉山社出版社，台北市。
36. 陳玉峯，1995b，赤腳走山，高雄縣政府印行。
37. 陳玉峯，1994，土地的苦戀，晨星出版社，台中市。
38. 陳玉峯，1992，人與自然的對決，晨星出版社，台中市。
39. 陳玉峯，1991，台灣綠色傳奇，張老師出版社，台北市。
40. 陳玉峯，1990，台灣生界的舞台，社會大學出版社，

台北市。

41. 陳玉峯，陳清祥，1987，塔塔加遊憩區預定地及其遴近地區之歷史沿革，玉山國家公園管理處出版，南投。

42. 陳玉峯，1985a，墾丁國家公園海岸植被，墾丁國家公園管理處出版，恆春，共264頁。

43. 陳玉峯，1985b，台灣植被與水土保持，玉山國家公園管理處出版，南投。

44. 陳玉峯，1984，鵝鑾鼻公園植物與植被，墾丁國家公園管理處出版，恆春。

45. 游以德，陳玉峯，吳盈，1990，台灣原生植物(上)、(下)，淑馨出版社，台北市。

D. 其他著作：

1. 楊國禎、陳玉峯、陳月霞，2005，阿里山國家風景區植物景觀資源調查研究，交通部觀光局阿里山國家風景區管理處印行。

2. 陳玉峯，2005，阿里山植被調查及復育計畫報告，農委會林務局嘉義林區管理處93-05-8-03 委託研究計畫，嘉義林管處印行。

3. 陳玉峯，2004，由通識教育到生態教育，在李春旺編《路思義文集－從品格教育到全人教育》245-274頁，東海大學通識教育中心印行。

4. 陳玉峯、楊國禎、李根政，2002，九十一年度農業發展計畫專案查證全國植物園系統之整建與經營計畫查

證報告，頁84～106，行政院農委會委辦台灣省政府發行。

5. 陳玉峯，楊國禎，趙國容，陳欣一，吳樂天，2002，高雄市公園、安全島適合栽種防空污植物之研究，高雄市政府研究發展考核委員會暨靜宜大學生態學研究所印行。

6. 陳玉峯，2001a，三義雙湖休閒林園調查與規劃報告(第一階段)，靜宜大學生態學研究所印行。

7. 陳玉峯(編)，2001b，靜宜大學生態學研究所白皮書，靜宜大學通識教育中心暨生態學研究所印行。

8. 蔡景星，陳玉梅，陳玉峯，2001c，秋菊奶奶的編織夢，台灣生態研究中心印行。

9. 陳玉峯，鐘丁茂，楊國禎，顏瓊芬，2000a，苗栗縣獅潭鄉明德水庫上游集水區—獅潭地區觀光資源調查報告書。

10. 陳玉峯，2000b，環境佈道師培育營第五梯次(全國營隊)手冊，台灣生態研究中心印行。

11. 楊國禎，陳玉峯，2000，恆春半島的植群，國立自然科學博物館「植物園資源及經營管理」論文輯55-66頁。

12. 陳玉峯，1999a，高雄市行道樹之生態化研究計畫，高雄市政府研究發展考核委員會印行。

13. 陳玉峯，1999b，曉明新村環境教育規劃研究報告，財團法人天主教聖母聖心修女會印行。

14. 陳玉峯(編)，1999c，環境佈道師培育營第三梯次(北台營隊)手冊，台灣生態研究中心印行。

15. 陳玉峯，1999d，關於台中市植栽綠化的若干背景說明，中興大學農學院農業推廣中心印行。

16. 陳玉峯，1998a，全國搶救棲蘭檜木林專輯，台灣生態研究中心印行。

17. 陳玉峯，1998b，台灣檜木林的生態研究及經營管理建議(高屏地區)，台灣省林務局印行。

18. 陳玉峯(編)，1998c，環境佈道師培育營第二梯次(南台營隊)手冊，台灣生態研究中心印行。

19. 陳玉峯(編)，1998d，生態之旅教師(環境佈道師)培育營手冊，台灣生態研究中心印行。

20. 陳玉峯，1997，豐坪溪水利發電計畫環境影響說明書，中興工程顧問公司。

21. 陳玉峯，1996，私立中華工商專科學校第二校區生態環境說明書，台大環工所。

22. 陳玉峯，1995，高雄縣觀音山赤腳自然公園規劃報告，高雄縣政府印行。

23. 陳玉峯，1994a，靜宜大學暨台中地區風土人文解說專輯，靜宜大學中文系印行。

24. 陳玉峯，1994b，從一群學生的看報心得談起——亂相文化中如何看報的方法，台灣生態研究中心印行。

25. 陳玉峯，1994c，太魯閣國家公園高山植物群落之調查研究——高地草原，太魯閣國家公園管理處印行。

26. 陳玉峯(編)，1993，1993 年農林土地關懷活動輯，台灣生態研究中心印行。

27. 陳玉峯，1992，一般廢棄物減量與回收專案研究計畫——中部地區示範社區推動方案，行政院環保署印行。

28. 陳玉峯，朱美虹，1994a，中部地區大專院校生消費現象之調查，台灣生態研究中心印行。

29. 陳玉峯，朱美虹，1994b，生活環保試驗研究系列(I)，台灣生態研究中心印行。

30. 陳玉峯，李思源，1994a，哺育母乳之初步研究，台灣生態研究中心印行。

31. 陳玉峯，李思源，1994b，台中市西藥局(房)普查及問題分析，台灣生態研究中心印行。

32. 陳玉峯，李思源，1994c，里政建設之探討—里民大會資料提建議案分析，台灣生態研究中心印行。

33. 陳玉峯，李思源，1994d，全民反賄選問卷調查報告，台灣生態研究中心印行。

34. 陳玉峯，林艾德，1993，國立高雄技術學院預定地自然環境評估報告，台灣生態研究中心印行。

35. 陳玉峯，黃吉村，1993，柴山自然公園綱要計畫，柴山自然公園促進會印行。

36. 陳玉峯，郭榮信，1993，都市公園探討—台中綠政之檢討與展望，台灣生態研究中心印行。

37. 陳玉峯，張和明，賴青松，1994，台中市檳榔研究系

列之一：台中市檳榔攤數量及名稱調查報告，台灣生態研究中心印行。

38. 陳玉峯，賴青松，1994a，中部地區報紙廣告文化之探討，台灣生態研究中心印行。

39. 陳玉峯，賴青松，1994b，台中市夜市文化之觀察與訪問，台灣生態研究中心印行。

40. 陳玉峯，賴青松，1994c，生活協同會員觀念及意見調查報告，台灣生態研究中心印行。

41. 陳玉峯，賴青松，1994d，中部地區山坡地買賣廣告調查報告，台灣生態研究中心印行。

42. 陳玉峯，賴青松，朱美虹，1993，台中市色情研究系列之三：顯性可能性色情行業之調查報告，台灣生態研究中心印行。

43. 陳玉峯，曹瑞芝，1994，千島湖事件對台灣經貿問題的影響—對業者之問卷調查及深度訪談，台灣生態研究中心印行。

44. 陳玉峯，鍾小婷，1994a，大學男女生對生兒育女的觀念調查，台灣生態研究中心印行。

45. 陳玉峯，鍾小婷，1994b，生活環保試驗研究系列(II)機車騎士對空氣污染的認知態度及行為之探討，台灣生態研究中心印行。

46. 陳朝興，陳玉峯，1997，山岳遊憩系統資源評估與規劃，交通部觀光局印行。

47. 游以德，陳玉峯，1991，台中港濱海遊憩區規劃設

計，台灣省旅遊局印行。

48. 王忠魁，陳玉峯，1990，綠水—文山及綠山—合流植物相細部調查，太魯閣國家公園管理處印行。

49. 陳玉峯，1986，植物生態，在《陽明山國家公園》142-189頁，內政部營建署及中華民國自然生態保育協會出版。

50. 游以德，陳玉峯，古靜洋，1985，大台北華城地區植被及利用價值之調查研究報告，臺灣大學環境工程研究所印行。

51. 徐國士，林則桐，陳玉峯，呂勝由，1984，太魯閣國家公園植物生態資源查報告，內政部營建署印行。

52. 黃增泉，郭城孟，鄭元春，陳玉峯，黃志林，1981，台北市頭廷里新動物預定地之植群調查，環境保護4:1-28。

五、附錄

1. 體制內詳細經歷：

單位 / 職稱 / 時期 / 工作內容

台灣大學植物系 助教 1980.9～1983.8 教學‧研究

台灣省林業試驗所 約僱人員 1983.8～1983.12 野調‧研究

墾丁國家公園管理處 技士、技正 1984.1～1985.5 環境教育‧研究

玉山國家公園管理處 保育暨解說課長 1985.5～1989.11

主管・研究

逢甲大學土管系 兼任講師 1987.9～1988.8 教學・研究

東海大學生物系 兼任講師 1987.9～1992.12 教學・研究

東海大學生物系 兼任副教授 1993.2～1995.7 教學・研究

靜宜大學中文系 兼任副教授 1993.9～1994.5 教學・研究

靜宜大學通識教育中心 專任副教授 1994.5～1997.12 教學・研究

靜宜大學通識教育中心 專任教授 1997.12～2004.12 教學・研究

東海大學通識教育中心 兼任教授 1998.9～ 教學・研究

台中師範學院 兼任教授 1998.9～ 教學・研究

靜宜大學通識教育中心 主任 1998.8～2004.7 行政一級主管

靜宜大學生態學研究所 所長 2001.8～2003.07 教學・研究・行政

靜宜大學生態學系所 專任教授 2001.8～2007.6 教學・研究

靜宜大學 副校長 2003.8～2004.5 行政・研發

玄奘大學宗教學系客座教授 2011.8～2012.7教學・研究

2. 證書資料：

助教，1980.12，助字第16896 號。

講師，1987.12，講字第26918 號。

副教授，1994.4，副字第19644 號。

教授，1998.1，教字第09425 號。

高考，1986，(75)全高字第47 號。

3. 學位證書：

理學士，1980，(68)大字第21018 號。

理學碩士，1983，(71)碩字第01585 號。

理學博士，1993，博字第3196 號。

4. 聯絡處：

地址：台灣·台中市西屯區福康路86號 (郵遞區號407·63)

e-mail：yfchen.prof@gmail.com

部落格：無名小站「山林書院」http://www.wretch.cc/
　　　　blog/yfchenprof

5. 第二屆總統文化獎得獎評定書(2003年)：

　　無力者出力，逆流而上的勇猛精神。

　　2001年本獎項經評審總合討論決定從缺之時，當時
評審就一致認為，台灣的環保生態工作者的努力，特別是
在唯經濟發展論的黑暗時代，對抗巨大的破壞壓力為台灣
環境生態請命的精神，值得尊敬，更應表揚，這些人士不
畏艱困，逆流而上的勇者氣魄，足為歷史典範。

　　為環保生態請命是最寂寞的工作，最沒有人感謝的工
作，有時還要忍受批評與攻擊。台灣環境生態是弱勢者，
而為環境生態講話的、運動的工作者，更是這個社會上的

無力者。可是歷史經驗告訴我們，改變歷史的，往往是無力者出力，也就是因為他們的長期悲願堅持，讓社會強勢者無法不面對，社會的有力者不能不慚愧，從而蛻變了社會的價值觀。

在本次的評審過程中，我們看到了許多良善公民的仁心做為，更看到了正義公民的勇猛行動。不論是在深度生態精神的耕耘，或是為野生動物或本土地理地景的大聲疾呼，許多動人心絃的樂章在傳唱。台灣人從經濟動物轉變為文化公民的過程，台灣的確如本獎所揭示的精神——鳳蝶一般，是經歷了蛻變之苦，以求希望之美。在這特別的時代，正義公民的勇猛精神，更值得鼓勵。

陳玉峯先生是這樣的典型台灣本土知識份子。他的努力不但是在山林之間，為土地請命，他更進一步，想讓厚實的人文思維深入藍天綠地。陳玉峯先生的文筆如林，他的行動如風，他的生命如火，他的意志如山。可是他是個孤獨者，他不群不黨不阿不私，他堅持一種新台灣知識份子的骨氣，不害怕得罪人，不在乎被排擠，不懼簡樸，不憂困頓。

這樣的精神，應是今年鳳蝶獎所最想要表彰的。

欣賞陳玉峯先生的人生觀，與他的熱情、責任感與判斷力，就是欣賞今日台灣人的總體氣質。今年的總統文化獎－鳳蝶獎由陳玉峯先生得到，真正實至名歸。

國家圖書館出版品預行編目資料

台灣素人：宗教、精神、價值與人格 / 陳玉峯著.
- - 初版. - - 台北市：前衛，2012.10
528面；15×21公分. - -（山林書院叢書；3）

ISBN 978-957-801-696-5(平裝)

1.臺灣傳記 2.訪談 3.宗教文化

783.31　　　　　　　　　　101018738

台灣素人

策　　　劃	山林書院籌備處
寫 作 贊 助	台灣生態研究中心　許淑蓮
著者及攝影	陳玉峯
打字、校稿	蔡智豪
責 任 編 輯	周永忻　陳淑燕
美 術 編 輯	宸遠彩藝
出 版 者	台灣本鋪：前衛出版社

10468 台北市中山區農安街153號4F之3
Tel：02-25865708　Fax：02-25863758
郵撥帳號：05625551
e-mail：a4791@ms15.hinet.net
http://www.avanguard.com.tw
日本本鋪：黃文雄事務所
e-mail：humiozimu@hotmail.com
〒160-0008 日本東京都新宿區三榮町9番地
Tel：03-33564717　Fax：03-33554186

出 版 總 監	林文欽　黃文雄
法 律 顧 問	南國春秋法律事務所林峰正律師
總 經 銷	紅螞蟻圖書有限公司

台北市內湖舊宗路二段121巷28、32號4樓
Tel：02-27953656　Fax：02-27954100

出 版 日 期	2012年10月初版一刷

定　　　價	新台幣550元

©Avanguard Publishing House 2012
Printed in Taiwan　ISBN 978-957-801-696-5

＊「前衛本土網」http://www.avanguard.com.tw
＊ 加入前衛出版社臉書facebook粉絲團，請上網搜尋關鍵字「前衛出版
　社」，並按讚。
更多書籍、活動資訊請上網輸入關鍵字"前衛出版"或"草根出版"。